聖靈，以新的五旬節來更新祢今天的異能。

——教宗若望二十三

謹獻本書給

傅士德(Richard Foster)、寧查理(Charles Nienkirchen)、

侯士庭(Jim Houston)和愛妻桃麗(Dorothy)；

他們跟別人一起邀請我被那火燃燒，

並且停留在上帝的同在中。

系統神學叢書

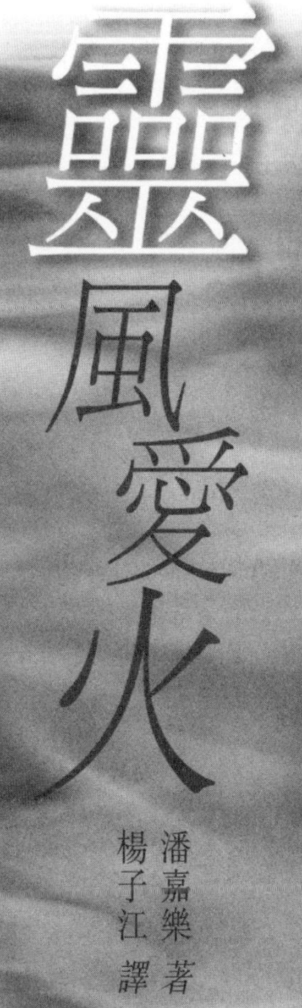

靈風愛火

潘嘉樂 著
楊子江 譯

再思聖靈論

flame of love

基道出版社

▼

系統神學叢書

靈風愛火

再思聖靈論

Flame of Love

A Theology of the Holy Spirit

作者
潘嘉樂 Clark H. Pinnock

翻譯
楊子江

審閱
成曾淑儀、鄧紹光

執行編輯
李慧儀

裝幀設計
郭曉勤

■

出版 / 發行
基道出版社
香港沙田火炭坳背灣街 26 號富騰工業中心 1011 室
LOGOS PUBLISHERS
Unit 1011, Fo Tan Ind. Centre, 26 Au Pui Wan St., Shatin, Hong Kong
電話：(852) 2687-0331 傳真：(852) 2687-0281
網址：http://www.logos.com.hk

承印
陽光 (彩美) 印刷公司

●

6/2002 初版
Cat. No. LP218B
ISBN-10: 962-457-191-0
ISBN-13: 978-962-457-191-2
Originally published by InterVarsity Press as
Flame of Love by Clark H. Pinnock.

刷次	11	10	9	8	7	6	5	4	3
年份	2026	2025	2024	2023	2022	2021	2020	2019	

中文版作者序

想到能跨過語文隔閡，如今中文讀者可以人手一本閱讀拙著《靈風愛火》。因此能與中文讀者分享有關聖靈的洞見：聖靈是上帝愛的氣息和生命的禮物，我心感愉快。

一九六三年本人師承布如司（F. F. Bruce）完成新約研究，獲授哲學博士學位。布如司是在曼徹斯特（Manchester）廣受愛戴的教授。我當日的研究範圍是保羅書信中的聖靈。對於這課題，我並不止於學術研究，讀者定能從本書字裏行間察覺其中洋溢著的讚美和熱情。神學有些時候真的令人神魂顛倒。希望如此。

《靈風愛火》不只是一本有關聖靈的書，更是從聖靈的角度寫成的系統神學。本書旨在讓聖靈重登應有的崇高地位，這一直以來是被否定的。在每章中，我都把聖靈引進一個耳熟能詳的教義，把祂提升回應有的高位上。（我以為）這樣做未有削弱對聖靈的傳統思維，乃是有所增強。在解釋上不錯是有點冒險，然而就是這樣，我們才因聆聽上帝的道而成長。

福音派神學家往往害怕聖靈（和其他課題）的一些新觀念，因此把自己局限在一些前人走過的路上。就我來說，我重視新的解釋，且樂此不疲。因為我不太害怕出錯，也不想錯過聖靈對教會要說的話。在神學方面我遂不求穩，反倒以觀念來做實驗，迎向各式各樣的觀點。在恐懼困擾下的神學家對我有所批評，別的卻領會我著作特別的地方。

本書最重要的(除了個別的一些亮光)，無疑是挑戰那些狹隘地探討聖靈的進路，對此福音派往往甘之如飴。他們總以為聖靈就是拯救的聖靈，卻忘記了祂也是創造的聖靈。我們應擴闊視野，不可再局限。狹隘的態度只會削弱我們的思維，令我們忽略許多切身的聖經真理。我乃是指，聖靈如今在整個世界作工，實不應只視祂為敬虔的裝飾。

聖靈是豐盛的靈，是個令人目眩的主題，豐饒無比，重要非常。聖靈真理取之不竭，姿采令人目不暇給。我聊作你們的主人，奉讀者諸君為上賓，謹此與各位飽餐本宴上的佳餚美食。

潘嘉樂

(Clark H. Pinnock)

二○○一年五旬節

譯序

正如潘嘉樂的自白，《靈風愛火》是「聖靈的建構性異象（constructive vision）……是他獻給讀者的一份禮物。期望大家視聖靈為三一關係中的愛的聯合、是生命流進創造的出神、是道成肉身和代贖的能力、是新羣體與上帝聯合的力量，也是吸引全地進入耶穌真理的大能。」（頁327）

今天聖靈的工作愈來愈明顯，人們愈來愈渴慕認識聖靈，《靈風愛火》無疑是頗為應時的聖靈教科書。潘嘉樂邀請他的讀者重新探索聖靈論和其中的意義；他以專題形式有系統地討論聖靈。字裏行間，作者強調不全面認識聖靈，無論對神學、敬拜和生活，都有影響。盼望讀者能透過本書，豐富對聖靈的認識，真的被吸引進耶穌真理的大能，靈命與跟上帝的關係得到更新。

本書反映了潘嘉樂的信仰歷程，他認識和經歷聖靈而有的喜樂和雀躍，活現全書。他對活在聖靈中的描述，充滿動感，閱讀時如置身五旬宗的敬拜：叫人神往，甚至手舞足蹈。對每個課題的討論，除了資料豐富，更是天馬行空，奔馳浩瀚宇宙中，其中所見所接觸的，都是有關聖靈的啟示和領悟。

潘嘉樂以聖靈為起點進行神學思考，也就帶來新的思維，更新信仰的生活。「聖靈教會論並非著眼於會友的素質，乃注重在他們當中運行和藉著他們工作的上帝大能。」（頁147～148）在這方面，他不是接受五旬宗對聖靈浸的觀點，乃是從聖靈論為起始，再次檢視從聖靈而有的結論。真的，把聖靈的大能置於一旁，基督徒的生活便往往顯得呆滯和淡而無味。

有人盼望《靈風愛火》可以成為典型五旬宗和福音派當中的一道橋樑。(*Christianity Today*, 11 Nov. 1996, 頁 52～54) 本書大概補充了五旬宗在神學方面的不足，也展現了福音派的過分唯理。前者流於情緒化，後者卻過於古板。兩者對三一上帝的認識都有偏頗。

潘嘉樂認為，「理性專注分析，心靈則夢想和聆聽上帝。」(頁4)「我們要成為一個祈禱的人，願意向上帝完全敞露，才能認識聖靈。」(頁6) 我想這正是他給生活在聖靈時代中，卻又未曾經歷聖靈的人的忠告。

我接受基道出版社邀約翻譯《靈風愛火》之時，根本未有深思熟慮。潘嘉樂此書取材豐富，他學富五車，旁徵博引，信手拈來。我翻譯時才驚覺實在不自量力，但責任所在，惟有悉力以赴。因此，任何錯漏，責任自負。然而話雖如此，當中翻譯的過程我還是享受的，因為有受教大師門下的感覺。潘嘉樂的見解和亮光，讓我投入上帝的懷抱中，婆娑起舞。這是翻譯本書時的最大得著。

楊子江

目錄

中文版作者序 v

譯序 vii

引言 1

第一章 聖靈與三位一體 17

為何從這裏開始? 19

上帝是靈 21

上帝也有靈 24

上帝是愛 27

亦此亦彼 31

竭力理解 33

確認聖靈 37

聖靈與團契 38

不只是一個聯合力量 42

上帝無瑕的美麗 44

第二章 創造中的聖靈 57

聖靈與創造 61

三位一體的創造 65

上帝的雙手 69

藉聖靈創造 72

一些有用的含義 74
科學與神學 76
聖靈與起源 79
人的原則 84
人的靈 86
自由的風險 88

第三章 聖靈與基督論 99
普世的準備 104
在以色列的準備 106
耶穌與聖靈 107
重尋聖靈基督論 114
以重演來拯救 116
因祂的生命得救 122
十架的拯救 127
上帝伸張了公義嗎? 131
神學的重建 134

第四章 聖靈與教會 145
能力與臨在 153
洗禮和聖餐 158
靈恩式的臨在 165
新的向度 170
向聖靈開放的程度 174
職分與恩賜 177
更新宣教 179
得力宣教 183

第五章 聖靈與聯合 193
與上帝聯合 198
稱義與神化 202
愛的醒悟 204
敗壞與責任 207
聖靈事件 210
領受與實現 216
方言的意義 222
從形像到樣式 223
一個充滿活力的進程 226
指引 228
屬靈行程 230
朽壞的變成不朽壞的 232

第六章 聖靈與普遍性 243
避免兩項錯謬 251
普遍性和特殊性 253
「和了」 257
更大的架構 259
聖靈在別的宗教中? 263
準則 272
聖靈與普遍性 276

第七章 聖靈與真理 285
聽道成長 289
甚麼是啟示? 296
靈感與光照 301

一套發展理論 305
一些發展的準則 310
應用準則 312
辨別發展的真偽 316

結 語 327
譯名對照 329

引言

聖靈高深莫測，卻配受敬拜。聖父若是終極實相，聖子便為神聖的奧祕提供線索，聖靈則體現上帝近距離的大能和臨在。十架約翰(St. John of the Cross，生於1542)指聖靈是不熄愛火，並且歌頌上帝給人這份靈巧、敏感、有趣且個人的禮物。

開始的時候，讓我們說：「聖靈，我們歡迎祢！請來釋放我們吧。讓眾人沾著那不滅的火，陶醉在祢的愛中！讓我們的靈因祢的火發亮。幫助我們克服對聖靈的遺忘。」[1]

一九五九年一月二十三日，教宗若望二十三宣佈召開第二次梵蒂岡會議，他祈求教會要敞開窗戶，讓上帝的氣息進入，吹散死寂，帶來復甦。將近三十年過去，教宗若望保祿二世在一九八六年發佈教皇通諭：《教會和世界生活中的聖靈》(*The Holy Spirit in the Life of the Church and the World*)，他呼籲基督徒，在快要踏進第三個千禧年的時候，應要留意聖靈：「正當二十世紀行將結束，主降世的第三個千禧不久到臨，教會準備慶祝這偉大禧年之餘，應把心思意念轉向聖靈。」我們對他所說的心有同感，且把我們的心思和意念轉向這第三個神祕的位格。[2]

瑞士神學家巴特(Karl Barth)晚年的時候，有感需要一種更令人滿意的聖靈神學(因聖靈在信條中的位次，有時被稱為「第三條神學」〔theology of the third article〕)。如此，巴特本人的神學便會更有力，甚至對自由主義的神學家和他們對經驗功能的欣賞，也會作出較溫和的批判。莫特曼(Jürgen Moltmann)在《生命的靈》(*The Spirit of Life*)一書中顯示，他刻意跟巴特對宗教經驗的反對保持距離，並且試圖為聖靈教義挽回更堅固的經驗基礎。[3] 這教義如今雖較前受重視，不過仍有待努力——好些真理和潛在價值，尚待發現。聖靈在神學範疇裏絕非一個次要或孤立的課題，要勘察全部基督教真理，聖靈乃是一個重要主題，且提供一立足點。[4]

這樣豐富的主題何竟被忽略？至於其他主題，在傳統中有足夠的討論，甚至叫人吃不消，聖靈獨不為然，有關這方面的著述，寥寥可數。東正教比西方傳統還好，較重視這主題。至於天主教和新教神學，聖靈的地位明顯受到貶抑。[5] 對聖靈的反思，遠遠落後其他課題。就算在東方和西方教會通用的信經，也只是偶爾而簡略地提及聖靈，甚至有時候語帶敷衍。教會的禮文在頌讚聖父和聖子之餘，才加上一句「及聖靈」，像過後想起似的。

我們的言語往往真情流露：聖靈是排行第三的第三位格(a third person in a third place)。甚至有時聖靈聽來就像是上帝論中的附篇，與三位一體的關係撲朔迷離。在教會年曆中，五旬節的氣氛，遠遜聖誕節和復活節。尤有甚者，五旬節更被母親節或其他民間節日取代，甚至被人遺忘。如今該是聆聽東方教會申訴的時候了，他們指西方教會把聖靈困於教會的邊緣，使之從屬於聖子的使命。

某程度看來，這種缺乏並非由於輕忽，乃是聖經教導不足。例如聖靈在創造當中所扮演的角色，就神學而論是關鍵性的，然而在聖經當中卻不是經常或被廣泛討論。雖然只是輕描淡寫，不過還是要把真理抽出來。聖經或許就像那條要描述四周環境的魚，竟忽略談及水這方面。

西方教會不同的傳統，通常把聖靈困囿於建制教會，且視之為拯救的能力，卻又與創造無關。我們重視講壇，重視教牧，卻犧牲了聖靈。我們極其珍惜教會的規矩和秩序，聖靈澆灌將帶來威脅。很多人惟恐自己的世界遭受震盪，並且被捲入上帝的安息表演中，對聖靈也就敬而遠之。我們往往築起籬笆阻隔聖靈，並且掩蓋要求敞開和歡慶的聲音。視這情況為「遺忘」，或許太厚道。我們甚至不能抹殺，有些時候這可能是壓制。

善忘不易克服，但若可以作些反省，然後進行討論，或許會帶來改變。本書各章展示這些主題：聖靈在三位一體中的身分（第一章），在從未間斷的創造當中聖靈的大能（第二章），聖子和聖靈在救贖中的聯合行動（第三章），上帝在教會的聖禮、靈恩和事奉生活中的臨在（第四章），拯救就是聖靈加力走在與上帝聯合的路上（第五章），聖靈預賜之恩臨到世上各處的人（第六章），和聖靈帶領教會發展教義和宣教（第七章）。

聖靈在好些方面挑戰神學——這也稍為交代我們的疏忽。我們若肯聽從上帝的道，這些挑戰會促使我們成長。若從聖靈的角度探討我們基督教的核心教義，會帶來甚麼亮光？[6]

本書是有關聖靈的神學，只從大處著眼，不會討論每個偶受注目的課題。這樣必要的探討會觸及神學範疇中其他核心課題，這就像一塊磁石，吸攝匯合其他教義。

雖然這書不是見證，我倒希望讀者們能感受我是怎樣與上帝戀愛，並且，改進了的神學是何等實際有用。粗糙的神學遺害無窮，因我們缺乏一幅完整的教義藍圖，又不開放，故遇上聖靈突如其來的激勵，就白白錯過了。另一方面，若早已認知聖靈會在那些處境、那些地方工作，我們定必拭目以待。舉個例子，人若不期望聖靈會在自然規律當中工作，也就不會留意大自然中這一類的活動，結果便變得缺少創意。同樣，人若不知道聖靈有各樣恩賜，供人取用，自然不願意接受，或不重視某些恩賜。本書雖非見證，卻能幫助人透過認定一些聖靈行事的方式和行事的地方，是他們不曾留意的，從而釋放對聖靈的限制。

像旅行人士需要可靠的地圖，宗教經驗需要好的神學。滿腔熱誠的旅行人士，若沒有旅程所需的地圖，便會成為危險的旅伴。與這樣的人同行，只會迷失路向，求助無門。[7]

理性和心靈

在神學方面，理性和心靈——研究和祈禱——兩者同樣重要。我們運用理性分析數據，另一方面，內心卻期待光照。我們將從上帝的道中所發現的真理，存放於靈魂的聖所，以後反複思想。理性專注分析，心靈則夢想和聆聽上帝。我們發異夢、見異象，這是五旬節聖靈降臨所帶來的一些福氣(徒二17～18)。聖靈使我們向新視域和新機會開放，我們得著力量，可以轉化環境和限制。因此，務要經歷聖靈，並且細心思考這些經歷。

在新約中，上帝的律法是寫在人的心中，他們本身既有上帝的知識，就毋須別人的教導(耶三十一33～34)。套用以賽亞的話：「你或向左或向右，你必聽見後邊有聲音說：『這是正路，要行在其間。』」(賽三十21)

閱讀和寫作的時候，讓我們結合分析和默觀。我們要效法主的母親馬利亞，她珍重所聽到的，把一切都存在心裏，反複思想(路二19、51)。我們的心不會提供新的資料，卻帶領我們對神聖的奧祕有更深的認識，又對其時機有更敏銳的觸覺。若要洞悉我們所信的意義，我們便得聆聽聖靈。惟願神學家都像天上的長老和天使，在上帝面前靜默，反複思想所聽到的一切(啟八1)。[8]

在某層面上，聖經會訴諸人的理性，給予可以理解的教導，叫人有更清晰的了解。聖靈難以捉摸，但卻可以理解。聖經給我們提供明確的線索，我們的責任就是接受理性所能明白的。因此，我們將會細想聖經的明證，又探究從普世教會——歷代的大公教會——而來的睿智，從而展開許多振奮人心和有價值的討論。這課題或許有點兒不可思議，卻不等如難以理解或不可言說。[9]

另一方面，我們卻不能憑理性掌握這個課題。聖靈不能被囚禁於概念之中，乃要透過祈禱和研究來認識。關於聖靈，聖經鮮用抽象的陳述，反倒用上各種象徵，例如水、風和火。這類形象，雖可供研究，卻仍得用心靈領悟。默想與學術研究應當並行。

我們要成為一個祈禱的人，願意向上帝完全敞露，才能認識聖靈。安靜等候和耐心理解，便孕育出心靈知識，認識我們生命的賜予者。神學必須不斷超越理性，尤其是這個課題。因為我們言說的，是那個活躍在我們生活裏頭的實在，不能以認知的方法洞窺全豹。有些奧祕不是單憑推理可以解開。同樣，探討有關聖靈的經文，我們要不住祈禱和敞開自己，渴望與那位叫我們釋放和驚喜、快樂和尋求、激勵和潔淨的共墮愛河。我們應對那些惟有屬靈人才能看透的事更加敏感（林前二14）。

讓我們懂得同時在兩個層面活動。我們即使正在沉思，內心深處仍可以同時禱告和接受那神聖的氣息。[10]

言說聖靈

心靈的向度即時開始發揮作用。因神學眾多的課題當中，聖靈是最為隱晦的。認識聖靈是憑經驗的，而這課題也就以生命轉化為定向，而非資訊性。

那麼，我們如何得著上帝的氣息？我們怎樣談論這種給人悟性的大能，或用言語來表達上帝那非被造的能力？我們如何界說聖靈？要準確地言說任何一位神聖位格實在困難，因為祂們超越世界，耗盡人的智力。然而，談論聖父和聖子比較容易，或許因為這些稱謂是熟悉的家庭意象。只是聖靈在用語方面叫人為難。人要怎樣具體地描述風、火、氣息和生命呢？這些都是叫人難以觸摸卻又是實在的、大有能力卻是眼不能見、熟悉的卻是難以言宣、有權能卻是溫柔的、可靠卻不可測、情格的卻不具人格(personal yet impersonal)、超越的卻又是內在的。[11]

有些事情倒是明確的。聖靈的基本概念，於希伯來語和希臘語就是氣息、空氣、風、暴風，強度則視乎上下文。可能是輕輕一口氣(約二十22)、強烈的風暴(出十五8)、一陣涼風(創三8)。最重要的是，聖靈是超越和神聖的，絕不單是血肉之軀，那是生命本身的能量，出現於大自然和歷史當中。最美妙的，聖靈就是上帝的轉臉向我們，又是上帝的臨在，住在我們當中。聖靈是上帝親近和接觸人的媒介，創造和醫治的能力。

我們雖然說聖靈是第三位格，但就經驗來說，聖靈是首先的，因為是聖靈使我們能夠經驗上帝的來去蹤迹。透過聖靈，我們感受上帝溫暖的愛，和照亮人心的火。聖靈幫助我們飲於活水泉源，領受從中湧流出來的恩典。以我們有限的感覺，或許不能認識上帝，但我們肯定可以愛上帝，並且渴慕祂和祂的旨意。[12]

聖靈是神聖生命的狂喜、三位一體中愛的聯合，和上帝豐盛的外溢。聖靈維繫(內契的)三位一體(immanent Trinity)裏面的愛的關係，同時又在創造和歷史當中實現(經世的)三位一體(economic Trinity)的恩典。莫特曼的定義扣人心弦：「聖靈就是三位一體上帝永遠生命的慈愛、自我傳播、向外吹拂和澆灌的臨在。」上帝藉著聖靈，千方百計親近萬物和傳達一種神性知識。[13]

他、她或它？

好些人關注性別與神學，也就關注聖靈該用哪個代名詞。聖靈不像聖父和聖子，性別明確。希伯來文的「靈」(*rûaḥ*)，文法上是陰性(不過也有例外)，只是這個界定不算很重要，因為舊約時代，關於聖靈的位格特質，尚是雛型。新約時候聖靈的位格特質才較顯明。若新約以希伯來文來寫，或許情況不一樣——可能用上陰性代名詞。雖然如此，新約中**靈**(*pneuma*)於希臘文是中性的，很多時候都用**它**這個代名詞。英文的**靈**也是中性的，因此我們可用**它**表示。聖經中很少用**他**指聖靈，只有約翰才用，因為**保惠師**一詞是陽性的(約十四26，十五26，十六13～14)。

聖經沒有為代名詞下定論，是開放的，容許採用任何一種：他、她或它。操英語人士習慣以**他**指聖靈，這不過是傳統，卻並非聖經的用法。拉丁文**靈**一詞也是陽性的，這個對我們有著影響。我們用**他**似乎是理所當然，但其實沒有必然的聖經根據。[14]

那麼，如何取捨才算嚴謹？完全摒棄代名詞，我們的表達不得不冗長、囉唆。按希臘文的詞彙，用**它**表達在語法上是說得通的，但如此一來，便削弱聖靈的位格特性。例如在使徒行傳的述事篇中，所描述的聖靈是一個人或媒介。聖靈不像是無生命的「它」。門徒是由「某人」而非「某物」帶領著。以**它**來稱呼會說話和會感到憂戚的聖靈，是否合宜？[15]

或許有人會退而採陽性代名詞，雖然聖經罕有使用，但至少約翰獨排眾議，這不單切合拉丁文，且在西方教會傳統也很普遍。但三位一體的三個位格均以陽性代名詞表示，我以為有弊處。當然從上帝超乎性別的意義來看，這是毫無問題的。然而，單單以陽性語言來描述三位一體的存有，就啟示而言，無此必要，現代人也不容易理解。[16]

那麼用**她**這代名詞又如何？亞弗拉哈特(Aphrahat)所著的《論證》(*Demonstration*) 6:14 有這樣的話：「藉著洗禮我們領受基督的靈，在祭司祈求靈的那刻，她把天開了，並且落下來，又運行水面。那些受洗的都披戴她。」敍利亞文**靈**一詞(如同希伯來文)，語法上是陰性的。大概如今是時候效法亞弗拉哈特，正式把陰性代名詞引入言説上帝(God-talk)中。[17]

用陰性代名詞，一方面掌握希伯來語法中的性別，也尊重聖靈女性方面的職能，如生育、餵養、悲傷和庇護。此外，也要留意聖靈跟一些女性形象連在一起，譬如智慧和耶和華的自限的臨在(shekinah presence)。聖靈相對於聖父，在我們心中孕育接受能力，聖靈經驗通常是帶點陰性意味——出現時像馴良鴿子、母鷹和傾流出愛。神祕主義者聖德勒撒(St. Teresa)和十架約翰毫不保留地應用這種意象，例如靈魂吸吮上帝一雙乳房，飽餐祂的靈奶。看來以陰性代名詞代表聖靈，似乎並無不可：「聖靈安慰、鼓勵、渴慕和生育。以陰性詞彙最能表達她大部分的工作」。[18]

但也有一些合理的異議。撇開我們不習慣如此稱呼聖靈的事實，採用陰性代名詞也未必能放諸四海皆準。例如，**它**很多時候用得著，**他**是約翰的選擇。我們並不希望單以陰性角度來描述聖靈，彷彿絕無男性或中性的含義。如此一來，便忽略了聖父和聖子的陰性層面。沒有人要以聖靈的陰性氣質 (femininity) 抗衡聖父和聖子的非陰性氣質 (nonfemininity)。作為人類，我們是按著三位一體上帝——聖父、聖子和聖靈——的形象被造，有男有女。用**她**一詞會給聖靈投射一張陰性的面譜，又或者按所謂的女性特徵，給聖靈定型。[19] 聖靈使耶穌成孕於馬利亞腹中，再加上教會很多時候被視為上帝的女性配對，事情便顯得混淆。我們能否想像聖靈在男性社羣中權充和平使者？不！單一用陰性代名詞只會引來更多問題。

我得承認確有衝動採用陰性代名詞。它似能捕捉聖靈的優美，況且，以陰性語言來指涉上帝，這也是正統的做法。從政治角度來看，我們正告訴教會當中的婦權主義者，我們注視這個問題，並且認同需要採取一些行動。問題只是甚麼行動？

顯然這問題需要進一步思考和討論。我們的矛盾，部分是由於聖靈的撲朔迷離，聖靈不會被限制。但是，象徵又不是靜止的，聖靈可以按處境，用不同的方法來言說。[20] 因此，這項研究會廣泛使用陽性代名詞，不過我盼望大家能按我所勾畫的重點來研讀。

展望未來

馬可・諾爾 (Mark Noll) 發現，在科學和政治領域，似乎缺少福音性的意念，但對神學他卻未有顯示這樣的不滿。其實他大可不必。倘若聖靈論說明任何事實，那麼福音派神學便顯得膚淺、了無新意，至少關於這課題，我們便有很大的忽略。[21]

本書其實不是真正的聖經研究，乃超越釋經，進到歷史和神學反省。考查經文後，更要緊的是抽身出來，評估所發現的。單憑釋經不能為教會提供全面的視角，必須揉合歷史、神學、哲學、文化和神祕主義的各個範疇，然後進行更廣泛研究。

本書是聖靈系統神學，從聖靈的角度來審視基督教視野。這是一次教義上的探討，多於是一本見證，或是教會更新的程式。任何神學主題本來就是對正典聖經的一種忠誠和具創意的回應。本人在此期望不會拾人牙慧，乃是要為我們這個時代，從上帝那裏發現嶄新的應用和洞悉。[22]

本書是大公性的，在於它尊重歷史教會的信仰和習尚。有關聖靈的真理散佈在那分裂了的教會，殘片各處，也就必須尋訪收集。我們在聖靈裏與五洲列國及歷世歷代的信徒連合。因此，我以前所未有的方式埋首浸淫於天主教和東方教會的傳統的瑰寶，竟然發現叫我喜出望外的好些類同。[23]

本書也是福音派的，意思是說我在宗教改革的見證和近代福音主義(evangelicalism)的經驗中找到價值，那裏我找到信仰。同時，本書又延續我對福音主義一些觀點的掙扎，以及對非宿命神學的探索。此外，本書又是靈恩的，因其中歡慶五旬節運動，以之為二十世紀聖靈的大澆灌。我認為這是近代基督教最重要的事件。[24]

近代文化對屬靈和宗教經驗日漸關注，無疑是由於世俗主義極其枯乾。人不能忍受全然漠視意義與超越性。教會統計數字時有起跌，但對終極問題的興趣卻一直保持高漲。

基督徒要在宣教上成功，必須提供一種震撼和有生氣的信仰。人想望與上帝相遇，不會滿足於只有講道和談論道德的宗教。知道上帝的一些資料(knowing *about* God)不等如認識上帝(*knowing* God)。基督教誕生於五旬節那天，因那天有人提出一個生命改變的問題：「這是甚麼意思呢？」(徒二12)惟有與上帝相遇，有關上帝的言說才有意義。也惟有留意聖靈，我們才能離開了無生氣的、理性的、軟弱無力的宗教，並且恢復與上帝親密相交，這是我們的世代所企望的。

願聖靈在我們眾人當中燃起火來，又叫我們渴求愛的大能澆灌我們心中。我們與先知一同高喊：「願你裂天而降！」(賽六十四1)[25]

註釋：

1 *The Complete Works of St. John of the Cross*, ed. P. Silverio De Santa Teresa, trans. E. Allison Peers (London: Burns and Oates, 1964), pp. 1～195; Richard Rolle, *The Fire of Love* (1434; Millwood, N.Y.: Kraus Reprint, 1979). Jean-Jacques Suurmond, *Word and Spirit at Play: Towards a Charismatic Theology* (Grand Rapids, Mich.: Eerdmans, 1995)捕捉了聖靈戲耍的活力，他拾取了Jürgen Molfmann在*God in Creation: A New Theology of Creation and the Spirit of God* (San Francisco: Harper & Row, 1985), chap. 11的安息神學。

2 *An Encyclical Letter of the Supreme Pontiff, John Paul II* (Sherbrooke, Quebec: Editions Paulines, 1986), p. 69; Clark H. Pinnock, "The Great Jubilee"，收於*God and Man*, ed. Michael Bauman (Hillsdale, Mich.: Hillsdale College Press, 1995), pp. 91～101。

3 參Philip J. Rosato, *The Spirit as Lord: The Pneumatology of Karl Barth* (Edinburgh: T & T Clark, 1981), pp. 3～5，詳見"Concluding Unscientific

Postscript on Schleiermacher"(1968)，收於Karl Barth, *The Theology of Schleiermacher,* ed. Dietrich Ritschl (Grand Rapids, Mich.: Eerdmans, 1982), pp. 261～279。

4 二十世紀末有關聖靈的著作中，這三本尤其重要：Yves M. J. Congar, *I Believe in the Holy Spirit,* 3 vols. (New York: Seabury, 1983); Jürgen Moltmann, *The Spirit of Life: A Universal Affirmation* (Minneapolis: Fortress, 1992); Michael Welker, *God the Spirit,* trans. John F. Hoffmeyer (Minneapolis: Fortress, 1994)。

5 Stanley M. Burgess, *The Holy Spirit: Eastern Christian Traditions* (Peabody, Mass.: Hendrickson, 1989), pp. 1～19.

6 系統神學中忽略聖靈，這情況甚至(出奇地)出現在一位靈恩神學家J. Rodman Williams身上。他基本上在拯救的範疇中處理聖靈的問題，至於在三一論、創造論、基督論、教會論等主題中，也未見有詳細討論。他的書名也就有點名不副實：*Renewal Theology: Systematic Theology from a Charismatic Perspective,* 3 vols. (Grand Rapids, Mich.: Zondervan, 1988～1992)。Wayne Grudem將靈恩向度引入拯救論，可惜他未能留意聖靈與他的古老改革宗架構裏其他方面的關聯：*Systematic Theology: An Introduction to Biblical Doctrine* (Grand Rapids, Mich.: Zondervan, 1994)。

7 Tom Smail, "The Cross and the Spirit: Toward a Theology of Renewal"，收於*The Love of Power and the Power of Love,* ed. Tom Smail, Andrew Walker and Nigel Wright (Minneapolis: Bethany House, 1994), pp. 15～16。

8 John Baillie 給我樹立神學結合禱告的楷模。在他的典雅學術著作背後隱現一種富足的靈修生活。他的成就不止於協調，乃是結合。參氏著*A Diary of Private Prayer* (New York: Walker, 1986)和*The Sense of the Presence of God* (New York: Scribner, 1962)。

9 Welker強調聖經有關聖靈的教導是條理清晰的，因此不應以為晦澀(*God the Spirit*)。他偏重在釋放方面，可以這樣說，Welker把一些顯然清晰的成分，從他的討論中刪除。

10 為了準備我的心，本人與內子前往奧地利亞，與Schloss Mittersill 的人一起退修兩個月，使心靈飽足。還有，除了例常靈修操練，在寫作期間，多倫多祝福(Toronto Blessing)對我的影響，是沒齒難忘的。恩典和愛在這驚人的醒覺中流動，只能在John Arnott, *The Father's Blessing* (Orlando, Fla.: Creation House, 1995)，才能叫人大開眼界。

談到心，我欣賞東正教的否定方法(apophatic)。St. Basil用這詞表示上帝超越我們一切對祂的思維，並且我們認識上帝，不單憑理性，也可藉心靈的敏感性。參Daniel B. Clendenin, *Eastern Orthodox Christianity: A Western Perspective* (Grand Rapids, Mich.: Baker Book House, 1994), chap. 3。否定方法不是懷疑教義公式的真理，它超越之餘，並沒否定真理。見Verna E. F. Harrison, "The Relationship Between Apophatic and Kataphatic Theology"，載 *Pro Ecclesia* 4(1995): 318～332。Win Corduan

在新約中找到一種神祕主義形式：*Mysticism: An Evangelical Option*? (Grand Rapids, Mich.: Zondervan, 1991), chap. 7。參Nelson Pike, *Mystic Union: An Essay in the Phenomenology of Mysticism* (Ithaca, N.Y.: Cornell University Press, 1992)。就神學方法而論，神學家不應局限在聖經資料中，也要反省從中衍生的種種經驗。

11 Hans Küng, "How Should We Speak Today About the Holy Spirit?"，收於*Conflicts About the Holy Spirit*, ed. Hans Küng and Jürgen Moltmann (New York: Seabury, 1979), pp. 114～117。

12 *The Cloud of Unknowing*, trans. Clifton Wolters (New York: Penguin, 1961).

13 Moltmann, *Spirit of Life*, p. 289。自由神學試圖顯示上帝和世界之間的延續性、創造的動態本質和上帝跟人類靈魂的親近，可惜卻以神學修正主義方式進行。另一方面三位一體中的聖靈在根據古典架構，提出延續、動態和宗教可知性。因此，聖靈便是福音派和自由派神學家當中的橋樑。參Kenneth Cauthen, *The Impact of American Religious Liberalism* (New York: Harper & Row, 1962)。

14 「搖動者」(The Shakers)正面對這問題，或許可以刺激我們的思想，見Linda A. Mercadante, *Gender, Doctrine and God: The Shakers and Contemporary Theology* (Nashville: Abingdon, 1990)。

15 William H. Shepherd Jr., *The Narrative Function of the Holy Spirit as a Character in Luke-Acts* (Atlanta: Scholars, 1994)。 比較Alasdair I. C. Heron 決定用「它」：*The Holy Spirit* (Philadelphia: Westminster Press, 1983), pp. 8, 176。

16 Gordon D. Fee 揀選用陽性代名詞：*God's Empowering Presence: The Holy Spirit in the Letters of Paul* (Peabody, Mass.: Hendrickson, 1994), p. xxiii。

17 關於Aphrahat的參考資料來自：Francis Martin, *The Feminist Question: Feminist Theology in the Light of Christian Tradition* (Grand Rapids, Mich.: Eerdmans, 1994), p. 242。建議以女性方式來思考聖靈的包括：Congar, *I Believe in the Holy Spirit*, 3: 155～164; Moltmann, *Spirit of Life*, pp. 157～158; John J. O'Donnell, *The Mystery of the Triune God* (London: Sheed & Ward, 1988), pp. 97～99; F. X. Durrwell, *Holy Spirit of God* (London: Geoffrey Chapman, 1986), pp. 151～157; Donald L. Gelpi, *The Divine Mother: A Trinitarian Theology of the Holy Spirit* (New York: University Press of America, 1984)。

18 Thomas N. Finger, *Christian Theology: An Eschatological Approach* (Scottdale, Penn.: Herald, 1987), 2: 486; Pike, "God as Lover and Mother", *Mystic Union*, chap. 4。

19 Elizabeth A. Johnson, *She Who Is: The Mystery of God in Feminist Theological Discourse* (New York: Crossroad, 1992), pp. 50～54，83～87.

20 作為福音派的作者，還得作政治考慮：雖會獲得一小撮婦解分子贊同，他們卻早已著眼在一些較大、卻又不太正統的改變。另一方面，卻極有可能失掉一大羣保守的讀者，這樣，是否值得採用陰性代名詞呢？答案是否定的，這是不聰明的。

21 Mark A. Noll, *The Scandal of the Evangelical Mind* (Grand Rapids, Mich.: Eerdmans, 1994).

22 如何忠誠和具創意地運用聖經，見Delwin Brown, *Boundaries of Our Habitations: Tradition and Theological Construction* (Albany: State University of New York Press, 1994)。

23 例如我同意John Wesley，他轉為較趨向東正教。參Randy L. Maddox, "John Wesley and Eastern Orthodoxy: Influences, Convergences and Differences" ，載*Asbury Theological Journal* 45 (1990): 29～53。

24 J. Rodman Williams總是感動我的：*The Pentecostal Reality* (Plainfield, N. J.: Logos International, 1972)。

25 Alan J. Roxburgh, *Reaching a Generation: Strategies for Tomorrow's Church* (Downers Grove, Ill.: InterVarsity Press, 1993), chap. 8。我們的文化對神祕主義產生好奇：Reginald W. Bibby, *Unknown Gods: The Ongoing Study of Religion in Canada* (Toronto: Stoddart, 1993), pp. 117～137。

第一章

聖靈與三位一體

要展示我們對聖靈的看法，得先從上帝論入手，並且著眼於三位一體的活潑性，以及聖靈在愛的關係當中的身分。讓我們視聖靈就是聯結上帝愛的團契的那位（上帝就是愛的團契），祂藉著聖子開啟通往聖父的路（弗二18）。聖靈走出自己，進入被造物中間，抓著他們，然後帶領他們回歸上帝的愛中。

大抵，餘下來我所要說的，都來自這樣的本體論（ontology，或譯存有論）。聖靈本質上是乃叫人驚訝的創造大能，這大能在出神（ecstasy）中甩出一個世界，並且喚起它裏面對內在神聖關係的回響，不住地推動上帝的計劃。聖靈正帶動上帝的計劃邁向完成，就是朝著新天新地的方向，以及透過耶穌基督參與世界的旅程（participatory journey），與上帝聯合。聖靈又叫普世得以理解耶穌基督拯救的工作，並在基督那支離破碎的身體之中，於分殊中促進合一。

我們從聖靈如下的身分開始：祂是社羣的三位一體（social Trinity）中的一個神聖位格，擁有上帝全然活潑的生命。按照福音的內容，上帝的本性就是多個慈愛位格的相通，這湧流的共融生命創造並維持天地宇宙。早期的神學家論及神聖本質是一種舞蹈、是三重生命的旋轉、是位格之間的往返交流，以及跟受造世界的恩慈關係。我們以三位一體上帝的身分開始，並視聖靈在這羣體中的面貌為其生命的出神。[1]

為何從這裏開始？

這課題並不簡單，有人質疑為何我會從這裏開始。

我這樣做，因上帝三位一體的身分以及聖靈乃當中愛的連合，構成我要講論的重要基礎。在實際上這也很真，清晰的本體論不單有助我們認識上帝，也幫助我們認識自己和自己所居住的世界。基督信仰以純粹的關係性來認識上帝，大大有助人類對終極事物的了解。因此，這點必先探討。[2]

神學必須除去纏繞三一論的一些習慣。神學家們很多時候擊敗異見，成功維護三一論的教義，自滿之餘，竟忽略了再進一步讓人明白這信念。那些神學家如入寶山空手回。他們盯著一個無價寶藏，就是這一上帝關係的本質的表達，卻未能在宣講中掌握其無窮的價值。這樣的錯失實乃輕忽了上帝美麗的一個主要面貌。[3]

由於問題往往叫人不解，我們有需要從神學角度反省三位一體的意義。我盼望可以消除這樣的觀念：三一論乃重要信念，任何正統信仰人士必須信守，卻不要奢求可以明白。有這樣的一個警句：「企圖解釋三位一體，你會失去理性；試圖否定三位一體，你會喪失靈魂。」對於信仰的可理解性，這是一個悲哀的信息，更招致批評，指三位一體乃一篇過時的神話。有效的溝通不會讓教義不明不白，只要有光能照耀其上就成了。雖然奧祕仍大，但我以為有些光可以照耀其上。三位一體上帝的啟示既重要又有限度的。[4]

然而，這教義的真理既有意義，又奇妙。三一論讓我們知道，創造主不是靜止呆滯或袖手旁觀的，乃一慈愛的關係和全然活潑的生命。它告訴我們創造是基於上帝的愛，生命的賜予全出於恩典。上帝既是愛的關係性，恩典便是首要的，因那是植根於愛的神聖團契。創造跟拯救一樣，是從三位一體傾流出來白白的禮物。上帝非因罪入了世界而發明恩典，只是，因著罪恩典就更顯多了（羅五20）。拯救的目的是叫人與上帝聯合，這是上帝本來的心意，並非事後孔明。[5]

作為愛的團契，上帝創造一個有能力在其中體現愛的關係的世界。上帝設計了一個祂喜悅的創造秩序，而聖靈則在那裏賦予生命（參第二章）。當人誤用自由而出了亂子，上帝透過道成肉身，差遣聖靈執行復和的使命，讓上帝的大能醫治我們內在的創傷和破碎的本性（第三章）。藉著住在基督身體裏的聖靈大能，上帝繼續進行醫治。在聖禮和恩賜中這能力不單臨在，並且真實，以致公義和救恩可以臨到各國各民（第四章）。

關係性特徵又可見諸以救恩為與上帝聯合這一看法中。聖靈把人類帶向與上帝情格的（personal）聯合，於上帝的性情有份，這是上帝永恆不變的計劃（第五章）。正如創造主的作為是萬有存在的根源，因此復和也趨向普世性。上帝旨在拯救全人類，聖靈到處招聚罪人投向聖父的愛中（第六章）。而且，因上帝如此看重教會，以這為祂的居所、受膏的僕人和親愛的新娘，聖靈便穿越時空，在這羣體中不斷努力，要帶領我們進入更深的合一和真理中（第七章）。

上帝是靈

靈這字難以捉摸，它在聖經中有不同的用法。這多元的用法，使讀者自然想弄清楚，這詞彙究竟是指上帝的臨在，還是三位一體的第三個位格。在此我首先希望顯示兩種用法同被接受，然後轉向有關聖靈的面貌的問題。聖靈如何配合三位一體的表達？聖靈的身分是甚麼？

關於上帝**是**靈，還是上帝**有**一個靈，這不是非此即彼，而是亦此亦彼的問題。有些經文說上帝是靈，**而且**也有說上帝有靈。靈這個詞可以普遍指上帝，同時又可以是三位一體中的第三個位格。這種雙重用法，使我們想起聖經中**智慧**一詞，這詞同樣可以泛指上帝的智慧，又或特定指明聖子，祂就是上帝智慧的化身。智慧一方面象徵上帝向世界發令的大能（箴一20），一方面等同道成肉身（林前一30）。

同樣地，**靈**可概括地指上帝的臨在，又可指第三位格。至於**聖靈**概括的意義，耶穌明明的說：「上帝是靈」（約四24）。顯然這詞可用來說明神聖的本質，只是這個用法不太普遍；聖經很少會說話抽象。聖經只會突出上帝作為一個行動者，而避免給人一種印象，說上帝是任何意義的非情格的絕對。黑格爾（Hegel）喜稱上帝為絕對的靈（absolute Spirit，編按：漢語多譯絕對精神），對他來說，這說法已接近非情格化的力量。聖經寧冒擬人法的危險，這或許解釋了聖經很少說「上帝是靈」或類似的話。因惟恐留下一個錯覺，上帝只像虛無飄渺的，而不是有生氣、情格的行動者。

那麼，耶穌的話是甚麼意思？祂不是說上帝是非物質的。祂指出上帝就像強風，而不是柔弱的生物，輕易被使役。稱上帝是靈，就是說上帝就是強風、創造的大能、無窮盡的生命泉源。耶穌的意思像以賽亞所說的：

「埃及人不過是人，並不是上帝；他們的馬不過是血肉，並不是靈。」(賽三十一3) 當耶穌說上帝是靈，祂不是說上帝像鬼似的，乃是說上帝是創造的大能，祂是不能計算的能源，能賜生命給死人，又使無變為有 (羅四17) 。

我們很容易誤解「靈」的意義，因在西方的語言和哲學，靈往往與物質對立。當我們聽到上帝是靈，立即便聯想到柏拉圖式的非物質性的理型 (ideas of incorporeality) 。只是聖經很少視靈為非物質的，而較多視之為能力和生命——一股不可見、神祕能力的強烈暴風，是我們無法追蹤的 (約三 8) 。**靈**是聖經的用語，指的是我們口中所說的那超越的創造能力。[6]

說上帝是靈——創造的大能，我乃是指潘寧博 (Wolfhart Pannenberg) 所講的神性的力場 (field of deity) 。在此，**靈**是指神性的大能和神聖的力場，當中三一的位格存在於聖父、聖子和聖靈的團契裏頭。如此說法，所有位格都是靈，又指他們所共有的神性。三個位格一同存在於這個耶穌稱作靈的力量，並且構成這力量永恆的樣式。[7]

那麼，**靈**有些時候可指上帝在世界中的臨在，而不是有別於聖父和聖子的第三位格。如此，靈便概指創造和更新世界的能力。這正是很多經文的意思，尤其是舊約，因那時道成肉身尚未發生，三位一體的想法也就不存在。在這些經文中，靈 (風) 乃一意象，就如能力、火、光、水——這是一個繞過三位一體議題用來描述上帝的形象。**靈**往往就是泛指上帝的臨在。

非三位一體論者稱上帝是靈，這是對的。我們與靈相遇，就是與上帝自己相遇。**靈**可以指神聖的內在

(divine immanence)，相對於指靈是神格中一個獨特的位格。自由主義把靈聯繫到上帝普遍的臨在世界，這是對的，因很多時候實在指到我們與上帝聯合的經驗。作為靈，上帝啟發、激勵和加力給各處的人。

上帝也有靈

然而，否定那些在三一意義上使用**靈**的概念之經文，又會是一個錯謬。[8] 因除了有證據顯示上帝**是**靈，也有證據支持就三位一體而論，上帝**有**靈的說法。一個詞彙指涉兩個相關實在(realities)，很易引起混淆，但事實又確是這樣。或許從救恩歷史當中聖靈所選取的身分來看，可找到其中的原委。聖靈容或喜歡以上帝這個統稱為名。上帝別的名字為「聖父」和「聖子」，聖靈卻寧可匿名，未有採任何特殊稱謂。聖靈自行隱沒，謙讓地指向其他位格。

三位一體的概念是新約敘述耶穌事蹟的一個核心主題。福音書讓人看到神聖本質當中三位一體的結構。這見證叫我們不得不超越單理解靈為上帝的臨在，更要認知聖靈也是與聖父和聖子契合的真理。這三合一的模式首先見諸耶穌的故事，我們認為這是上帝的自我溝通，以及神學中三一論的發展資源。把上帝視作關係的三位一體，不是基於人的推測，乃是從救恩敘事所得的理解，這是上帝的自我啟示。

救恩歷史的機制讓人認識上帝的本性(being of God)：上帝是聖父，由聖子，藉著聖靈啟示。三位一體的教義是反省上帝在歷史的作為的「產物」，也是事故的解釋。利安納・賀格信(Leonard Hodgson)表示：「三位一體的教義實是對上帝本質的一個推論，源自我們所相信的：上帝在世界歷史中自我啟示的經驗證據。」[9]

上帝很少藉抽象的命題來揭示自己。上帝在人類歷史中發出啟示，特別是關於耶穌基督的事情，在其中我們便瞥見那表達上帝本質的三重性(threefoldness)。耶穌意識自己是上帝的兒子，並且在聖靈的大能中宣告祂父親的國度臨近。耶穌的故事並未因此產生三位一體的教義公式，卻建立了三位一體思想的基礎。這是來自對耶穌與上帝的關係的理解。

耶穌在約但河受洗，祂清楚知道自己是聖父的愛子，並且為了完成使命，經歷聖靈的大能。這時耶穌體驗了與聖父關係親密的兒子身分(父子關係)，祂稱上帝為「阿爸」。那從天上來的聲音說：「你是我的愛子，我喜悅你。」(可一11)體驗上帝是祂的父親，耶穌知道自己作為聖父的兒子，要被差遣出去宣講上帝的國度。祂的禱告生活顯露了這樣的關係，祂呼喊「阿爸，父！」(可十四36)祂的跟隨者沒有忘記這樣的用詞，保羅甚至保留這亞蘭文詞彙(羅八15；加四6)。

耶穌說：「一切所有的，都是我父交付我的；除了父，沒有人知道子；除了子和子所願意指示的，沒有人知道父。」(太十一27)這話捕捉到這個關係的實質，耶穌並且從中領悟祂的使命。書信和日後傳統中更成熟發展的基督論即從這個親子意識衍生出來。

經驗血緣關係的同時，耶穌經驗聖靈的洗，遂成為聖靈惟一、獨特的承載者(bearer)。耶穌受洗的時候，天裂開了，聖靈彷彿鴿子，降在祂身上。對祂的生命和工作來說，這是必須的。人經歷耶穌，不以祂為一位專業聖品人員，而是被聖靈充滿的、先知和醫治者。聖靈降臨祂身上，叫祂傳好信息給貧窮的人，使祂得著能力以致說話有權柄，醫治有病的人和趕出污鬼（太十二28）。耶穌深深意識到作為上帝兒子的獨特意義，同時又是聖靈獨特的承載者。

以後的三一論教義便是植根於這根本的經歷。這經歷來自耶穌的生命，這經歷本身就是一宗三位一體事件。耶穌知道上帝是祂的慈愛的父，自己是父所喜悅的愛子，也知道聖靈就是那在祂裏面運行的上帝的能力。在這個關係當中，耶穌把自己從父那裏分別出來，並且聽命順服聖父給祂的使命。至於聖靈，則被體會為從聖父那裏區分出來，委身於那藉著聖子來施行的聖父的工作。甚至耶穌的死亡——**特別是**祂的死亡——也是三位一體事件，當中聖子把自己的生命擺上，聖父則與祂所愛的同受苦難，而聖靈則一方面在聖子自我犧牲的時候，給祂力量，一方面又叫祂從死裏復活，稱祂為義。[10]

基於這個敘事，新約為三位一體教義的發展提供主要的元素。[11]首先，新約的作者皆承認耶穌是一個神聖的位格，作為永恆的聖子，祂與聖父有別。這樣的證據，俯拾皆是，清楚可見於，例如，那些賦予耶穌的稱號，如**主**，甚至**上帝**。另外一些明證，就是一些本來指向上帝的舊約經文，如今竟用諸耶穌身上，以及祂所施行的神聖職事上，如創造和審判。新約作者口中的耶穌是先存的（preexistent），且是配受敬拜的那一位。聖經有很多直接和清晰的聲明(如腓二6；西一19，二9；來一3)。

那麼，新約顯然要求我們承認，在神格中最少有兩個主體或位格。猶太教的一神主義已經出現改變。如今的問題乃是，既已斷定有兩個位格，我們應否斷定有第三個？

新約的確斷定，在聖父和聖子以外，實在有第三個位格。雖然新約可以像舊約一樣，以非情格的方式談論聖靈，視聖靈為上帝的禮物和能力，但新約同時又以各種情格的方式來表達聖靈；聖靈會發言、代求、教導、擔憂等。這些經文理解聖靈是個位格，主動作事。總之，聖靈被視作一個位格，跟聖父和聖子一樣。很明顯，這樣的舉動乃邁向徹底的三位一體的言辭。在神格中不僅有一或兩個位格，乃是三個完全不同，卻又互相關連的主體。〈尼西亞信經〉稱聖靈是主和生命的賜予者是恰當的；這是切合神聖本性的稱謂，更理所當然地敦促我們敬拜聖父和聖子的同時要敬拜聖靈。[12]

約翰福音把圖畫完成，就是顯示上帝乃實實在在體現神聖位格之間的關係和合一中的分別。這就指向三個位格彼此的內住(mutual indwelling)和互動，且接受在聖父、聖子和聖靈的合一之中是有位格的區別的。我們讀到，聖父奉聖子的名差遣聖靈來教導我們(約十四26)。這三個位格有相互的關係：「但我要從父那裏差保惠師來……就要為我作見證。」(約十五26)「正如你父在我裏面，我在你裏面，使他們也在我們裏面。」(約十七21)

上帝是愛

這是一幅關於三個位格實體之間的超越社會或羣體

的圖畫。聖父、聖子和聖靈是這神聖羣體的成員，以共同的神性和單一旨意聯繫。三位一體把上帝描繪為一個慈愛和互相依存的羣體。沒錯，新約沒有處理所有日後會浮現的議題，就是關於實體(substance)、位格和平等性(equality)，但卻為三位一體的教義立下牢固基礎。新約意識到上帝生命中的三重性，並從中提取豐富的材料來建構這個教義。雖然上帝的內在生命仍是神祕的，不過當上帝道成肉身拯救人類的時候，便展現祂裏面三的特性。上帝不是遠離人世的個體，乃是一個愛和情格關係的團契，是我們存在的所依。

如此相信絕非盲動，這是歷史地建基於耶穌的歷史。在十架上，三位一體的真理被質疑，但不會長久。三天後，耶穌「按聖善的靈說，因從死裏復活，以大能顯明是上帝的兒子。」(羅一4) 上帝藉著聖靈叫耶穌從死人中復活，彰顯其三位一體的本質。這宗事件較諸耶穌受洗，更確立了三位一體的真理。這不是神學上的主體主義(subjectivism)，或未經證明確立的信仰冒險。三位一體的真理，建基於聖子藉聖靈從死裏復活。[13]

某程度上，相信三位一體甚至是合乎理性的。一體(unity)在數學上是較簡單的概念，但在其他地方，則絕不簡單。例如「單一」的有機體，其實是極錯綜複雜的。愈高等的存在物，其一體性似乎愈複雜。試想一下一件藝術品的一體性。

一體並非一個簡單的概念。一體中容納很大的複雜性。為何要期望神聖的一體沒有複雜性？三位一體是個奧祕，卻不是非理性的。它只是集中體現一體當中的複雜性，這複雜性是我們到處可經驗到的。[14]

我們之前曾處理這簡短的陳述：「上帝是靈」。如今轉向另一個：「上帝是愛」(約壹四8)。這個陳述同樣說明上帝的本質，同時又補足其他的。那位是靈的上帝又是愛。上帝的本質是靈，上帝的性情是愛。

一方面這是指上帝拯救罪人的仁慈性情。耶穌高舉上帝是一位仁慈的父，祂有慈愛的心腸。另一方面，「上帝是愛」這片語卻指上帝內在的生命。上帝愛歷史當中的罪人，因為在此之前祂愛聖子和聖靈。因著祂們，上帝愛我們。

約翰告訴我們，上帝對罪人的愛，其源頭就是三位一體裏面循環不息的愛。正如耶穌說：「我愛你們，正如父愛我一樣。」(約十五9) 上帝對罪人的愛並非出自一位單一、獨一主體 (a single, unitarian Subject) 的愛。約翰所論及的是那在神性的位格中流動的三一的愛。這些位格不只是神性的神聖力場的具體化，更構成一關係性存有、一個愛和彼此內住的羣體。[15]

當聖父要給失喪的世人顯示祂的愛，藉著道和聖靈給我們傳達這愛的時候，三位一體就顯明出來。從這神聖的拯救行動，我們洞悉明白上帝內在的性情，稍稍窺見聖父、聖子和聖靈相互交流的愛的團契，這三個位格以各自獨有的模式相連一起。[16]

上帝本質是三個位格的共融，祂們互相依存。祂們各不相同，但就是在彼此相關中，祂們成其所是。上帝存在於活潑的愛中，這是一個賜予和接受的外顯行動。

要注意：這樣理解「位格」，有別於一般西方文化。西方文化把**位格**等同個體，笛卡兒(Descartes)認為人(位格)是思考的個體，在他看來，社羣關係與此無關。人被界定為具理性本質的個別實體，本質上人(位格)與其他人(位格)沒有關係。只是從三位一體的角度來看，**位格**指涉關係性。這些神聖位格彼此相關地存在，並由那些關係所構成。祂們是社羣矩陣(social matrix)中的不同個體。

由此類比推論，我們也是一樣。為了成為自己，我們互相依賴。我們與人有別，卻要在別人身上和透過別人來實現自己。位格是關係和團契中的個體。位格不是孤立的。[17]

三位一體是一個神聖的實在，建構三個在關係中的位格。就與聖子的關係而言，上帝是聖父，就與聖父的關係而言，上帝是聖子。彼此因著對方，祂們成了聖父和聖子。聖父在生出和差遣聖子的時候是父親。聖子在順服聖父的時候是兒子。聖靈在聖子裏榮耀聖父、在聖父裏榮耀聖子的時候是靈。

拿先素斯的貴格利(Gregory of Nanzianzus)利用跳舞的意象描繪三位一體生命的奧妙。拉丁作者(譯按：指拉丁教父)把「跳舞」(*perichoresis*；譯按：神學上這字譯作共融、互相滲透)譯作「互相共存」(circumincession)。這個隱喻表示旋轉、騰出空間、彼此相關但又不失卻自我。這神聖一體建基在位格的關係性上，而這關係性就是這一體的本質。這本體論的核心是各位格的相互性和互惠性。三位一體顯示，對上帝的本性來說生命的分享是基本的。上帝是完全的社羣性、相互性、互惠性和平安。上帝是慈愛關係的循環，充滿生命活力。只有一位上帝，但這位上帝卻不是孤獨的，乃是一個愛的團契，其湧流著生命正將其突顯出來。[18]

古典有神論抽離三位一體來思考上帝，似乎表示除了當中的三個位格，還另有一個神聖本質要談論。當然，我們可以思想一般的神聖本質，不過如此便忽略了關係性及這關係性對上帝身分的重要性。抽離三位一體來思想神聖本質甚至可能會引致謬誤，因這樣會鼓勵我們以為不用啟示，全憑個人臆測，便可相當了解神聖本質。出於我們對形而上學的聰敏的自信，我們甚至懷疑在上帝裏面，或上帝跟世界之間，能否有真實關係。亞奎那(Aquinas)便有這樣的定論，這是由於他不承認在上帝裏可以有改變。一廂情願地假設「正確」的神聖本質，會叫我們很難正視福音書當中所啟示的上帝本質。

如果上帝真的受苦，那只會是因為其本身的完美而受苦，這是希臘思想的困難所在。這種思考方式認為，上帝完美到一個地步，人會漸漸否定上帝自身的任何動態性表現。但福音書所揭示的神聖的本質，基本上就是一個活潑的愛的團契，並因此，其超越性乃一能使其真正超越自己而進入內住的世界(a transcendence capable of immanence by virtue of it)。[19]

亦此亦彼

靈一方面說明上帝的本質，也同時指向三位一體的第三個位格。靈是所有位格的共同本質，但同時又是與聖父和聖子有別的位格。靈是所有位格共有的生命，又是一個擁有自己面貌和獨特行動的中心的位格。

聖經若只把「聖靈」這個名稱限於神性專用，在涉及第三個位格則用一個完全不同的稱謂(像**保惠師**)，我們或會較容易領悟。如此一來，便把兩個範疇分開，同時又簡化解釋者的工作。不過，事實就是，我們要根據經文來決定**靈**一詞所指的範疇。[20]

透過三位一體來理解上帝的生命，這是源自歷史當中的啟示，而不是由哲學衍生的。上帝以三位一體的方式道成肉身，使自己有所區別。我們承認耶穌是上帝的啟示，那麼在拯救的經世行動中啟示的上帝，乃對應於在上帝自己內在的生命。我們確認經世的三位一體就是內契的三位一體上帝在其自己。內契的三位一體(上帝在其自己)由經世的三位一體(上帝在歷史中)顯明，我們由此知道上帝就是聖父、聖子和聖靈。[21]

上帝的內在生命是怎麼樣的？一方面，經世的三位一體未能完全解釋內契的三位一體，因為神聖奧祕淹沒了啟示，被造之物便無法洞識。另一方面，啟示的確設定了三位一體，以及在上帝裏面的三個位格。這樣，我們便在拯救的經世活動中，得到一個——容或不全——的上帝的真實知識。已經顯明的聖父、聖子和聖靈之間的關係，啟示了一些神聖關係的面貌。

我們明白到，在福音書敍事中看到的位格之間的關係，同樣會出現在上帝的生命中。因此，我們在福音書中讀到那捨己的愛，乃根植於三位一體的上帝裏面所發生的事。我們深知自己對這些事所知不多，卻仍喜孜孜地稱上帝為聖父、聖子和聖靈。[22]

竭力理解

神學難以認真地接受上帝自身之中的多樣性(plurality)有幾個原因。按照舊約的思維背景，從獨一神論發展至上帝有三個位格，已是很大進步。從希臘人的角度來看，多樣性並不切合希臘文化的思想，因為這樣會把複雜性引進上帝的本質之中，挑戰簡約(simplicity)的假設。這些障礙往往導致三一式的思想顯得頗差強人意。

早期的神學有些好的開始，例如加帕多家教父們(Cappadocian fathers)的社羣三一論。女撒的貴格利(Gregory of Nyssa)在其聖父、聖子和聖靈的概念中，容許具有真實的情格本質。他不認為祂們只是一種存在的模式，反之，乃是神聖生命的主體，享受著親密的情格關係。但持守這洞見從來不是易事。聖維多的理察(Richard of St. Victor)是濁流中的清泉，他強調愛是神聖本質最突出的特徵，並體會到上帝若是永恆的愛，就表示在三位一體的社羣中有愛的流動循環，從而達到上帝是個愛的社羣的了解。[23]

奧古斯丁(Augustine)對三位一體提出了一個心理學的類比，此類比卻不能處理上帝裏面的關係性，對三一論的反思造成一個錯誤的轉向。他認為上帝是單一意志的，不同位格正是這意志的不同面貌。雖然奧古斯丁的原意不是這樣，但他的類比聽來卻是形相的(modalistic)，甚至有神體一位論(unitarian)的傾向。問題出於他從哲學的資源推論出上帝的簡約性。這樣的見解對於形構社羣的三位一體造成障礙。奧古斯丁離開聖經去揣測上帝的一體，為他帶來了困難。

進行神學反省的人，若不照上帝的啟示來了解上帝，無疑是自找麻煩。對奧古斯丁來說，他不是要去決定啟示的意義，乃是需要借助啟示來糾正神聖簡約的概念。不能重視啟示的權威，叫人看不到如福音書所啟示三位一體的位格之間的分別。[24]

不願支持三位一體的社羣模式的看法，橫亙在神學的道路中已經幾個世紀。即使是巴特，雖然他讓三位一體成神學核心，不過，當他堅持稱在上帝裏面是三個形相(modes)，而非三個位格，所高舉的仍是合一多於分殊。他表達的理念就是上帝乃單一位格，卻以三個身分不明的形相存在。這種關於內契三位一體的不可知論，使他的一些門生走向神體一位論。[25]另一位真正有名的近代神學家卡爾・拉納(Karl Rahner)，他的談論同樣拒絕超越如下的說法：在上帝裏有三種「存在方式」(ways of existing)，雖然聽來有點兒諷刺，但就他們的上帝論而言，這二人只能稱為「新形相論者」(neomodalist)。[26]

龔漢思(Hans Küng)是另一位實至名歸的神學家，卻是明顯的形相論者(modalist)。他既想忠於聖經，又能卓越地適時應用真理。他視三位一體的不同位格為單一主體的不同面貌。他把**聖父**視為在我們之上的上帝，**聖子**是上帝藉以顯現的人類代表，**聖靈**則是在我們裏面的上帝的能力。這樣看來，龔漢思似乎指聖父是上帝，聖子和聖靈不過是上帝在歷史中的作為。也就是説，聖子和聖靈乃屬一個神聖位格，在啟示和拯救事件中有不同的角色。

龔漢思的立論著重護教。他盼望在獨一神論的處境中讓猶太教徒和回教徒更易明白基督教信仰。只是，他這樣做要付上沉重的代價。諷刺的是，他其實是阻礙獨一神論者理解這革命性的識見，就是三位一體這社羣類比所表達的上帝本性。[27]

至於自由主義神學，情況更壞。神體一位論對他們影響極大，靈被認為乃上帝的臨在，而不是第三個位格。例如謝斐・藍柏（Geoffrey Lampe），他跟進程神論（process theism）一樣，把靈等同神聖內在性，也就是上帝的本質。結果聖靈被迫要迎合哲學的要求，不再是一個位格，只是創造的愛的一個象徵。[28]

可幸，這樣的情況正逐漸改善。神學家更嚴肅地看待社羣的三位一體，明白這是在上帝裏面的真實羣體。哈利拔・莫倫（Heribert Muhlen）在這點上跟隨聖維多的理察，此外還有潘寧博、莫特曼、歌連・根頓（Colin Gunton）、德・彼得士（Ted Peters）、哥尼流・彭定加（Cornelius Plantinga）、路達・卡斯巴（Walter Kasper）、約瑟・布克勤（Joseph Bracken）和威廉・希路（William Hill），他們都是今天的社羣三一論者。他們承認聖父、聖子和聖靈是上帝裏頭不同的位格。他們接受上帝裏的多樣性為真實的，並且堅持三個位格在愛和互惠中彼此連合相關。

「社羣三位一體」就是三個不同的位格，祂們同是神聖經驗的主體。靈一方面而言，是上帝的本質，為一切位格所擁有，只是靈又是這個神聖團契的第三個位格。上帝的生命因此是情格的——這是一個情格相通的生命。上帝是由三個主體構成，祂們彼此不同，而在這神聖生命的一體中，祂們各自是本身經驗的主體。意即上帝根本不需要依存一個被造的秩序，才能顯其情格和愛。在上帝永恆的本性裏，蘊藏著完全的情格生命所需的各樣元素。這表示，上帝創造的時候，乃是自由地創造，而不是出於必然性（necessity）。[29]

莫特曼這樣寫道：「要明白新約對上帝的兒子耶穌基督的歷史見證，教會必須發展上帝三位一體的觀念。除非把聖子耶穌的歷史視為聖父、聖子和聖靈歷史的一部分，否則便無法理解聖子耶穌的歷史。」[30] 在新約當中，我們面對三個位格，然後，才進一步探問一體。

避免成為三神論者，我們稱三位一體為位格的社羣，由一個共通的神性所連繫，合而為一。上帝只有一位：永恆的、自有的、不可測的，除祂以外，並無別的上帝。只是上帝的內在本性卻是複雜的，包含一個由三者組成的團契。關係性是上帝本性的本質，原初已在上帝裏頭，又界定上帝之所是。上帝是個三合一的羣體，不是個單一、無分別的一體。我們雖然不能理解，上帝乃是不同位格的團契，而創造就是上帝生命的自然流露，因為有限的生命只有在與上帝的關係中才得著完成。「這實相的精髓就是情格的連繫性這一奧祕，這情格連繫性乃構成上帝真正的生命的所在。」[31]

確認聖靈

聖靈不單就是上帝的臨在：聖靈是個位格，與聖父和聖子團契，但又有別於祂們。這靈在約翰福音中被稱為保惠師，是情格的中保、教師和朋友。

聖父和聖子都有面貌。幸好有拯救的敍述，我們能生動地描繪祂們。然而，聖靈也有外表輪廓嗎？因著上帝的恩典，人類有自己的身分。聖靈也是這樣嗎？[32]

處理這個問題之前，讓我們先多談一點關於「位格」的意義。這範疇多年來經歷不少改變，有必要加以澄清。今天，**位格**通常指自主、獨立的自我。這樣理解位格，背後乃在於對上帝裏有三個位格的說法有所猶疑；我留意到巴特和拉納就是如此。按這個意義所了解的位格，上帝有三個位格的說法便不可能是真的。**位格**應界定為在關係當中，而在關係以外便不存在。這樣的看法，其關鍵乃在互為主體性，還有相互性和互惠性（intersubjectivity, mutuality and reciprocity）。

謹記這點，我們便可以說，三位一體中每一個位格在彼此連繫和分享神聖意識的同時，還自覺個別的身分。每個位格都意識自己是神聖的，並在一個互惠關係中有別於其他位格。[33]

在這樣的一個形構中，我們怎樣辨認聖靈的身分？聖靈不像聖父和聖子般那麼清楚的描述給我們認識，因聖子顯現，也就顯示聖父，聖靈卻仍是不可見，且也是不易為人所知。因為道成肉身這一具體的歷史事實，給聖子一個臉譜便遠較給聖靈來得容易。比較起來，聖靈很少被詳盡描述。例如鴿子、水和火等意象會引發聯想，卻未能顯示一個位格的臉譜；聖靈始終像是一位無名氏。

很多時候，人以為聖靈樂於被視為復活主的力量，並非靠己意行事。我們尊重這樣的說法。聖靈可能真的要祕而不宣，是無從捕捉的風，並且珍惜自由而不被太多形像所限制。祂可能會安於作為創造和新創造的大能。關於聖靈的身分，啟示只揭示一鱗半爪，可言說的也有限。不過，從拯救的經世作為倒可以窺視神聖的生命。上帝的奧祕超越定義，其揭示也有限度。然而，基於拯救的經世作為把聖父、聖子和聖靈啟示這一事實，我們仍有空間思考祂們的關係和分別。[34]

聖靈與團契

福音書和書信當中都有一個明顯的主題。那就是，聖靈是愛，連合聖父和聖子，促進關係，激發忘我的喜樂。思想這段說話：「正當那時，耶穌被聖靈感動就歡樂，說：『父阿，天地的主，我感謝你！因為你將這些事向聰明通達人就藏起來，向嬰孩就顯出來。』」(路十21) 我們很多時候把團契之樂和愛與聖靈相提並論。保羅指出是聖靈的團契把人招聚一起(林後十三13)。他把聖靈起初的果子稱為愛，這愛把一切和諧地聯絡起來(加五22；西三14)。

聖靈確認耶穌兒子的身分，又豐富了祂與聖父的關係。同樣地，聖靈見證我們是上帝的兒女(羅八16；加四6～7)。耶穌所經驗的同樣傳到我們身上。聖靈的目標是愛與團契，合一與和平(林前一10，三3；弗四2)。聖靈吸引我們與聖父和聖子相交(約壹一3～4)。耶穌受洗的時候有鴿子降在祂身上，雅歌中的佳偶被稱為鴿子（歌二14，六9）。我們喊叫：「我的妹子，我的佳偶，我的鴿子，我的完全人，求你給我開門。」（歌五2）[35]

喜樂和愛都與聖靈的工作有關。保羅說：「因為上帝的國不在乎吃喝，只在乎公義、和平，並聖靈中的喜樂。」（羅十四17）聖靈使門徒滿心喜樂（徒十三52），讓我們品嘗新酒，唱出新歌（徒二11；弗五18～19），激發喜樂和愛（加五22；帖前一6）。聖靈是賜人喜樂的那一位，祂使我們歡欣歌唱。聖靈的感動叫人跳舞歡慶。惟有聖靈使人樂善好施（徒二46）。是聖靈叫馬利亞以她的上帝、她的救主為樂（路一47）。 我彷彿聽見聖靈說：「開始派對、擺開筵席，讓我們一起參演這齣新創造的戲劇！」聖靈編排上帝的舞蹈，並且指導被造眾生與上帝共舞。[36]

人可以從上帝的社羣本性的歡愉中找到聖靈的身分，尤其是在聖父和聖子之間流露的愛。聖靈完成這個三位一體的圈子，並向上帝以外的世界開放。

我喜歡以**出神**（ccstasy）一詞來講聖靈。它的意思是「在自己以外站著」，表示聖靈就是那離開自己的那位，好打開三位一體的生命圈子，又作為全然豐盛的源頭。聖靈體現上帝的全然良善，又激發它傾流而出；孕育其出神的特性，讓它流向歷史。[37]

奧古斯丁以後的傳統便注意到這點，並且把聖靈連於聖父和聖子的關係，更稱聖靈為「愛的聯合」（*vinculum amoris*）。[38] 視聖靈為神聖關係的結合力量以及神聖一體的根源，這是有益的。聖父和聖子的團契確定了聖靈的身分，聖靈是那在祂們當中流動的愛：相互的與互惠的。聖靈可視為祂們所分享的愛，甚至構成祂們愛的管道(*condilectus*)。奧古斯丁明白聖靈不單是賜給我們的愛的恩賜，聖靈本身就是神聖的愛，使上帝可以和被造物相交。聖靈作為通向被造物的神聖出神，便讓上帝得以向非神聖的(nondivine)敞開。[39]

可以說，聖靈奧妙地用愛把聖父和聖子聯合，且成為祂們彼此間的愛。一些人以人類家庭父母與子女的關係來作類比。聖靈是聖父和聖子的孩子，是祂們愛的果實。上帝是一個較諸單單我—你(I-Thou)關係更完滿的羣體。夫妻透過生育兒女聯成一個更完美的羣體，聖父與聖子跟聖靈共享祂們的愛，使祂們的愛更完美。只限二人關係的欲愛(*eros*)蛻變為三位的神聖的愛(*āgape*)，至此夫復何求？正如婚姻超越最初組成婚姻的那兩個人。在某個意義上，聖靈建立聖父和聖子的團契的時候，可視作我—你關係中的「我們」，聖靈是這兩位在愛中生出的嬰孩。

互相愛戀的人因愛連在一起。對上帝而言，愛在第三位格中達到圓滿地步，祂是聖父和聖子所愛的。第三位的出現把愛從兩位的互相專注中，提升至無私的更完滿的表達。完全的愛便在擴展和創造的活動中傾流而出。[40]

聖靈在社羣的三位一體中促進團契，且啟發那方面的敏感性。聖靈把天上和地上的人拉在一起，因祂是耶穌和聖父聯合的中介，又同時是我們與弟兄姊妹聯合的中介。

聖靈在兩個層面上傳達這個聖父—聖子關係。聖子按本性可以藉著聖靈得以進到聖父那裏，藉著恩典，我們也有這樣的通道(弗二18)。在聖子裏面，上帝揀選人類作為祂的子女；透過捨己，聖子藉著祂那代表性的旅程，向我們大施恩典，而聖靈則在我們這些屬上帝的人身上加上印記，這樣便孕育出愛和羣體。即使在我們裏面以隱藏的方式工作，又沒有自己的名字，聖靈形成和孕育羣體。聖靈是聖父聖子的愛的一體性(oneness)，因此便成了信徒們在愛中合而為一的源頭，創造關係並帶來共同的生命。甚至我們對上帝的愛，也是聖靈所賜的恩典。

第三個位格，不像「聖父」和「聖子」那樣有獨特的稱謂，卻安於上帝的統稱——「靈」。稱為「愛的聯合」已經足夠。這並不表示聖靈沒有具體的形像，只是沒有讓我們知道罷了。聖靈樂意被視作愛的媒介和團契。祂以神聖舞蹈的親愛關係為樂，並且因這連結聖父和聖子的虛己之愛歡欣。祂樂意叫被造物與上帝結連，參與三位一體的舞蹈和新創造的安息表演。

聖靈又與盼望有關。創造的時候，聖靈運行在水面上，在空虛混沌中帶來生命和秩序。聖靈使枯骨復活，又叫基督從死裏復活，成為已睡之人初熟的果子。聖靈屬於未來，並且在人裏面創造希望，因聖靈是叫現今世界轉化成上帝國度的力量。聖靈藉著實現上帝為歷史訂立的目標，和竭力成就目標，來打開未來之門。因此保羅宣告：「但願使人有盼望的上帝，因信將諸般的喜樂、平安充滿你們的心，使你們藉著聖靈的能力大有盼望。」(羅十五13)

聖靈是拯救的經世作為中的僕人，祂寧願隱姓埋名，不想惹人注目。憧憬未來，聖靈掩藏自己的臉。愛的聖靈為了祝福別人，特意隱藏自己。聖靈的愛火在所愛的面前是謙卑和自我隱藏的。聖靈就像履行天職的母親，不求自己的益處。聖靈是謙卑的，祂住在靈裏貧窮的人心中。

在地上傳達愛，跟在天上傳達愛截然不同。在神性裏面，這是絕對的賞心樂事。只是在沉淪的世界中，便要牽涉艱苦的補救行動，例如暴露愛的缺乏和促進公平的關係。對愛的熱情也應轉化為對合宜關係的熱情，如此一來，便引致哭泣和痛苦。因此，聖靈所傳達的不是自滿的愛，而是甘願臨到破碎和愁苦當中。[41]

不只是一個聯合力量

探討內契三位一體的時候，我們會感到有點茫然。即使「愛的聯合」這個意象，也未能為聖靈帶來位格，結果可能只會給人一種二位一體(binity)的印象，就是聖父和聖子再加上一種結合的力量，而非三位一體。這只會把聖靈化約為培養愛的場合。聖靈並不止於此，既是另一個獨特有別的位格，除了用愛來聯繫其他位格，聖靈也在其中分享和參與。聖靈透過以下方式聯合三位一體：對聖父和聖子的愛作見證，又進入其中進行培育，以及把祂們的熱情傳給被造物。我們雖然樂於見到這個愛的聯合的意象，但我們不希望這會對三位一體之間的真實相互關係造成偏頗，或以為這是一個不具位格的聯合力量，以致模糊了聖靈的位格。正如我所察覺，奧古斯丁對上帝本性中的分別感到困難，或許這正是聖靈是愛這意象吸引他的原因。他難以接受上帝的本性竟是一個真實情格間的團契。[42]

上帝裏面的多樣性是真實的多樣性，而關係性也就是祂的本質。互為主體性這向度是基本所在——聖父、聖子和聖靈是團契中的三個主體。祂們構成一個位格互惠的羣體，祂們是一個神聖生命中彼此相關的不同主體。祂們愉快地一同分享生命。這個社羣的三位一體是救恩敍事中惟一可以理解的上帝。聖父差聖子來到世界，並在聖父的合一中為我們受苦，從而釋放聖靈。這敍述顯示上帝是諸位格的團契，對人世間的喜樂與患難敞開。三位一體表明在上帝裏面的生命力，既在我們的世界以外，又在我們的世界之中。

這說法對我們人類經驗有許多意味深長的地方。羣體對我們地上的生活很重要，我們是照著三位一體的形像為此被造。我們知道人與人之間的生命互動形成的團結實體，遠較個體大。同樣，上帝乃是一個位格間交往的過程，一個諸位格的羣體，祂們彼此相愛，享受和洽共處。上帝便是世人翹首以待的理想羣體，但可望而不可及。上帝的三個位格，雖個別不同，各具意識，卻形成眾人嚮往那共享生命的完美理想。人類羣體的被造，首先就是要反映上帝自己的完全，其命途就是要參與上帝完全的生命。[43]

救恩歷史展示聖子和聖父的獨特關係，顯明聖父怎樣愛聖子，而聖子如何藉著擁抱沉淪的人類來回報聖父的愛。救恩歷史同時又展現聖父和聖子兩者與聖靈的關係。聖靈從聖父而出，降在聖子身上，把上帝愛的能力澆灌在祂身上。

或許我們應從羣體的面貌來尋找聖靈的面貌，那是上帝的住處以及愛得到完全的地方（約壹四12）。正如聖子揭示聖父的面孔，而聖靈又揭示聖子的面孔，或許從信徒的面貌便可見到聖靈(啟二十二4)。當聖徒在恩典和聖潔中長進，就愈能夠從他們的面孔認出聖靈，或許教會就是聖靈的面孔吧，她的光芒來自眾聖徒的面孔。

保羅問道:「豈不知你們是上帝的殿，上帝的靈住在你們裏頭麼？」(林前三16) 我們或會問：你真的不知道聖靈期望在信的人當中顯出自己的面貌嗎？[44] 教會以外的人，若他們把一杯涼水給口渴的人，或許從他們的面上，我們也可見到聖靈的面容。

這些不過是比喻的話——風和氣息豈真有面貌？面對上帝的深不可測，我們只得鞠躬禮讚。讓我補充一句來説明。我們不能按三位一體的字面意義來描繪上帝的內在生命。沒錯，三位一體給我們述説一個團契，以湧流的愛為記號，但三位一體仍是高深莫測，類比的而非單義的。我們可以用人間的互動關係，例如父子之間、夫妻之間、朋友之間，來幫助自己理解上帝。只是神聖實況往往遠超任何類比所能説明的。讓我們謹記，這不過是在宇宙中心的一個共有生命的象徵圖畫。

上帝無瑕的美麗

社羣的三位一體把上帝描畫得美麗絕頂、可愛非常。上帝不是平平無奇的單細胞生物，孤獨和靜止的，乃是充滿活力的事件：慈愛的行動與位格之間的關係性。上帝是何等可愛和活力充沛啊！我們頌讚聖父，祂是原初的光和無始的存有，絕對的奧祕，是無始無終的。我們頌讚主耶穌基督，聖父的永活聖子，與聖父一起活在團契中，不住的回應祂的愛。我們頌讚聖靈，祂是主和賜生命的主，是永遠被呼出的——永活、出神、火熱的。三位一體中每一個位格跟其他位格永遠同在，定睛在彼此身上，各方總是以慈愛的眼神凝望所愛的。

無神論是劣質神學的部分結果，是未能圓滿地描述上帝的未清債項。人往往有這樣的想法，上帝乃是犧牲人類來高抬自己的！這樣的一位上帝，人只會感到懼怕，而非被吸引去愛祂。人很多時候就是忽略，三位一體的上帝乃是一宗開放、活躍、慈愛關係的事件。無怪乎許多人拒絕上帝，因一直以來沒有甚麼吸引他們歸向祂。或許耶穌基督所展示的上帝，他們未必會隨便拒絕；耶穌基督是愛的關係，以及樂意與非永恆的世界拉上關係的一宗事件。[45]

那位啟示的上帝未有遠離世人，也沒有對其中的苦難無動於衷。上帝關心這個世界；世界對祂茲事體大。祈禱最能說明上帝與世界的關係。上帝吩咐我們為所求的禱告，祂乃是邀請我們一起塑造未來。禱告讓我們知道上帝未有執著祂的計劃，對要發生的事，態度開放。這便顯示上帝與世人的關係極為親密，乃真正情格間的，而且兩者都各自以自己的方式，在一個非決定論的世界中製造改變。[46]

神學應該是美麗的，因其主體是如此美麗。奧古斯丁驚歎，說：「主，全然無瑕疵的，亙古不變卻常新如此，我愛祢太晚了，太晚了。」(《懺悔錄》〔*Confessions*〕

10.27）巴特評釋：「這門科學不能忍受繃緊的臉、陰鬱的意念，和沉悶的思維。」[47] 若聚焦於上帝的美麗，以及這關係性的本體論的瑰寶，神學是可以變得美麗的。

人對上帝的信心很少會因缺少證據而受到影響。許多人相信上帝存在，因為他們內裏有神聖的意識。信心的障礙通常跟我們的有神論的素質有關。神學不是有關上帝的存在，乃是有關上帝是**誰**。當我們的上帝論能夠引發人愛上帝，神學便可以贏取信譽。

對社羣的三位一體的信心影響我們對上帝屬性的理解。三位一體的教義叫人嶄新地審視神聖的完全。上帝的自我啟示不單揭示祂的內在本質，同時展現祂的屬性。過往，哲學經常影響上帝論，因此神學不是由啟示的真理開始，卻從人對上帝的一般理解入手。[48] 例如神聖大能可被誤解為全面控制（total control），因以為這觀念會「適合」上帝。或者認為公義等同準確，不管啟示怎樣說，因為這是最適合的概念。

然而，上帝啟示自己為三位一體的那位，如此便推翻有關神聖完全的不當假設。福音敍述中，上帝的大能是在十架的軟弱中顯明，而上帝的公義就是叫我們脱離罪，不是要我們罪有應得。

上帝跟我們既有的觀念，大異其趣。因這上帝喜愛社羣存在、狂喜舞蹈、富創意和主動的。因此，我們凡人喜歡在嚴肅的日常生活中嬉戲：嬉戲預示永恆。嬉戲是盼望的表示。它使我們暫時離開痛苦的領域，讓我們窺見沒有死亡的喜樂。這是一個在醜陋和毀壞中表達盼望的舉措。[49]

上帝不是一個絕對的自我(Ego)、不能改變和決定一切的。上帝不是一個單一的自我(single self)，孤立和孤單的。上帝是個美麗迷人的關係，又是活力充沛的愛的羣體；祂不單沒有遠離我們，且要充滿我們。上帝的榮耀不在於自我膨脹，乃在於捨己。上帝的榮耀不在支配之中，而在慈愛之中。上帝最突出的就是祂的愛所發出的光芒。[50]

按照自我啟示，上帝不是那不動的動者，祂乃是耶穌基督的上帝。耶穌基督離開自己進入歷史中活動，介入祂子民的事務中，且與他們交談。上帝與我們，比我們所能想像的，更親近。祂並不單顧自己的事，並非不能付出自己。上帝為別人的緣故，離開自己，為別人的緣故，把自己傾流，這是祂的本質。上帝的本性既是三位一體，便向外伸展，走向創造和道成肉身。這樣，賜我們生命，懷抱我們，這些都不是過後的想法，乃是出於祂的本性和旨意。[51]

上帝很自然要造出一個能反映祂的關係性的世界。作為社羣的三位一體上帝，定會創造能傾聽和回應祂的話、又能彼此相關的生命。上帝的本性要創造一個不是完全定案的世界，乃是一個祂可以自由在其中分享自己生命的民族及世界。上帝的本能使祂在創造這樣的一個世界時謙卑自己，讓這些生命跟祂一樣獨立地存在，並且出於自願而非外來壓力，自限主權。上帝的本性並非要全面決定而沒有自由，祂乃要成為有限人類世界的統治者。這樣的世界較難治理，不過卻為上帝提供許多價值更高的事物。

三位一體突顯了世界藉恩典存在的事實。世界的存在不是必然的，它無必要存在。上帝既在三位一體的豐盛中存在，也就不需要世界。世界乃是不必要地存在，但卻是自由地存在，因為這是上帝喜悅的。上帝就像一位藝術家，因為祂在自我表達中感到喜悅，便創造世界。這點可見諸上帝在創造的第七天的安息——這是一種滿足而非疲倦的休息。上帝以世界為樂，並因所造而歡欣。我們也同樣樂在其中，因為世界是一份禮物，靠著恩典存在。為這緣故，我們高舉和頌讚上帝的名。當我們向上帝高歌舞蹈，我們就在期待與祂的聯合中，開始在地上經歷屬天的三位一體生命的歡樂。[52]

上帝在三位一體的豐盛中完全了，但祂卻不選擇孤獨。巴特說：「上帝不是心血來潮，或出於必須才決定創造，這是因祂從永恆就愛它。為了要顯明祂對其創造的愛，又因祂定意不要因世界的存在和本性限制祂的榮耀，祂便反倒透過與世界共存，來顯示和表明祂的榮耀。」[53] 上帝選擇與我們連在一起，這就是為何祂要在歷史中工作，與被造物扯上關係。祂喜愛在與世人活潑的相交中存在。上帝向這個滿是應許和冒險的境況押上自己。[54]

上帝的愛成了創造的基礎。創造往往是為了聯合和團契。世界尚未陷在罪中，上帝已經愛世界了。上帝起初與世界的關係是慈愛的，而不是律法的。

立約神學(federal theology)指稱上帝創造我們以後，便把我們放置在一個工作契約中；只求聽命，毫無恩典。立約神學家這樣的說法，彷彿認為世界不是由一位恩慈的上帝創造。但是在上帝的旨意中，愛並非是次要的。創造旨在敞開一個空間來跟人類立約。聖父一直以來盼望創造一羣酷肖聖子的子民，並且與祂連結在一起。正如巴特所言，創造是約的外在基礎，約則是創造的內在基礎。創造藉著造出能反映三位一體生命的活物，叫立約成為可能。上帝在永恆中揀選人類分享祂的榮耀，由於如此醉心這事，上帝甘願被人棄絕。上帝創造了世界，且在歷史中活動，目的就是推展、建立一個關係親密的羣體。這個羣體仿效社羣的三位一體，每個人的恩賜得著稱頌和培育。[55]

三位一體甚至可被看為給創造提供場地。有些人認為聖父和聖子間的距離締造世界存在的空間。例如巴提沙撒(Hans Urs von Balthasar)便認為這就是世界存在的空間。上帝毋須利用世界來實現自己，各位格已經在彼此之間實現自己。同時三位一體也不會把愛收藏起來。祂的愛是出神的，向世界開放。揀選人類是基於聖父對聖子的愛，我們在聖子裏被愛。可以這樣說，三位一體的多樣性叫世界可以存在，以及聖子可以道成肉身。創造和拯救皆源自神聖生命的慈愛動力，來自施與受、慈愛與擺上、愛的互動。[56]

我們對上帝的渴慕並非源自自己，我們不會主動要求建立這個關係。是三位一體使之成為可能，並且挑起我們內心的渴望。不是我們引發這個關係，乃是上帝，祂邀請我們加入那已經開始了的三位一體的傾談。三一的上帝邀請我們與祂親密共聚，並且召喚我們加入這個捨己之愛的團契。相互和捨己的動力在上帝的生命中一直流轉，我們則被吸引進去。祈禱是加入已經進行的談話中。聖靈呼喚我們加入聖父與聖子之間這親密關係，且被捲入祂們已開始的舞蹈中。在這個世界禱告，我們便加入這個舞蹈，開始體會到三位一體眾位格的運動與相互影響。[57]

即使在後現代的處境當中，我們仍是偏重理性來理解實相。然而音樂也向我們宣示實相的豐富和高深。想像一下樂章的統一、和諧、格局、細緻、驚喜和樂趣。甚至耶穌也吹奏供人跳舞作樂。韓德爾（Handel）在他的《聖茜莉亞頌曲》（Ode for St. Cecilia's Day）中，豈不是一語中的指出和諧是世界的起頭和終局？原文是這樣的：大自然的微塵聽聞高天的呼喚，他們一躍而起，各就各位。最後，他們要聽到號筒吹響，那時樂韻飄揚天地。難怪音樂令我們如癡如迷，因為音樂吸引我們聽到內心聖靈的天籟。[58]

藉著聖靈，我們靠著耶穌基督來到聖父那裏。奉三位一體的名受洗，我們被收納在聖子藉著聖靈與聖父永遠共享的關係中。我們被移進一個互愛的神聖世界中，從此體驗自己屬靈和社羣的本性的真正目標。我們本來就被設定為相互關係的，也就注定要出席這個舞會，又與基督締結婚盟，並分享三位一體的生命。在地上經歷的團契必被提升，進到三位一體的地步。

作基督徒就是認識聖父和聖子，且要靠著聖靈的力量走在十架和復活的路上。三位一體眾位格之間的愛的團契是有散發性的——按本性是從中央向外散發。作為被愛和能愛的受造物，我們便顯示了這樣的散發性，又讓我們醒覺，我們的生命是要進入上帝的愛中。

到此，我已經建立了下一章的基礎。上帝要在創造的行動中，在有限的層面上產生三位一體生命的共鳴，並且生出生命，這生命要藉聖靈跟聖子一起分享在聖父裏面的生命。其他各章在此接續討論。罪是因人棄絕愛而出現的，為了對付罪，上帝道成肉身取了我們的本質，從而藉著聖靈把信的人都歸入基督的身體和新人類中(第三章)。從十架和復活中興起的羣體，藉聖靈延續耶穌的恩膏和期待那新人類。教會乃這個新族類、天堂的殖民地的先嚐，上帝團契和未來世界的具體展現。上帝定意不要孤單，因此透過創造和拯救，把愛傾流。祂又尋找一個可以澆灌聖靈的羣體(第四章)。聖靈如今吸引人類走向婚筵和與上帝聯合(第五章)。聖靈同時使這項邀請變得真正普及(第六章)。教會被帶進真理中，創傷便得著醫治(第七章)。

上帝的本質就是相互的愛和關係。確認這一點，神學便把一直藏在內心的意念顯明。讓我們透過三位一體生命的舞蹈來界定上帝，不要過分執著於聖潔和主權，因而使愛的關係顯得不重要。讓我們視聖靈是產生關係的，祂把聖子連於聖父，又把我們連於上帝。聖靈是神性生命的出神，是喜樂的豐盈滿溢，誕下天地和不斷締造完全的合一。

我們這樣繪畫上帝，不只無神論者會愛祂，甚至基督徒也不例外，因為我們很少感受到上帝的美麗和可愛。上帝是不住膨脹的愛的循環，聖靈就是在圓心中的動力。我們藉著祂可以同感一靈進到聖父那裏，代表聖父的聖靈和新娘說：「來！讓我們一起跳舞。」

註釋：

1 John D. Zizioulas 就神聖本質提出這樣的意見："Personhood and Being"，收於*Being as Communion: Studies in Personhood and the Church* (Crestwood, N. Y.: St. Vladimir's Seminary Press, 1985), chap. 1。

2 堅實的三一論導論，可參William J. Hill, *The Three-Personed God: The Trinity as a Mystery of Salvation* (Washington, D. C.: Catholic University of America, 1982)。

3 其他有關三一論的上乘作品包括：Ted Peters, *God as Trinity: Relationality and Temporality in Divine Life* (Louisville, Ky.: Westminster/John Knox, 1993)和 Colin E. Gunton, *The Promise of Trinitarian Theology* (Edinburgh: T & T Clark, 1991)。

4 Millard J. Erickson, *Christian Theology* (Grand Rapids, Mich.: Baker Book House, 1983), 1: 342有這警句。而John Hick, *God Has Many Names* (Philadelphia: Westminster Press, 1982), p. 124對此作出懷疑性的回應。

5 把三一論理解為愛的關係性，其意義可見Catherine M. LaCugna, *God for Us: The Trinity and Christian Life* (San Francisco: Harper San Francisco, 1991)。

6 這用法的背景，參Walter Eichrodt, *Theology of the Old Testament* (London: SCM Press, 1961), 1: 210～220。

7 神聖的靈性，參Wolfhart Pannenberg, *Systematic Theology* (Grand Rapids, Mich.: Eerdmans, 1991), 1: 370～384。

8 這是Geoffrey W. H. Lampe的錯謬，他不接受聖子和聖靈與父同具位格的證據：*God as Spirit* (Oxford: Clarendon, 1977)。

9 Leonard Hodgson, *The Doctrine of the Trinity* (London: James Nisbet, 1943), p. 140.

10 John J. O'Donnell, *The Mystery of the Triune God* (New York: Paulist, 1989), chap. 3和Pannenberg, *Systematic Theology*, vol. 2, chap. 5。

11 我從Cornelius Plantinga的博士論文 "The Hodgson-Welch Debate and the Social Analogy of the Trinity" (Princeton University, 1982), chap. 3獲得靈感。那一章綜合後以 "Social Trinity and Tritheism" 為題，收入*Trinity, Incarnation and Atonement*, ed. Ronald J. Feenstra and Cornelius Plantinga (Notre Dame, Ind.: University of Notre Dame Press, 1989), pp. 21～47。

12 支持聖靈位格的根據，詳見Gordon D. Fee, *God's Empowering Presence: The Holy Spirit in the Letters of Paul* (Peabody, Mass.: Hendrickson, 1994), pp. 829～842。

13 Stephen T. Davis, *Risen Indeed: Making Sense of the Resurrection* (Grand Rapids, Mich.: Eerdmans, 1993).

14 Hodgson, *The Doctrine of the Trinity*, pp. 89～96.

15 Pannenberg, *Systematic Theology*, 1: 395～396, 422～423, 428～432.

16 三位一體的奧祕，以及聖靈在三位一體裏的奧祕，參George A. Maloney, *The Spirit Broods over the World* (New York: Alba House, 1993), chaps. 2～3。

17 LaCugna, *God for Us*, chap. 8.

18 Elizabeth A. Johnson, *She Who Is: The Mystery of God in Feminist Theological Discoursel* (NewYork: Crossroad, 1992), p. 220; John L. Gresham, "The Social Model of the Trinity and Its Critics"，載 *Scottish Journal of Theology* 46 (1993): 325～343; Robert L. Wilkin, "Not a Solitary God: The Triune God of the Bible"，載*Pro Ecclesia* 3 (1994): 36～55; Donald G. Bloesch, "The Mystery of the Trinity", *God the Almighty : Power, Wisdom, Holiness, Love* (Downers Grove, Ill.: InterVarsity Press, 1995)，chap. 7。

19 Johnson, *She Who Is*, chap. 11; John Sanders追尋希臘哲學有關神聖本質的假設對基督教神論的影響，參Clark H. Pinnock et al., *The Openness of God: A Biblical Challenge to the Traditional Understanding of God* (Downers Grove, Ill.: InterVarsity Press, 1994), pp. 59～100。

20 Pannenberg, *Systematic Theology*, 1: 370～384; A. Okechukwu Ogbonnaya, *On Communitarian Deity: An African Interpretation of the Trinity* (New York: Paragon House, 1994).

21 Karl Rahner把內契的三位一體等同經世的三位一體，*Foundations of Christian Faith* (New York: Seabury, 1978), p. 136。

22 Francis Martin, *The Feminist Question: Feminist Theology in the Light of Christian Tradition* (Grand Rapids, Mich.: Eerdmans, 1994), pp. 284～289.

23 Edmund J. Fortman, *The Triune God: A Historical Study of the Doctrine of the Trinity* (Philadelphia: Westminster Press, 1972), chap. 5及Hill, *The Three-Personed God*, pp. 78～79, 225～232。

24 William Hasker, "Tri-unity"，載 *Journal of Religion* 50(1970): 6～11; Hill, *Three-Personed God*, pp. 59～62; Hodgson, *Doctrine of Trinity*, pp. 144～157。

25 Karl Barth, *Church Dogmatics* 1/1, trans. G. T. Thompson (Edinburgh: T & T Clark, 1936), p. 400. Robert Jensen 提出一個有力的問題："You Wonder Where the Spirit Went?"（你希奇聖靈走到哪裏嗎？），載 *Pro Ecclesia* 2 (1993): 296～304。Hendrikus Berkhof在所著*The Doctrine of the Holy Spirit* (Atlanta: John Knox Press, 1964), chap. 6似乎顯示有點像神體一位論。

26 Hill在*Three-Personed God*, chap. 5, "Neo-modal Trinitarianism: The Unipersonal God of Three Eternal Modes of Being" 中對他們作出討論。

27 Hans Küng, *Credo: The Apostles' Creed Explained for Today* (New York: Doubleday, 1993), pp. 150～156.

28 Blair Reynolds, *Toward a Process Pneumatology* (London: Associated University Presses, 1990).

29 William C. Placher, "The Triune God: The Perichoresis of Particular Persons"，收於*Narratives of a Vulnerable God*（Louisville, Ky.: Westminster John Knox, 1994), chap. 3。

30 Jürgen Moltmann, *The Trinity and the Kingdom*（San Francisco: Harper & Row, 1991）, p. 16.

31 Johnson, *She Who Is*, p. 228.

32 我在此的言論，*LaCugna*警告反對之餘，又提供幫助：*God for Us*, pp. 296～300。

33 Peters, *God as Trinity*, pp. 34～37; LaCugna, *God for Us*, pp. 288～292; Vincent Brummer, *The Model of Love: A Study in Philosophical Theology*（Cambridge: Cambridge University Press, 1993）.

34 O'Donnell, *Mystery of the Triune God*, pp. 77～80.

35 *Catechism of the Catholic Church*, 第701段，圖像學以鴿子象徵聖靈。Walter Kasper, *The God of Jesus Christ*（New York: Crossroad, 1986）, p. 226。

36 Peter J. Cullen, "Euphoria, Praise and Thanksgiving: Rejoicing in the Spirit in Luke-Acts"，載*Journal of Pentecostal Theology* 6 (1995)：13～24。

37 Kasper, *God of Jesus Christ*, p. 226; O'Donnell, *Mystery of the Triune God*, p. 79. Gregory A. Boyd 與過程神學對話，這是個中心主題，參*Trinity and Process: A Critical Evaluation and Reconstruction of Hartshorne's Di-polar Theism Towards a Trinitarian Metaphysics*（New York: Peter Lang, 1992）。

38 Augustine, *On the Holy Trinity* 15. 17～19.

39 就這點詳見Yves M. J. Congar, *I Believe in the Holy Spirit* (New York : Seabury, 1983), 1: 85～92; David Coffey, "Holy Spirit as the Mutual Bond Between the Father and the Son"，載 *Theological Studies* 51 (1990): 193～229; Peters, *God as Trinity*, pp. 67～70和LaCugna, *God for Us*, pp. 296～300。

40 Heribert Muhlen, *Der Heilige Geist als Person: Ich-Du-Wir*, 2nd edition（Münster, Germany: Verlag Aschendorff, 1966）; Maloney, "Holy Spirit Within the Trinity", *Spirit Broods over the World*, chap. 3.

41 Michael Welker, *God the Spirit*, trans. John F. Hoffmeyer（Minneapolis: Fortress, 1994）, pp. 50～51, 184.

42 Gunton, *Promise of Trinitarian Theology*, pp. 48～55；Pannenberg, *Systematic Theology*, 1: 315～319.

43 Joseph A. Bracken, *The Triune Symbol: Persons, Process and Community*（New York: University Press of America, 1985）; Hill, *Three-Personed God*, pp. 218～225.

44 John Breck, "The Face of the Spirit"，載 *Pro Ecclesia* 3 (1994): 165～178; Robert Dotzel在*Pro Ecclesia* 4 (1995): 5～10 作答。

45 Anthony C. Thiselton注意到社羣三位一體有助今天對某些神學問題的理解：*Interpreting God and the Postmodern Self*（Grand Rapids, Mich.: Eerdmans, 1995）, p. 158。

46 Vincent Brummer, *What Are We Doing When We Pray? A Philosophical Inquiry*（London: SCM Press, 1984）; John J. O'Donnell, *Trinity and Temporality: The Christian Doctrine of God in the Light of Process Theology and the Theology of Hope*（Oxford: Oxford University Press, 1983），以及 Pinnock et al., *Openness of God*。

47 Karl Barth, *Church Dogmatics* 2/1, trans. T. H. L. Parker（Edinburgh: T & T Clark, 1957）, p. 656。儘管科學含有事實集錄的意思，Karl Barth卻甘冒不諱稱神學作一門科學。Hodge 視神學為一門科學，孕發了對聖靈的忽略。對Barth而言，神學其實是藝術多於科學。

48 LaCugna, *God for Us*, pp. 300～304.

49 Placher, "The Vulnerable God", *Narratives of a Vulnerable God*, chap. 1.

50 這是Boyd 在*Trinity and Process* 中重複出現的主題，pp. 377, 384, 391, 392。

51 O'Donnell, *Trinity and Temporality*, pp. 23～25, 198～200.

52 創造作為一齣安息戲劇，見Jürgen Moltmann, *God in Creation: A New Theology of Creation and the Spirit of God*（San Francisco: Harper & Row, 1985）, pp. 276～296。至於靈恩神學中注意到這主題的，參Jean－Jacques Suurmond, *Word and Spirit at Play: Towards a Charismatic Theology*（Grand Rapids, Mich.: Eerdmans, 1995）。

53 Karl Barth, *Church Dogmatics* 3/1, trans. G. W. Bromiley（Edinburgh: T & T lark, 1958）, p. 95.

54 Frank G. Kirkpatrick, *Together Bound: God, History and the Religious Community*（New York: Oxford University Press, 1994）, pp. 175, 177, 179.

55 Barth的*Church Dogmatics* 3/1 有詳盡解釋， Herbert W. Richardson認為這對北美神學十分重要：*Toward an American Theology*（New York: Harper & Row, 1967）, chap. 5。

56 有關Hans Urs von Balthasar的「神的演劇」（theo-dramatics），參 John J. O'Donnell, *Han Urs von Balthasar*（Collegeville, Minn.: Liturgical, 1992）, pp. 16～17, 66, 74～75, 108, 142。

57 Martin Smith, *The Word Is Very Near You: A Guide to Praying with Scripture*（Cambridge, Mass.: Cowley, 1989）, pt. 1.

58 關於音樂中的意義，參Edward Rothstein, *Emblems of the Mind*（New York: Times Books, 1994）。

第二章

創造中的聖靈

聖靈是主和生命的賜予者，祂馳騁縱橫宇宙中。教宗若望保祿二世談到聖靈說：「那生命的氣息，使一切被造之物和歷史，在上帝浩瀚汪洋中，匯合一起流向其終極。」[1]然而神學一直以來貶抑聖靈的活動，把聖靈縮減在教會和敬虔的範疇。列念萊(H. I. Lederle)指出：

> 長久以來，人對聖靈和祂的工作的理解過於局限。現代世界開始初期，有一個不明文協定，信仰要局限於個人的靈修生活，而這種靈修生活被稱之為「屬靈」。聖靈不應被局限為屬靈經驗和恩賜，雖然這些仍有待大部分的基督教教會承認。不過，我們要高瞻遠矚，不單要收復五旬節主義發現的領域，也要確認聖靈的工作有其宇宙的向度。聖靈正在世界工作，實不應被降格為敬虔的裝飾。[2]

盤古初開，聖靈運行眾水之上，化混沌為宇宙(創一2)。深淵澎湃，眾生滋長。最基本的，聖靈與生命的恩賜和一切新的開始息息相關。上帝向亞當的鼻孔吹氣，泥土頓現生機(創二7)。生命的聖靈若不向物質吹氣，世上便無生命可言。

聖靈確是生命的賜予者，正如耶穌曾言：「叫人活著的乃是靈。」(約六63)生氣吹遍萬物，從死亡帶出生命、醜陋變成美麗，以及紛亂變為平和。聖靈以愛充滿世界，使其生氣勃勃(伯十二10，三十三4)。「像雀鳥孵雛，聖靈孵坐死寂大地之上，激發和釋放潛伏的生命，使微生物出現世上。」我們在創造生命本身，在那生命力、喜樂、光華、音韻、甜蜜、花朵、擁抱之中，與聖靈相遇。[3]

聖靈乃忘我的出神，要展現上帝的豐盛，並激發那神聖的捨己。在〈尼西亞信經〉中，聖靈因這創造的大能被稱為「生命的主和賜予者」，確是名副其實。這片語提醒我們要視聖靈乃活躍於世界和歷史當中，尤其活躍於歷史的發展和結局。整個宇宙都是聖靈活動的範圍，這點對於基督論、教會論、救恩及更多層面，都極之基本。這就是使基督出生、得力作工，並且從死裏復活的能力。這是肉身絕不可能成就的事。然而，聖靈無處不在，引領著宇宙朝向其目標前進，並且使上帝的創造和拯救計劃，得以依次完成。聖靈在創造和新創造中有份。若不是先有創造行動，就不會有拯救的行動。創造行為乃拯救行為的基礎。帶來救恩的聖靈，先行坐在深淵之上，使混沌變得井井有條。[4]

無疑，較諸涉及新創造的拯救功能，聖經較少論及有關聖靈的創造功能。不過創造功能卻是談論拯救功能的前設。實不應因強調聖靈的拯救工作，而否定聖靈的創造功能，因為這是拯救功能的基礎。

譬如，耶穌可以假設其聽眾都知道聖父就是創造主，祂不用重複或詳述。毫無疑問，希伯來思想認為世界和被造物皆從上帝得生命和力氣。只因發出應許的上帝乃世界的創造主，我們才得以對未來有盼望，可以相信天國降臨、死人復活。起初沒有創造，便不會有新創造。保羅說：「受造之物切望等候上帝的眾子顯出來。」(羅八19) 除非有起初賜下的生命，否則便不能理解釋放宇宙的應許。拯救我們的上帝正是那位創造萬有的上帝 (弗三9)。祂的創造大工（在天空中的能力）與在歷史中的拯救大工（在以色列之上的威榮），互相輝映（詩六十八34）。

就讓我們在本章探索聖靈與創造的關係。讓我們再一次肯定其重要性，不再輕忽。聖靈作為生命的賜予者，又是普世的神聖臨在，這概念雖非經常在聖經出現，卻相當吃重。上帝不單**先於**創造而為創造的發動者，更**與**受造物一起，在其發展中擔任指導者。聖靈是世界成形的基礎，又引領上帝與世界進入一個親密的關係。聖靈把愛引進世界，維持生命並給一切賦予意義。聖靈與人類一起穿越時間的旅程，又與萬有一起切望等候釋放。上帝的奧祕環繞著我們，「我們生活、動作、存留，都在乎他。」（徒十七28）[5]

神學斷不會否定上帝的無處不在，卻會忽略聖靈的無處不在。「我往那裏去躲避你的靈？」（詩一三九7）或許我們不會完全忘記這點，但我們有傾向忘卻聖靈的臨在；我們沒有忘記祂是承托著世界的含混能力，卻忘記祂乃是三位一體中的聖靈。神學不認識聖靈的臨在，也就不能對其中的含義作出積極的反省。愛的能力在世界各處作工，不只在教會工作。拯救的上帝就是創造的上帝。在大自然和歷史中，上帝的工作不是二元的，乃是統一的；不能說墮落以前的創造就沒有恩慈。聖靈把整個過程推向上帝的愛中，一切被造的都被捲入其中。[6]

聖靈與創造

有好些經文把聖靈和創造連接起來。以利戶說：

「上帝的靈造我；全能者的氣使我得生。」(伯三十三4)他再說，

他若專心為己，
將靈和氣收歸自己，
凡有血氣的就必一同死亡；
世人必仍歸塵土。　　　　(伯三十四14～15)

他的說話叫人想起上帝向亞當的鼻孔吹氣，使他成為有靈的活人(創二7)。由此可見，聖靈是生命的源頭，包括身體和靈魂。

詩人較宏觀的陳述：「你發出你的靈，他們便受造；你使地面更換為新。」(詩一〇四30)在另一處地方，大衞宣稱：「諸天藉耶和華的命而造；萬象藉他口中的氣而成。」(詩三十三6)保羅在雅典確認：「〔上帝〕自己倒將生命、氣息、萬物，賜給萬人。」(徒十七25)這些經文讓我們知道，聖靈在一個最基本的層次賜生命予被造物，以致我們的生命在權利上本不是自己的，乃是一個賜予。[7]

這類經文縱然不多，卻不等如這項真理毫不重要。創造作為教義，人便以為這是理所當然的，研經的時候就往往視之等閒，掉以輕心。甚至神學家認為是頗重要的「從無有中創造」，聖經也沒有提及，只不過是從別的經文推論而得。只是真理的重要性不能以經文節數來量度。事實上，創造的教義與聖靈在其中所扮演的角色，皆有聖經經文和神學反省來支持。聖經斬釘截鐵地指

出，上帝創造了萬物，而聖靈臨在世界每一個角落。真理不在乎重複，事實勝於雄辯。聖靈臨在創造當中，活躍在創造當中——包括其開始、延續和完全。

這方面的經文貧乏，也許不單因強調新創造所致，而事實上，這真理是以別的方法、別的語言來處理和表達。例如箴言便是這樣讚頌智慧在創造中的角色：

為滄海定出界限，使水不越過他的命令，
立定大地的根基。
那時，我在他那裏為工師，
日日為他所喜愛，
常常在他面前踴躍，
踴躍在他為人豫備可住之地，
也喜悅住在世人之間。 (箴八29～31)

智慧在創造中被形容為上帝的代理人，對聖靈也可如是觀之。像聖靈一樣，戲耍的智慧奉差遣進入世界實踐上帝的計劃。

直到兩約之間的時代，聖靈和智慧還是相提並論的。在《所羅門智慧書》(*Wisdom of Solomon*) 中，智慧是萬有的設計師，且與聖靈連在一起，充滿全地(七21～30)。該書作者說：「上主的靈充滿全地；那蘊藏萬物的發出他知識的聲音。」(一4～8) 聖靈，連同智慧，被看作神聖創造性的代理人。

這給我們一個值得興奮的角度，來看上帝與被造秩序的關係，更激發我們內裏對創造恩典的驚訝和感恩。

這使我們想到上帝是臨在萬有的：臨在那些尋常的、不尋常的，並為領悟比撒列的巧工和耶利米的預言，定立基礎。讓我們遊目四盼的時候，有更大的感通體會上帝無處不在，並能揮掉上帝不在的思想陰影。

即使是上帝護理的教義，也為聖靈在宇宙的作工效勞。在這個範疇下，我們也反省上帝在歷史和世界中的作為。**護理**乃指上帝維持和管理萬物，也就間接指聖靈在持續的創造中運行。[8]

新約論到復活和新造的人，便認定這是由於聖靈的創造力量。惟有聖靈首先將生命帶給世界，才能賦予世界新的生命。拯救不是遺棄世界，乃是把被造的提升到更高的層次。從第一日開始，聖靈便執行上帝創造的旨意，並且定意在修復的時候發出這些旨意。創造者聖靈激發盼望，盼望一個人類不能實現的世界，就是上帝有能力叫死人活過來，並使萬有變成新的。先知質疑：「這些骸骨能復活麼？」上帝吩咐他這樣說：「我必使氣息〔我的靈〕進入你們裏面，你們就要活了。」(結三十七1～6) 另一位先知則說創造要變為荒蕪，直至「等到聖靈從上澆灌我們，曠野就變為肥田。」(賽三十二15) 他們能夠這樣描述聖靈，只因祂是創造的大能。

可惜，好些基督徒忽略了聖靈在宇宙和創造當中所扮演的角色。譬如格列夫・多瑪 (W. H. Griffith Thomas) 便只接納聖靈在拯救中的功用，否定其宇宙性的功能。他反對以如此普世性規模來思想聖靈的工作。作為福音派人士，他恐怕如此便等如修訂神學。若發現聖靈在異教世界活動，人會怎樣想？如果太著眼聖靈在全世界的臨在，豈不削弱了耶穌基督的獨特性？與其挑戰傳統神學，多瑪寧可避談聖靈那宇宙性的作為。但忽略這些作為，結果就是把創造和拯救切割成不同的範圍，界限分別。上帝工作的一致性也被破壞，創造則淪為拯救前的準備事件。[9]

然而，不是所有神學家都忽視聖靈的宇宙性功能。當加爾文 (John Calvin) 反思創世記的時候，就認為宇宙的美麗和形態源自聖靈；那是聖靈神性的明證。他很高興承認聖靈就是向萬有吹入生命氣息的(《基督教要義》〔*Institutes*〕1.13.14)。亞伯拉罕・古爾柏 (Abraham Kuyper) 承接著加爾文，進一步提升聖靈的宇宙性向度。他認為聖靈從開始便向被造物不住發出影響，把世界帶進其終局。古爾柏甚至留意到聖靈把恩賜和才幹賜給人類，因而賜恩給整個世界。聖靈神學必須包括這個向度，不應怕被濫用便因噎廢食。[10]

三位一體的創造

其實為甚麼要創造？上帝實無此需要。然而創造卻弔詭地出現。或許用另一個問題來回答這個問題：繪畫和樂章為甚麼存在？不像飲食，這些根本不是我們的必需。這些事物出現純粹是由於一種創造的意欲。藝術精品是豐滿的內在生命的自然流露。它們的產生是出於對存在的頌讚和全然的欣喜。同樣，創造是上帝喜悅的藝術結晶，藉此上帝賜下喜悅。上帝就像喜愛創作的藝術家，對所造的稱心滿意。受造物驚覺自己的存在來自天賦，也就分享上帝的歡愉，使他們有載歌載舞的衝動。

上帝的本性揭示了一些創造的原因。祂創造的方式，跟祂作為一個關係的本性，那愛的本質吻合。上帝不是自戀或自閉，其本性乃是恩慈的：內和外都是自我溝通的(self-communicating)。創造出於神聖本性的愛的關係。上帝創造，出於自己位格之間那豐富互通的愛(interpersonal love)——這是上帝慷慨的表現。非由外力迫使，也不是出於任意的選擇。

上帝慷慨地賜生命給受造物，容許被造的他者(creaturely other)與自己共存。因要有大量的溝通，祂給受造物製造空間和機會。上帝的本性是滿溢的，受造物也就是其果子。上帝喜愛關係，不愛孤寂。上帝絕不像亞里士多德(Aristotle)的神，只愛對思想作出思想(thinking only about thinking)。上帝是絕對出神的：每個位格存在於與別的位格相愛的關係中。這種喜樂的團契湧溢，賜生命予受造物。上帝不會把其位格互通的生命藏起來，反倒要送出去。祂的靈便促進與上帝之間和與被造物之間的相通相融。聖靈臨在世界又使之成為神聖的臨在的一個聖禮。[11]

創造的行動表達了一個社羣的訴求。上帝的本性是共有的愛(shared love)，有利受造社羣的出現。但以理・格利(Daniel J. Migliore)說：「上帝在永恆中便打算創造，賜予並跟他人分享生命。可以這樣說，深植在上帝三位一體生命中那欣然接受他者的情操，在創造的行動中湧流出來。」[12] 上帝的虛己不單限於道成肉身，也關乎創造，在創造當中，上帝特意要給別的存在物存在的空間。創造又同時是一個自我限制的行動，上帝願意讓一個相對地自主的世界與自己共存。上帝創造，是因自己的喜悅，也因作為三位一體的愛者的喜悅，容許新的舞伴共舞。為這緣故，上帝甘冒不韙，創造一個非神性、明顯意義深長的被造秩序，甚至誓言要參與其中。[13]

三位一體的本性有助我們了解世界的相對自主性，以及世界跟上帝的連繫。世界被造與聖父有別，俾能連於上帝，並且自由地回應上帝。這是一個雖依賴卻獨特的實相，為建立關係而被造。這又是一個聖子能在其中成為肉身的世界，聖子道成肉身，一方面成就聖父要自我啟示的盼望，一方面作為拯救的獻祭(需要的時候)。上帝的本性是一種愛的關係的秩序，其中雖沒有創造的需要，卻有要創造一個世界的可能，好讓上帝藉聖子和聖靈與它連合。

歷史不是演出一項不受時間影響的固定諭旨，乃是完成各個神聖計劃的舞台，足智多謀的上帝在那裏應付意義重大的創造中各種突如其來的事。歷史既非隨意，更非預定。聖靈活躍運行於萬物當中，卻又尊重創造物的尊嚴。或許可以這樣來看，聖靈編排創造之舞，就像祂在莊嚴的三位一體團契中所作的。

上帝的創造是出於其關係性的豐盛，出於一種非封閉但倒能開放擁抱宇宙的愛。上帝是出神的，祂的愛滿溢出來，給被造物留有空間。上帝是愛，祂一直盼望分享生命，並且傳達祂的臨在。聖靈——培育團契的——作為愛的聯合，便將上帝與世界的關係開啟。上帝是幫助我們的，祂不與我們為敵，也就不斷要與我們分享生命。上帝自由地創造，不是必然的，也不是以流出的方式。上帝藉道創造——這是自由和有意識的行為。在永恆中已經愛聖子的上帝，也愛在聖子裏面的被造物，並且透過聖靈的氣息完善世界。聖靈使被造物可以按照上帝三位一體的愛彼此團契。聖靈不住把存在物形塑成更複雜的實體，從而在歷史中推動實在，使之更能彰顯上帝的形像，並促使被造物分享上帝的愛，在歷史以外亦然。[14]

上帝在第七天歇息，非因筋疲力竭，乃是要在創造物中享受（創二3）。創造是一件神聖自我表現的作品，能帶來愉悦。上帝的自我表現是自由自在和戲耍的。按本體論，上帝是截然不同的，祂進入世界是要得歡愉，並且從中引申價值。上帝歡樂，主要是因為一個能夠互愛的世界，如今能夠反映三位一體社羣的愛。上帝從開始，就預備照自己的形像造人，好讓祂在愛中與人連合。那麼，當強調拯救的時候，我們別忘記，即使是罪進入世界以前，「為我們」和「與我們同在」一直是上帝的心意。[15]

以辯證的方式來看，創造對上帝和人類皆有價值。因上帝得著自我表現的喜樂和位格互通。上帝感到稱心，因為大自然反映和鋪張祂的足印。穹蒼彰顯上帝的榮耀，世界則反映祂的大能。創造本身暗示終極能力的存在，這能力在被造物中孕育開放和自發性。這也是一個領域，在其中，互惠關係可在有限的層面中實現，同時羣居被造物的團契也反映出三位一體。這些披戴形像的（image-bearers）可以在非神性的實在中（nondivine reality），反映上帝的形像，且把聖子享受與聖父之間的父子關係重現。從這世界，上帝希望聽到受造物説**是**，這是愛子從永恆以來不住説的。

對被造物而言，世界同樣有明顯的價值。這是只有存在才能得著的福氣。創造使上帝能與人類立約，延續與上帝聯合的應許。這就是説，在三位一體位格中流動的愛，如今可以在願意被上帝觸摸的人中間流動。這樣，上帝並非利用我們來獲取創造的喜樂。上帝或許盼望被造物能回應祂的愛，但我們不過是領受恩典的，而且我們是預定要在上帝裏實現自己那不可言喻的滿足。以社羣作為創造的目的，上帝和我們同得益處。[16]

創造尚未完成。聖靈仍在進行新創造。保羅説：「若有血氣的身體，也必有靈性的身體。」(林前十五44) 上帝發令，世界出現，從這角度説，創造是完成了。只是目標尚未達到，從這個角度來看，創造是未完全，也是未完成的。直到歷史結束，創造的意義才清晰呈現，因為那時目標已達。現在我們見到的是破碎和暫時的，到了終局，我們便能看見整幅圖畫。現在我們的知識仍是不完全，不是每個問題都有答案。[17]

上帝的雙手

創造是要反響上帝本性核心的關係性，且要給被造物實現這關係性。上帝乃是藉聖子和聖靈來成就。讓我們來思想聖子和聖靈在創造中的雙重任務，就等如上帝用來創造和成全的雙手 (愛任紐〔Irenaeus〕：《反駁異端》〔*Against Heresies*〕4.20.1) 。[18]

因著上帝藉聖子創造，我們應把上帝對被造物與上帝對聖子的愛相提並論。上帝預定我們要與聖子一起同作祂的兒女，使祂兒子在許多弟兄中作長子（羅八29；來二10～13）。人本來就是要與基督連合，與祂同享上帝的生命。上帝藉著聖子面向被造物。因為父對聖子的愛要在人裏面彰顯，人便成了愛的對象。萬物的根源與聖父有別，因聖子自行與聖父區分（self-differentiation from the Father），聖父愛聖子，也就愛被造生命；因聖子是首先的對象。[19]

因以聖子為目的，創造可視為與聖子站在一起。聖父愛萬物，就等同愛聖子。聖父與聖子的關係創造了空間，讓創造物可以存在。創造物在另一個層面存在，從上帝而來，卻並不完全意味是在上帝以外。聖父渴望與被造生命聯合，正如祂渴望與聖子聯合。基督是聖父完美的表現，被造生命蒙召分享祂的樣式。在聖子裏，我們明白被造生命的意義，在聖子裏，我們被邀請和祂一起同作上帝的子女。

創造關乎聖子的實在，聖子道成肉身成為創造的一部分。聖子對聖父深情的回應便説明了創造的意義。聖子不是為自己而活——祂不以自己與上帝同等為強奪的，反倒將榮耀和感謝歸給上帝。聖子為創造過程帶來中心和方向。祂指出人注定要羣居、需要相互關係和建立關係。上帝既是多位格的羣體，祂的形像就不會賦予孤立的個體，乃賦予羣體的眾人。因此只有基督與祂的弟妹一起，上帝的形像才得見。

創造存在於聖父和聖子之間的空間。我們稱聖子為他性（otherness），這他性使世界也具有他性。聖子是創造的原型，世界則存在於聖父和聖子之間，在共有神聖生命的位格之間的空間。奧古斯丁這樣祈禱，說：「主啊！祢叫我感到祢圍繞和瀰漫〔全地〕，就像海洋廣闊無邊，在四面澎湃。」(《懺悔錄》7.7)

創造物的存在關乎聖子，因為聖子展示他者的樣式，既有別於聖父，卻又與聖父相關。聖子自行與聖父區分，乃是創造的基礎。聖子介入創造成了被造物存在的根據，有別於聖父卻與聖父連合。聖子是創造的模範，自主的卻又與上帝聯合。上帝與世界有別，祂是超越的。只是世界要透過與上帝的關係才能完成其命途。藉聖子所創造的，透過聖靈回歸聖父的時候，才找到其自身的命途。當我們在聖餐當中敬拜，我們便給上帝獻回受造物和自己。

三位一體是一個賜予和接受的團契，創造是要反映相互性。雖然在亞當中的人類不肯活出賜予和接受的模式，上帝卻未有停止賜予，反倒在聖子裏作出完全的讚美和順服祭。基督拯救世界，就是恢復世界讚美上帝的能力，以及回復其與上帝聯合時的他性。如今透過聖靈，創造物可以藉基督的犧牲，獻上必須的讚美和感謝。

上帝隨己意創造，並且藉聖子——祂的道和形像，以及在創造物裏，表現自己。我們可視創造為一種延續的活動，這活動是發生在聖父和聖子之間的。在上帝裏面，這樣的自我表現活動是必須的，然而在創造裏卻是自發的。但上帝在創造當中表現自己，也是上帝經驗中的一種活動。事實乃是，三位一體的上帝為被造物的他性留下空間。各位格藉著創造分享祂們的愛，便把被造生命加插進入神聖生命中的空間。內契的三位一體就是經世的三位一體：為我們的上帝正正就是那三位一體的上帝。[20]

藉聖靈創造

創造關乎三位一體生命的動力，也同時關乎聖靈。聖靈就是那出神狀態，上帝毋須離開自己，可進入世界，並臨在其中。世界是上帝藉聖子造成，也是聖靈吹氣的結果。在創造當中，聖靈引介上帝的臨在，又使被造生命得以進入上帝裏面。被造生命在聖子裏有別於聖父，藉著聖靈得以與上帝連合。[21]

三位一體可被描繪為一種盤旋動作（spiral action），不斷旋轉和向外發出動量，在自己以外形成環形運動。聖靈在世界裏面產生那在上帝裏面的動力。當聖靈連接聖父與聖子的關係，同時也連接被造生命和上帝的關係，目的是要我們也能享受聖子回應聖父而樂在其中的關係。聖靈要在世界當中再造上帝內在的奧祕，讓它不住向著上帝盤旋回轉。聖靈主要的任務是帶領創造物達成目標。聖子是創造的道（Logos of creation），是其秩序的根源和縮影。聖靈則是工藝精湛的巧匠，造出各樣生命的樣式，讓他們邁向圓滿。[22]

我認為聖靈是成就上帝計劃的力量，其臨在雖然溫柔，卻大有能力，把神聖力量播散世界，目的是提升參與愛的團契的層次。宇宙因聖靈的大能而成形，那時祂像母雀般孵坐深淵之上（新國際譯本〔NIV〕，創一2）。聖靈透過歷史延伸，不住激勵和維持世界。聖靈就像一位真正的藝術家，祂在宇宙中用各樣方式表現自己的同時，又尊重宇宙的不同形式和質料給合一起的完整性。聖靈旨在把新創造的安息和上帝國度的喜樂帶來。

那麼，聖靈便是創造的完善者，當中耶穌是至高的表現。聖靈在歷史中工作，先是帶來人類，接著又帶領他們走向合一的目標。聖靈又是大能，帶動神聖計劃得以成就。聖靈乃是創造和新創造的靈，專注締造羣體和帶來國度。聖靈是大能，使現今世代得以轉化成國度，務求達至終極實現。作為創造的大能，聖靈不是叫我們逃避世界或歷史，乃是持續使創造物向未來開放。[23]

這是叫人震攝的視野。上帝的氣息充滿整個創造——我們在愛的汪洋中存留生活，成為自己。亞他那修(Athanasius)說：

> 像一位音樂家給他的抱琴調弦，透過精湛的技藝調和高、中、低音，從而譜出一段美妙旋律。上帝為要造出一個美麗和諧的世界秩序，便以智慧托著宇宙，把天上和地上的配搭起來，並按自己的旨意引領它們。(《反外邦人》〔*Contra Gentes*〕，第42段)

聖靈透過在歷史進程中向列國自我揭示，邀請所有人與上帝建立關係。大自然的美麗和秩序把上帝揭示出來，祂是叫人得益的先在恩典(約一9)。上帝不是遠離世界的存有，也不是全權控制的專制暴君。當然，上帝不是這個世界，這個世界也不是上帝。然而，上帝在這個世界裏面，世界也在祂裏面。因為祂在萬物的中心，這樣便能在人生各種際遇中與上帝相遇。藉著聖靈——創造的能力——上帝與我們，較我們與自己，更親近。

一些有用的含義

這樣的聖靈教義，究竟有甚麼含義和可應用的地方？首先，在欣賞聖靈創造主之餘，我們要明白上帝投入創造物當中是無微不至的。一切存在的，由蜘蛛以至星系，都在彰顯聖靈的能力。這個世界並非毫無意義，其實是充滿奧祕。任何人讚歎璀璨夕陽，就已經歷到聖靈的創造奇工。聖靈並非不存在(正如一些世俗主義者所言)，乃是無處不在，如此思想，我們的生活將大大充實。聖靈臨在人類所有的經驗，並且超越這些經驗。根本沒有所謂特別聖潔的領域，沒有聖俗之分；事實上，在創造的秩序中，因著上帝臨在，凡事都可成為聖禮性的(sacramental)。

上帝在創造物中與我們同在，世界便是天賦的聖禮。我們在喜樂和憂傷、盼望和呼求、苦難和掙扎中與聖靈相遇。聖靈不是「敬虔的裝飾」，乃是在世界不住工作。我們的經驗有可能促使聖靈臨在。聖靈是「那流動、純潔、愛人的靈，她滲透每個幽暗角落、為瘡痍哀號、釋放能力以重新開始。她的能量使大地發出生機、她的美麗在明星中耀亮，她的力量在強暴和無意義中噴發出平安和更新。」[24]

「在強暴和無意義中」這個片語是重要的。聖靈不只是無所不在，且到處對抗人類對上帝的否定。世界不認識或不接待聖靈(約十四17)。聖靈正與敵擋勢力作生死戰。聖靈在被造物的掙扎中出現，叫其完全，叫絕望者得希望，又為要帶來更新而進行復和的工作。聖靈更新大地的面貌、復原創傷。因為罪顯多，聖靈的恩典更大大顯多。[25]

其次，創造主聖靈使創造和拯救的關係持續開放和充滿生氣。神學不幸地習慣把創造和拯救劃清界線，把它們明確區分。這就忽略了拯救乃是創造的復原這真理，拯救並非否定創造。聖靈的宇宙性功能讓我們見到上帝在創造和拯救中的工作是一致的。聖靈是拯救的能力，只因為祂先是創造的能力。只有創造的聖靈才有足夠力量成為復活的聖靈。創造的任務是首要的，是其他的工作的根基。整個創造物乃是聖靈運作的工場，也因此成為上帝臨在的聖禮。

讓我們不再貶抑聖靈，把祂貶黜於教會和敬虔的範圍。祂在創造中的角色成了其他作為的基礎。整個創造物是聖靈活動的所在，而無盡果子便在新創造中生出。聖靈在創造物之中，是上帝工作成果的完善者。[26]

忽略聖靈創造主，叫我們只能以狹隘的角度看上帝在世界的活動。神學一方面承認聖經以外還有啟示，教會以外也有護理活動，卻很少把它們與恩典聯繫，或從中發現任何有益和準備的功用。我想這個不情願可能是基於要保護藉基督得救的獨特性，恐怕一旦接納某種預備工作，便掩蓋在基督裏所完成的。我們承認聖靈在創造的工作，不過是接受一個較普世性的觀點，就是聖靈尋找道要得到的，以致人可以相信，並且盼望沒有人在恩典之外。聖靈若真的充滿世界，沒有一處不被祂影響，那麼普世性的基礎便因此建立。[27]

聖靈到處施恩，從而為基督開路。聖靈透過這樣的全球性活動，提供先在恩典吸引罪人到上帝那裏，讓他們走在通往復和的路上。人在耶穌裏所遭遇的，正是以前聖靈多番邀請的結果。上帝的愛始終是被造物的根據和目標。這是我們從耶穌基督那裏可以知道的，這真理一直如是，一直是可能的。人不用嚴正地否定聖靈在耶穌來世前的預備工作，來維護耶穌基督的獨特性。讓我們嘗試看到創造與拯救之間的連續性，而非對立關係。[28]

第三，整個世界若真的是聖靈活動的場地，承認聖靈是創造主便讓我們得以從新的角度把神學跟起源與環境連繫。聖靈就是那能力場，使物質世界提升，和超越自己。大自然的出產遠超過人對自然規律期望，聖靈就是箇中原因。聖靈的工作讓我們可以更清楚地言說創造，甚至有助我們承擔生態責任和管理大地的職分。[29]

科學與神學

討論聖靈和人類起源的關係之前，讓我們先斟酌神學和科學這個潛在的議題。於我而言，很自然會把它們視作人類回應實在的兩種形式。我們探究世界、上帝的創造物，和研讀聖經、上帝的道。這兩個活動互相影響，各以本身不同的方法進行研究，從自己的角度來審視實在。理想的說法是兩者應是互相補足的活動，而並非對立、互相排斥，是夥伴而非敵對。

科學無疑對神學有重大幫助，神學對科學亦然。它們各自的資料值得我們重視，需要加以整合。上帝透過自然對我們說的，跟上帝在聖經對我們說的，兩者應產生互動的效果。理想地，神學家應讀自然之書，科學家應讀聖經，既然同是處理和解釋上帝的世界，也就能互相啟迪。若要令基督教的真理顯得有意義，神學和科學的對話是重要的。愛恩斯坦 (Einstein) 指出，沒有科學的宗教是瞎子；沒有宗教的科學則是跛子。[30]

近期的一些互動並不如理想。某些創造論者和進化論者，為求達到目的而曲解科學。例如卡爾・撒根 (Carl Sagan) 就犯了錯，在他主持的電視節目中先作闡明：「宇宙就是過去、現在和未來的一切。」這是毫無根據的武斷，因為科學對此沒有也不能夠斷定。[31] 另一方面，創造論者也犯上同樣的錯誤，就是歪曲自然界的各種事實以符合按字意解釋聖經。兩者很多時候把科學作為教條的人質。進化論者無視自然界中的設計，即使那是明顯的；創造論者卻又忽略地球的年歲和自然界在創造以後的發展，也不能察覺目的論在自然界發展過程中的工作。承認聖靈為創造主或會有助這方面的討論。[32]

神學應當藉著重拾聖靈為創造主的真理，來善用現代科學所提供的方便，好叫我們在積極的亮光下討論。這容許我們從一個有神論的架構來探研科學，並留意上帝在自然界中的作為，締造未來的世界。我們反對自然進化，但不必否定在自然界中不斷出現的形態進化。有關大自然歷史的知識使漸進創造理論變得有意義。上帝不單在太初創造世界，且在萬物當中，又藉著萬物作工，使祂的計劃得以完成。上帝既以平凡的方式工作，這是科學所尋索的；祂也以不平凡的方式工作，讓我們可以期盼天國。[33]

進化論只是科學範疇的一項運作的假設，不能解答所有問題，也不是免於遭受批判的。然而它卻是經過深入研究，多方觀察作出的提議，神學應嘗試恰當地整合。[34]

探索真理，神學和科學應結伴而行。科學幫助神學認識物質世界，神學則協助科學找出其中的意義和奧祕。神學提出科學以外的議題，使科學大大得益；科學對神學是重要的，因這有助我們把聖經經文與被創造的現實連繫。

神學家和科學家同時註釋上帝的世界；這世界是已賜給我們作研究和欣賞的。思量世界叫我們充滿驚訝和感恩。因求知者的自由，科學可與神學合作，幫助我們理解。聖靈本身已在我們裏面產生創造能力，不單可以理解世界，且給它聲音，好以感恩讚頌回報上帝。[35]

創造不只是已過的事件，更是一個持續的進程。上帝的創造氣息叫世界成形，如今這氣息又托著萬有。聖靈就是塑造過程的創造力場。聖靈在自然過程中活動，也同時活躍於敬虔的領域，和像耶穌復活等神蹟奇事中。承認聖靈在宇宙當中持續工作，對我們理解上帝關顧人類和非人類世界，賦予更深廣的意義。聖靈就是一切生物從祂得生命、行動和理想的那一位。明乎此，我們便進入當下和平凡的屬靈操練，就是歡賀上帝同在，以及我們在上帝裏面居住。這有助我們培養出一顆感恩的心，為創造物和其中所有的感恩。

上帝的聖靈居於創造物中，並且暗暗地在其中工作。德日進(Pierre Teilhard de Chardin)讓我們明白事物有其可衡量的外表，也有不可測度的內情。神學指出世界有股驅使萬物前進的愛的力量，讓我們知道聖靈正努力在被造物中發動，叫他們對上帝有更大的意識，更活像基督。藉著聖靈，透過連串的跳躍和突破，不可見的變成可見的。神學藉著正確指出對於世界秩序的偏見，便能將科學所發現的加以啟迪。神學確認聖靈在自然界當中工作，藉內在活動展現上帝旨意。神學又能指向恩典在世界架構裏頭的工作，有助被造物的自我超越，並使歎息的受造物得生。

聖靈與起源

科學知識與神學洞見的整合，對嚴謹的神學是一重大挑戰。當代科學對世界所作的描繪，挑戰我們的神學反省。我們要思想，神學要怎樣闡釋自然界乃是上帝的不住創造，又如何理解聖靈正在這處境當中作工。[36]

科學要來完成這任務，則比較容易，只需矯正過往的一些假設：認為自然界是宿命的機械論，是靜態的。現今的科學提出一個較全面和動態的概念，就是看自然界為一個不住膨脹的過程。物質被視為充滿著生命、活力充沛，不住推向更大的組織。這樣就更能理解上帝和世界的關係。近年好些科學觀點支持宇宙是個完整的個體，其過程充滿奧祕，這些概念也造就了科學和神學交流。如今正是時候留意科學所提供的角度，和實在的宗教向度。[37]

對聖靈創造主的相信，為我們提供一個眼界，跟聖經見證一致的，也跟我們對宇宙的新認識協調的。聖靈教義讓我們對持續的創造有概念性的了解。聖靈是超越大自然，又在大自然裏頭工作的能力，引領它走向結局。藉著科學見識，神學建立解決起源問題的架構。[38]藉著聖靈的幫助，神學和科學能更好地整合。我們在科學所瞥見的動力秩序，挑戰我們以上帝的智慧和創造力來理解。擺在我們眼前的，乃是恢復生氣的自然神學，其基礎為聖靈賜生命的工作。[39]

創造的信念與科學的圖畫之間，有某程度上的對應。兩者都假定一宗絕無僅有的創造事件，出現在我們稱作自然界中的動態過程。今天要根據自然主義觀點解說世界存在，實非易事。大爆炸論(big bang)得按非自然論解釋。世界存在的原因至今仍是個謎。若非創造，何來宇宙？這樣，科學在今天而言，便把我們引向一位創造主。聖靈擁有創造的力量，和產生創造事件的能量。聖靈是世界的時態第一因，時間開始，世界出現。[40]

再者，世界的井然有序叫人驚異，尤其大自然竟能產生具活力、意識和感情的各類生命。這不單是一些如眼或腦這類複雜的現象，乃是一個生出具理智生命的世界秩序。宇宙中有一種創造力量正在作工，這樣的力量可視作反映三位一體奧祕生命互滲互存的動態系統。沒有神聖的智慧，實難作出解釋。[41]

指**創造**為原初的創造事件，而不是隨後的歷史和發展，這錯誤的觀念已牢牢的根植人的腦海。人往往以為上帝創造了世界，便讓世界自生自滅，彷彿上帝只活躍於世界的開始而已。結果，聖靈的活動在自然史中變得黯然失色。

世界有其歷史，是有始有終的。世界有開端、中段和結束。明乎此，我們便能開放，把聖靈與科學所探究的自然過程相提並論。否則，我們便不能從宗教角度，有意義地詮釋各個發展過程。把聖靈和持續創造與自然史連繫，便可能超越創造論和進化論的無結果爭論。[42]

聖靈與自然界的聯繫叫人更相信在自然界中，確有意外得來的創造力(serendipitous creativity)在工作。**意外**乃指自然的進程傾向生產更多期望以外的，較基於隨機而來的發展更多，且朝著愈來愈複雜的樣式進展。人類的外觀以及在自然界當中人類化的軌迹，足以證明這點。自然發展過程中有許多細微地方，有利人類的出現。自然界似乎偏向我們的存在，而人類或許因此就成為自然界各類事件的線索。[43]

達爾文主義主要論點是物競天擇、適者生存，並且生物一旦出現，便日趨完善，但未能解釋新物種如何和為何出現。物種起源就是問題所在，神學可以幫一把。神學確認聖靈能力使混沌變得有規律，並且不住召喚出各類更高等的生命。聖靈是宇宙中活力表現的完善根源，自然過程顯示物質世界的秩序井然，從而顯露神聖智慧的許多蛛絲馬迹。聖靈的工作大致可見諸自然發生的動力和品種出現的次序當中。

就方法論而言，科學家們不肯承認自然界的存在必需依賴高於自己的他力，但一個如此複雜的世界，竟能無緣無故出現，具有不受指引的歷史，實是匪夷所思。創造的聖靈在自然界中工作這理念極具説服力，因為滿足了目的論的要求，即充滿生命的世界要有先設條件。聖靈在每一個階段都營造合作和羣居的生活條件。[44]

莫特曼如此撮述：「聖靈是所有層級的物質和生命的創造性原則。聖靈創造新的可能性，並在其中為物質和生命機體預先定下新設計和藍圖。從這個意義來看，聖靈便是進化的原則。」[45]

我是個神學家，沒受過科學訓練，我必須聆聽科學家臚列生命起源和延續生命的必需條件。他們提及大爆炸的原始高溫、氣體的分佈、微中子的重量、宇宙的質量總和、某些恆量的價值、萬有引力、核能的威力、行星裏面的溫度、氣候的恆久不變、洋海的鹼度、電離層的厚度、膨脹速度、元素的形成、粒子和反素粒子的比例，諸如此類。科學家們指出，只要物理條件稍有不同，世界便不宜居住。由此我可作結論，世界像是為生命而作出細緻調校，並且知道(話是如此說)我們必會出現，我們是應該出現的。世界本身為一位關心人類的創造主，以及一種能造出人類的力量作見證。

作為工作的力量，監督和細緻調校這個世界，聖靈在創造中活躍這概念才有意義。生命絕無可能偶然形成。或許某些先設條件是隨機出現的，但為數卻不多。在無垠的時空中，似有一種重視人的力量運行。這不是隨便的一個世界——這是一個適合生活的世界，是為我們而設的。[46]世界如此複雜，不會是無意識力量的產物。智慧的痕迹俯拾皆是。舉個例子，要製造生物生命，需要太多物理原因的數據。自然主義在類似的現實中往往不能自圓其說。[47]

時至今日，設計論證已經換上新外衣。一直以來這是個頗為盛行的論證，因為很少人會輕易接納宇宙是或然產物。近年科學的發現更鞏固了這個信念。至於一些實際存在的事物，例如自由、開明、創意、理性、審美、道德和宗教價值觀等，更難按純自然主義立場來接受。自然界中有某些東西推動物質，由簡單到複雜、從非生命到生命、從無意識的到有意識生命、從野獸到人類。不提及聖靈，便很難解釋這些情況。

科學所展示的，是一個充滿動感的、不住改變的完整世界。認為聖靈上帝是不斷在創造、不停地在自然世界的進程中活動：包括領導和精確調校，乃是很自然的事。這樣我們便能理解，上帝在世界裏頭及其多姿多采中所得的喜悅。這是多麼奇妙的開放、這是一個多麼卓越非凡的自由活物的生態。就上帝而言，人成了一個回應的伙伴(responsive partner)，也是上帝回應的對象。

聖靈也可視作芭蕾舞蹈者，配合著舞伴，淩空跳躍，然後平穩輕盈地著地。我們的生活、動作和存留，都在乎上帝。上帝像淹沒世界的海洋，像無邊的大海把它重重圍著。我們的時間在上帝的時間當中、我們的空間在祂的空間當中。世界為聖靈所滲透，並向祂開放臣服，上帝因而可以從四方八面進到這樣的世界。整個世界的進程，就像演奏著神聖作曲家的樂章。[48]

世界不是一個機械秩序，乃有聖靈滲透其中，賦予生命。聖靈運行水面，並且維持世界。神聖創造力遍處可見，造成新的可能和樣式，孕育互動和管理生命的體制。

宇宙不是向上帝封閉的，乃是開向上帝和未來。創造尚未完成，直至達到目的。上帝作為創造者，是超越世界的，卻又內在於世界，在長遠的發展中作其完善者。神學可以在新的處境明白自然秩序：聖靈是所有新可能的創造基礎。是上帝賜予世界有未來，是聖靈使之成全。[49]

人的原則

第六天，上帝照自己的形像和樣式造人。從此便出現能夠與上帝建立關係的活物，他們能反照三位一體社羣關係的愛。不單聖經，連我們自己的觀察，也把人放在一個特殊的地位上。宇宙這個系統被精細調校，讓人類生命可以出現，其中的設計，不只是看重生命，更偏愛有情格、道德和靈性的生命。

這樣的過程，遠超自然主義能想像的。這樣的過程大可停於動物階段，動物為生存和繁殖，便得認識周遭的環境。事實卻不是這樣，大自然的創造未曾止於動物，乃發展至生出能具宗教和哲學、藝術和音樂、文學和道德情操的活物。創造出能夠追尋意義、美和智慧的生物，的確是豐盛的流溢！這樣的活物——有理性和情格、道德和靈性、自由和美感——出現，真是出人意表。神學宣稱人類是創造的目標，這點科學必須贊同。對神學和科學而言，人類是這個過程的榮耀和目標。[50]

具有感情、意識、思想、道德和靈性的活物存在，這是叫人驚訝的。試想像這樣的活物，能說話、使用符號、運用語言、作出句子、理性思考，無論在質和量，都與別的動物迥異。這般情況斷難在純粹的物質過程中出現。我們的出現，看來完全有別於那種自然因果的成品。[51]只有聖靈才能解釋這一切，只有聖靈才會讓這樣的活物出現。詩人便有這種感受：

我的肺腑是你所造的；
我在母腹中，你已覆庇我。
我要稱謝你，
因我受造，奇妙可畏；
你的作為奇妙，
這是我心深知道的。　　　(詩一三九13～14)

宇宙生出能夠明白自己被創造過程的活物。能夠看透世界已經叫人稱奇，更何況**我們**能領會其目的。這個過程產生的活物能夠參透過程本身的可解性。我們雖是這系統中的一分子，但對於它，我們是半超越(semitranscendent)的，以致能夠對之反省。

智能的恩賜是意義重大的事實。豈會是事出偶然？保羅・戴維斯(Paul Davies)有這樣的意見：「藉著具意識的生命，宇宙生出自我意識。這並非微不足道的事，更不是無心的、無目的之力量的副產品。我們在宇宙中出現極具意義。」惟有宗教才能有意義地詮釋世界和人類。我們不只是有智能的動物，乃是這個過程一直指向的目的。[52]

這樣的創造經歷幾許艱辛。生命倚賴種種自然常規，稍一改變足使人類消失。水能維持生命，又能淹死我們。違反某些定律又會叫我們受傷害。我們的生命是在一個足以敵對我們的環境中出現。這個創造的秩序流露上帝的愛，也包含著苦難。有荒蕪，也有絕路。在痛苦和死亡中冒出更高等級的生命。

我們認為被造的秩序是美善的秩序，可以在其中實現更高的價值。我們以為要實現，就得付沉重代價。我們信心軟弱，不曉得上帝正在工作，要完成自己的計劃。耶穌說：「我父作事直到如今，我也作事。」(約五17) 大自然的進程牽涉犧牲。大自然還未完成，正因生產之苦而呻吟。創造世界的時候，已把十架編織在其中。

對於某些人，這些看法涉及一種新的思想事物的方式。這樣的思想架構，展示一個較緩慢造人的神聖策略，跟我們以前所想像的不同，現在我們認為死亡早在(至少) 罪進入世界以前已經活動。這樣我們便得以十分不同的意義來看死亡：死亡是生命的終止，是創造秩序的一部分，是人類生命在恐懼和罪疚中的結束——其實不然。這架構提出，亞當若不曾犯罪，仍有生命的盡頭，然後進到上帝的同在當中；只是他不像罪人那樣會帶著不安的良心逝去。[53]

人的靈

聖靈使大地成為適合居住的居所，便喚出生物。上帝在人的鼻孔吹氣，賦予他生命(創二7)。上帝造出有自己形像的人類，有能力與祂相交，傾聽祂的話。祂造出那能與祂在關係中一起生活的受造物。上帝帶來一個人類的「我」，他可以回應神聖的「祢」。聖靈是個位格主體，祂的本性是要把世界和它的創造主連合，祂促成上帝與世界的關係，帶來能夠愛上帝的受造物。

我們是靈、是人，是上帝的靈所造的。聖靈造出人的靈，並創造與自己對話的可能：聖靈與我們的靈「同證」(羅八16；林前二11)。人本來就有靈，不是因拯救而獲得。靈是人身分所必需。這樣才有可能與上帝建立關係：被造的(created)靈能夠與自有(uncreated)的神聖的靈相遇。上帝的靈恩待我們，讓我們有能力認識和回應上帝主動的行動。[54]

上帝雖是無處不在，卻更樂意與人同在。因我們的智慧、我們更深入豐富的經歷、我們的自由和向上帝的開放，我們便成為創造的高峯。較諸其他形式的生命，我們更適合作上帝的居所。我們照著上帝的樣式被造，便酷肖神聖的主體，更易意識神聖的臨在。我們尊崇上帝臨在萬物當中，但我們更尊崇上帝臨在人類當中。 因人類有靈可與聖靈接觸，且在被造生命中經驗上帝，便比許多麻雀更貴重。我們有虔誠的本性，我們的構造讓我們能看見上帝的作為，並且敬虔地詮釋。人是靈，我們是為與上帝相遇，和回應祂的愛而被造。最大的問題在於聖靈一旦接近人的靈，人是否歡迎。[55]

人不只透過宗教遇見聖靈，更藉著各樣的經驗遇見祂。上帝存在於我們對別人的愛中。上帝出現在各種關係的相互授受中。在諸般傷痛之中，我們便感受到上帝帶著憐憫來到。聖靈不只限於宗教的範圍。祂是賜生命的，也就在生命的各樣形態中出現。

> 傳遞神聖奧祕的經驗，其闊度和深度真的包含淨盡。通常，明顯地具有宗教意義的事件，諸如教會、聖道、聖禮和禱告，雖然是神聖的媒介，然而，許多時候，神聖經驗不只這些，而這些甚至不是最首要的。上帝的奧祕既是支持著整個世界，那麼被視作世俗的，或平凡的人生等廣大的範疇，都有利於經驗聖靈—智慧（蘇斐亞〔Sophia〕）的出沒。[56]

基督徒存在的方向是要成為基督的樣式，跟祂一起與上帝連合，又愈發意識到作為上帝子女的自由。我們已從肉身生的，便必須從聖靈而生（約三5）。如今既有精神的身體（psychic body），我們便預定要得著屬靈的身體（spiritral body）（林前十五44）。聖靈帶領著自然世界邁向更高的層次。萬物注定要得享上帝兒女榮耀的自由（羅八22）。物質要成為靈，不會逆轉成熵（entropy），卻向著復活的路前進。天體演化（cosmogenesis）的目的是基督演化（Christogenesis）；創造的旨意是要在基督裏成為新造的。

自由的風險

生物進程牽涉苦難和奮鬥，其中包括焦慮、孤單、局限、試探。我們不是備受保護，沒有挑戰和試煉，這不是毋須奮鬥的世界。上帝對被造物的用心是良善的；只是被造物要效法上帝去愛。惟有自由的被造物才能實現這樣的旨意。這不能預先設定程式。自由去愛的同時可以自由的不去愛。有自由去負責任，也有自由怠惰和悖逆。

創造這樣的世界，上帝便得承擔風險。罪惡甚至並不限於人類。創世記顯示即使在創造的時候，上帝為了抗衡混沌和黑暗，也必須建立一套維持生命的秩序。創造有其自身脆弱的一面，因此我們被呼召為人，某程度而言是要我們與上帝聯手，在充滿黑暗的可能當中，維護這個創造。[57]

在生物當中，人獨特之處，在於他們向新的可能性開放。人能隨意超越目前處境，以嶄新方式經驗世界。我們是靈，不像獸類完全受遺傳因素限制，也就更易適應和被塑造。

我們雖然已是人，但在一定意義上，卻仍在成為人的過程當中。正如正教（Orthodoxy）指出，我們雖是照上帝的形像被造，但我們仍未達到上帝的樣式。我們不斷前進，未完全滿足。這個有限的世界無法全然滿足我們，因為我們是靈，並被引導朝著世界以外的目標推進。作為上帝所親愛的靈，我們的心惟有在祂裏面安息，否則不得安寧。我們的目標是要加入父和子的親子關係中。

上帝在基督裏的應許都是肯定的，只是祂渴望我們說「阿們」（林後一20）。上帝是位深盼被愛的戀人，期待我們回應祂那賜生命的愛。上帝對我們表白：「我愛你」，跟著便問：「你愛我嗎？」並且給我們無數首肯的機會。上帝昔日喜悅耶穌的母親馬利亞的話，她說：是的，主啊！我愛祢，我把生命交給祢。[58]

這樣的生命是美妙和犯險的。自由叫人可以說「是」，也可以說「不」。對於愛的邀請，人可以欣然回應或拒絕。強迫去愛本身便語帶矛盾，上帝不會把愛強加我們身上。上帝甘願犯險，決定造出高度自由的活物。人墮落的時候，上帝並沒有把人棄於他們自己的選擇之中，然而上帝也未有制止他們偏離祂的計劃，自食其果。容許人自主是危險的，只是要實現上帝的計劃，這卻是必須的。[59]

人類所置身的處境，既可以察覺上帝，也可以不察覺上帝；既可以回應上帝，也可以不作出回應。我們被放在一個適當的距離來認識上帝，好能作出真實的決定。從這個位置，我們可以走近上帝，或轉身離開。

上帝存在的證據，是足夠，但不是過量的。我們可以接近上帝，進到祂的同在中，或選擇別的方向。我們或許決定沉醉於物質世界，遠離上帝生活。我們或許嘗試保存生命，好回應在面對死亡時所引起的不安。

當然，這可能性確又成了眾人的選擇。與其牢靠上帝的愛而活，藉此得著保障，我們寧願背道而馳，抗拒上帝的召喚，不肯走近祂。我們信靠被造之物，不去依賴上帝，走上自我毀滅的道路。人類目空一切的反抗，帶來可怕的後果，以致我們更難從神聖的形像，變為神聖的樣式。[60]

聖靈與萬物同擔憂患，不只限於在自然進程當中的苦難，也在因罪帶來的新方向。萬物因此勞苦歎息，只是聖靈在苦難中，仍使人類充滿希望。這些苦難便是新造生命的生產陣痛，就是當我們與萬物一起連於上帝的生命。聖靈不管一切，祂堅持以釋放我們和宇宙為己任(羅八23)。

罪的起源是一極大奧祕，不過終有解開的一天；雖然現在不是完全明白，將來上帝必以行動解釋。現存世界仍是不完全和未得拯救，並且無法就罪惡找到圓滿的答案。惟有耶穌的復活才能稍窺這事的實現，上帝在復活當中為人類負責，為人類帶來盼望。

與此同時，上帝的護理總是以蒙羞的方式出現。在伯利恆，嬰孩遭屠殺竟無人援手。上帝的兒子在客西馬尼園和十架上哀號，所能聽到的惟有一片寂靜。上帝的心儘管碎了，祂的行事方式好像仍不會帶來盼望。有些事像是威脅著上帝的管治，甚至限制上帝作為世界之王的工作。因此，上帝不是此刻就要除滅苦難，乃是透過苦難來拯救。[61]

人類的破壞性又使大自然經歷浩劫。聖靈塑造生態環境，祂是無與倫比的生態學者，造成和支持一切可供居住的地方。聖靈使大地歡欣，祂又關懷自然界和人類的歷史。聖靈使宇宙充滿生氣，又賜全球秩序和美麗。全地充滿祂的能量。自然和歷史之間沒有分割，因為創造本身(自然和歷史)預定要分享上帝的榮耀。

由此可見，糟蹋這個讓人居住的地方簡直就是褻瀆。宇宙不是神聖的，但遍處都有上帝的臨在。破壞大自然徒令上帝傷心，因為祂是造成和愛護自然的那位。聖靈與自然一起受苦，並且頑抗暴虐的勢力。上帝為創造感到歡愉，為萬有被掠奪難過。

這不是說聖靈透過單方面行動，救我們離開自己的作為。聖靈塑造的生態不會褫奪威脅生態者的自由。聖靈雖然與我們一起受苦，卻不會免除承擔後果的責任。我們的所作所為，令生態受到破壞，我們也就要自食其果。我們受託管理大地和住在其中的萬有，聖靈要求我們具有生態的意識，我們依賴大自然，又屬大自然的秩序。聖靈的計劃是叫自然與我們一起得救，自然不再是被壓制和利用的對象。大自然是我們的家園，是道成肉身的上帝所賜福的，並且預定要被更新。[62]

聖靈是我們心所深愛的貴賓。祂不單住在我們心中，且在太初已經工作，掌管世界，化混沌成天地，在死寂中帶來生命，又叫醜惡變為美善。聖靈正在無垠的穹蒼中作工，讓我們毋忘那造出天地的能力，也在我們生命中工作，這能力可以叫醜惡的變為美善，好獻給上帝。[63]

註釋：

1 Pope John Paul II, "On the Holy Spirit"，出版資料從闕。

2 H. I. Lederle, *Treasures Old and New: Interpretations of Spirit-Baptism in the Charismatic Renewal Movement* (Peabody, Mass.: Hendrickson, 1988), p. 338.

3 Samuel Rayan, *Breath of Life: The Holy Spirit, Heart of the Gospel* (London: Geoffrey Chapman, 1979), p. 65.

4 這個創造功能，雖然在西方好些教義學中都付諸闕如，但在下列著作，卻是明顯的。Wolfhart Pannenberg, *Systematic Theology* (Grand Rapids, Mich.: Eerdmans, 1991), 2: 76～115; Jürgen Moltmann, *The Spirit of Life: A Universal Affirmation* (Minneapolis: Fortress, 1992)和*God in Creation: A New Theology of Creation and the Spirit of God* (San Francisco: Harper & Row, 1985)。又見T. F. Torrance, *Theology in Reconstruction* (London: SCM Press, 1965), p. 227。我想，這是有點誇大了，不過，儘管有 Gerald F. Hawthorne, *The Presence and the Power: The Significance of the Holy Spirit in the Life and Ministry of Jesus* (Dallas: Word, 1991), p. 20，忽視仍是當前的危機。

5 Larry Christenson, "The Spirit in Creation and Redemption"，收於 *Welcome, Holy Spirit: A Study of Charismatic Renewal in the Church*, ed. Larry Christenson (Minneapolis: Augsburg, 1987), chap. 8; Elizabeth A. Johnson, *She Who Is: The Mystery of God in Feminist Theological Discourse* (New York: Crossroad, 1992), pp. 125～128。

6 Cornelius A. Buller, *The Unity of Nature and History in Pannenberg's Theology* (Lanham, Md.: Littlefield Adams, 1996), pp. 199～203.

7 在新約中，聖靈作為上帝的創造大能，參Eduard Schweizer, *The Holy Spirit* (London: SCM Press, 1980), pp. 15～19。

8 Alasdair I. C. Heron, *The Holy Spirit* (Philadelphia: Westminster Press, 1983), pp. 31～38.

9 W. H. Griffith Thomas, *The Holy Spirit of God* (Grand Rapids, Mich.: Eerdmans, 1964), pp. 187, 196, 201.

10 Abraham Kuyper, *The Work of the Holy Spirit* (Grand Rapids, Mich.: Eerdmans, 1973), pp. 22～42.

11 Catherine M. LaCugna, *God for Us: the Trinity and the Christian Life* (San Francisco: HarperSanFrancisco, 1991), pp. 353～356.

12 Daniel J. Migliore, *Faith Seeking Understanding: An Introduction to Christian Theology* (Grand Rapids, Mich.: Eerdmans, 1991), pp. 85～86.

13 Gregory A. Boyd, *Trinity and Process: A Critical Evaluation and Reconstruction of Hartshorne's Di-polar Theism Towards a Trinitarian Metaphysics* (New York: Peter Lang, 1992), pp. 391～392.

14 Pannenberg, "The Creation of the World", *Systematic Theology*, vol. 2, chap. 7.

15 Jean-Jacques Suurmond, *Word and Spirit at Play: Towards a Charismatic Theology* (Grand Rapids, Mich.: Eerdmans, 1995)把創造中安息的愉悅，跟復活節和五旬節的靈恩禮讚相提並論，這樣便把創造和拯救連在一起。

16 創造成為上帝和人類的福氣：William J. Hill, *TheThree-Personed God: The Trinity as a Mystery of Salvation* (Washington, D. C.: Catholic University of America, 1982), pp. 275～278。

17 有關神義論，見Pannenberg, *Systematic Theology*, 2: 161～174。

18 Stanley J. Grenz, *Theology for the Community of God* (Nashville: Broadman & Holman, 1994), pp. 133～139.

19 Pannenberg, *Systematic Theology*, 2: 21～32, 61～76.

20 John J. O'Donnell, *Hans Urs von Balthasar* (Collegville, Minn.:Liturgical, 1992), pp. 66～67.

21 Pannenberg, *Systematic Theology*, 2: 32～35, 76～79.

22 pannenberg, *Systematic Theology*, 2: 109～115.

23 Doctrine Commission of the Church of England, "Holy Spirit and the Future"，收於*We Believe in the Holy Spirit* (London: Church House, 1991), pp. 170～186。

24 Johnson, *She Who Is*, p. 213.

25 有關Wesley對先驗的恩典、復還恩典，詳見 Randy L. Maddox, *Responsible Grace: John Wesley's Practical Theology* (Nashville: Kingswood, 1994), pp. 83～93。

26 Basil of Caesarea, *On the Holy Spirit*, trans. D. Anderson (Crestwood, N. Y.: St. Vladimir's Seminary Press, 1980), p. 38.

27 反對這觀點的，見 Bruce C. Demarest, *General Revelation* (Grand Rapids, Mich.: Zondervan, 1982), pp. 44, 54, 56, 69, 183, 246, 251及 Jack W. Cottrell, *What the Bible Says About God the Creator* (Joplin, Mo.:College Press, 1983), pp. 340, 342, 346。

28 Demarest 發現某程度的延續性。他指出普遍啟示中所認識的上帝是慈愛的(*General Revelation*, p. 250)，他並且承認，罪人只要投向上帝求恩惠，便得赦免(p. 260)，正如舊約時候一樣(p. 261)。他只是把門敞開小許，不過其他福音派人士的著作在這方面有明顯的進展。R. Douglas Geivett和W. Gary Phillips 異口同聲表示，透過普遍啟示，可知上帝是慈悲的。見*More Than One Way? Four Views on Salvation in a Pluralistic World*, ed. Dennis L. Okholm and Timothy R. Phillips (Grand Rapids, Mich.: Zondervan, 1995), p. 217。

29 Wolfhart Pannenberg, *An Introduction to Systematic Theology* (Grand Rapids, Mich.: Eerdmans, 1991), pp. 37～52.

30 Ian. G. Barbour, *Religion in an Age of Science* (San Francisco: Harper & Row, 1990), chap. 1; John Polkinghorne, *Serious Talk: Science and Religion in Dialogue* (Valley Forge, Penn.: Trinity Press International, 1995)及 Clark H. Pinnock, "Scripture and Science: An Interactive Theory "，載*McMaster Journal of Theology* 3 (1993): 82～93。 John M. Templeton領導著一個運動，把科學的一些新發現，與宗教的識見結合：*The Humble Approach: Scientists Discover God* (New York: Continuum, 1995)。

31 Phillip E. Johnson 帶頭指斥自然主義冒充為純正的真理：*Reason in the Balance: The Case Against Naturalism in Science, Law and Education* (Downers Grove, Ill.: InterVarsity Press, 1995)。

32 Howard J. Van Till, Davis A. Young and Clarence Menninga, *Science Held Hostage: What's Wrong with Creation Science and Evolutionism* (Downers Grove, Ill.: InterVarsity Press, 1992).

33 Pannenberg, *Systematic Theology*, 2: 115～136. Howard J. Van Till, *The Fourth Day* (Grand Rapids, Mich.: Eerdmans, 1986), chap. 12便提及「創造經濟」(creationomic)觀點。又參R. J. Berry, *God and Evolution* (London: Hodder & Stoughton, 1988); Charles Hummel, *The Galileo Connection: Resolving Conflicts Between Science and the Bible* (Downers Grove, Ill.: InterVarsity Press, 1986); Bernard Ramm, *The Christian View of Science and Scripture* (London: Paternoster, 1955), pp. 73～79, 155～156。這討論持續，並以專題形式發表："Creation, Evolution and

Christian Faith"，載 *Christian Scholar's Review* 24 (1995): 380～493。

34 有關神學與科學對話，見Stanley J. Grenz, *Reason for Hope: The Systematic Theology of Wolfhart Pannenberg* (New York: Oxford University Press, 1990), pp. 102～103; Wolfhart Pannenberg, *Toward a Theology of Theology of Nature: Essays on Science and Faith* (Louisville, Ky.: Westminster John Knox, 1993)。

35 Doctrine Commission of the Church of England, "Spirit and Creatirity"，收於 *We Believe in the Holy Spirit* (London: Church House, 1991), chap. 9。

36 Ted Peters, "God and the Continuing Creation"，收於 *God - the World's Future* (Minneapolis: Fortress, 1992), chap. 4。

37 Langdon Gilkey, *Nature, Reality and the Sacred: The Nexus of Science and Religion* (Minneapolis: Fortress, 1993); David R. Griffin, ed., *The Reenchantment of Science: Postmodern Proposals* (Albany: State University of New York Press, 1988); Lindon Eaves and Lora Gross, "Exploring the Concept of Spirit as a Model for the God-World Relationship in the Age of Genetics"，載 *Zygon* 27 (1992): 261～285; K. Helmut Reich, "The Doctrine of the Trinity as a Model for Structuring the Relations Between Science and Theology"，載 *Zygon* 30 (1995): 383～405。

38 有關創造經文解釋，參Gerhard F. Hasel, "The Polemic Nature of the Genesis Cosmology"，載 *Evangelical Quarterly* 46 (1974): 81～102; Bruce K. Waltke, "The Literary Genre of Genesis Chapter One"，載 *Crux* 27 (1991): 2～10; Clark H. Pinnock, "Climbing out of the Swamp: The Evangelical Struggle to Understand the Creation Texts"，載 *Interpretation* 43 (1989): 143～155。

39 Philip J. Rosato, *The Spirit as Lord: The Pneumatology of Karl Barth* (Edinburgh: T & T Clark, 1981), pp. 148～155.

40 關於大爆炸意義的爭論，見 William L. Craig and Quentin Smith, *Theism, Atheism and Big Bang Cosmology* (Oxford: Clarendon, 1993)。

41 Doctrine Commission of the Church of England, "The Spirit and Creation"，收於 *We Believe in the Holy Spirit* (London: Church House, 1991), chap. 8。

42 我們需要更多像Ted Peters般同時擁有科學背景的神學家：詳見 *God - the World's Future*, pp. 122～139。

43 Gordon D. Kaufman, *In Face of Mystery: A Constructive Theology* (Cambridge, Mass.: Harvard University Press, 1993), chaps. 19～20.

44 Pannenberg, *Systematic Theology*, 2: 76～136.

45 Moltmann, *God in Creation*, p. 100。耐人尋味的是，這個觀念竟未見諸他探討聖靈的著作：*Spirit of Life*。

46 M. A. Corey, *God and the New Cosmology: The Anthropic Design Argument* (Lanham, Md.: Rowman & Littlefield, 1993); Hugh Montefiore, *The Probability of God* (London: SCM Press, 1985)。關於設計方面，參 J. P. Moreland, ed., *The Creation Hypothesis: Scientific Evidence*

for an Intelligent Designer (Downers Grove, Ill.: InterVarsity Press, 1994), pp. 160～172; Hugh Ross, *The Creator and the Cosmos* (Colorado Springs, Colo.: NavPress, 1993)。

47 Percival Davis and Dean H. Kenyon, *Of Pandas and People: The Central Question of Biological Origins*, 2nd ed. (Dallas: Haughton, 1993).

48 Arthur R. Peacocke, *Theology for a Scientific Age* (Oxford: Basil Blackwell, 1990), pp. 113～114, 157～159, 175～176; Robert C. Neville, *Eternity and Time's Flow* (Albany: State University of New York Press, 1993); Alan G. Padgett, *God, Eternity and the Nature of Time* (New York: St. Martin's, 1992).

49 聖靈在繼續創造中的工作，參Moltmann, *God in Creation*, chap. 8。Sallie McFague 有類似的進程思維架構，"God and the World"，收於 *The Body of God: An Ecological Theology* (Minneapolis: Fortress, 1993), chap. 5。創造的預辯概念，見Peters, *God - the World's Future*, pp. 134～139。

50 Peter C. Hodgson, *Winds of the Spirit: A Constructive Christian Theology* (Louisville, Ky.: Westminster John Knox, 1994), pp. 179～182; John Hick, *An Interpretation of Religion* (New Haven: Conn.: Yale University Press, 1989), pp. 91～95.

51 Richard Swinburne, *The Evolution of the Soul* (Oxford: Clarendon, 1986) 及 *The Existence of* God (Oxford: Clarendon, 1979), chap. 9; Mortimer J. Adler, *The Difference of Man and the Difference It Makes* (New York: Holt, Rinehart and Winston, 1967)。至於語言，參 John W. Oller Jr. and John L. Omdahl, "Origin of the Human Language Capacity: In Whose Image?"，收於*The Creation Hypothesis: Scientific Evidence for an Intelligent Designer*, ed. J. P. Moreland (Downers Grove, Ill.: InterVarsity Press, 1994), pp. 235～269。

52 Paul Davies, *The Mind of God: The Scientific Basis for a Rational World* (New York: Simon & Schuster, 1992), p. 232; Barbour, *Religion in an Age of Science*, pp. 135～136; Ross, *The Creator and the Cosmos*, pp. 86, 114～117, 120; Pannenberg, *Systematic Theology*, 2: 74, 115.

53 Karl Rahner, *On the Theology of Death* (New York: Herder and Herder, 1972), pt.2.David H. Lane拒絕以這樣的方式再思這些議題："Theological Problems with Theistic Evolution"，載 *Bibliotheca Sacra* 150 (1994): 155～174。

54 Rosato, *Spirit as Lord*, pp. 141～148.

55 Heron, *Holy Spirit*, chap. 9; Hodgson, *Winds of the Spirit*, pp. 179～180, 279～280, 284～287; Pannenberg, *Systematic Theology*, 2: 1～2.

56 Johnson, *She Who Is*, p. 125.

57 希伯來文聖經中的混沌和秩序，詳見Jon D. Levenson, *Creation and the Persistence of Evil: The Jewish Drama of Divine Omnipotence* (San Francisco: Harper & Row, 1985)。

58 人類學和神學的關聯性洞見，見Pannenberg, *Systematic Theology*, 2: 202～231，以及 Grenz, *Theology for the Community of God*, pp. 169～173。有關上帝極想聽人說是，參Henri J. M. Nouwen, *Life of the Beloved* (New York: Crossroad, 1995), pp. 106～107。

59 Pannenberg, *Systematic Theology*, 2: 166～167.

60 Peters, *God - the World's Future*, pp. 155～168。 他對罪的動力的研究，在 *Sin: Radical Evil in Soul and Society* (Grand Rapids, Mich.: Eerdmans, 1994)中有更全面發展。

61 E. Frank Tupper, *A Scandalous Providence: The Jesus Story of the Compassion of God* (Macon, Ga.: Mercer University Press, 1995), pp. 330～331; Douglas J. Hall, *God and Human Suffering: An Exercise in the Theology of the Cross* (Minneapolis: Augsburg, 1986); Pannenberg, *Systematic Theology*, 2: 161～174.

62 H. Paul Santmire, *The Travail of Nature: The Ambiguous Ecological Promise of Christian Theology* (Philadelphia: Fortress, 1985); Roger E. Olson, "Resurrection, Cosmic Liberation and Christian Earth Keeping"，載 *Ex Auditu* 9 (1993): 123～132; Michael Cromartie, ed., *Creation at Risk? Religion, Science and Environmentalism* (Grand Rapids, Mich.: Eerdmans, 1995)。

63 Henri Boulad, *All Is Grace: God and the Mystery of Time* (New York: Crossroad, 1991), pp. 114～118. Yves Congar承認研究時的確忽略了創造主聖靈， "The Holy Spirit and the Cosmos"，收於*The Word and the Spirit* (London: Geoffrey Chapman, 1986)，chap. 8。

第三章

聖靈與基督論

被聖靈膏抹，對了解耶穌的位格和工作是十分重要的，其重要性要較神學慣常的處理手法來得更重要。基督論不能缺少聖靈論。福音書的敘事指出，聖靈在耶穌的生平和事工中的每一個時段都那麼活躍。「基督」這個稱號便指向膏抹，在這情況下是指被聖靈膏抹。耶穌是基督，那受膏者，因此在拿撒勒開始工作的時候，祂說：「主的靈在我身上，因為他用膏膏我，叫我傳福音給貧窮人。」(路四18) 耶穌是聖靈充滿的人，這是彼得的結論：「上帝怎樣以聖靈和能力膏拿撒勒人耶穌……他周流四方，行善事，醫好凡被魔鬼壓制的人，因為上帝與他同在。」(徒十38) 約翰便把握這個主要的思想：上帝「賜聖靈給他是沒有限量的。」(約三34) 我們只要肯正視這個真理，便能洞悉基督的位格和工作。這樣的理解暗示一個「末後亞當的基督論」(last Adam Christology)，耶穌從聖靈得力，重演 (recapitulate) 人類的旅程，為人類帶來最終的實現。[1]

過往神學思維一直側重道的基督論 (Logos Christology)，就是以神聖的道成了肉身來解釋耶穌基督事件，此外不作他想。道的基督論蓋過別的詮釋可能，這是不應當的。「道」一詞只用於第四福音 (譯按：即約翰福音)，道的基督論所以重要，因為在初期教會發展的處境當中，這是一個盛行的範疇，在希臘世界當中對神學也有莫大的幫助。但道的基督論蓋過其他可能的理解，包括聖靈基督論。

正如聖靈是創造者這事實一直備受忽略，聖靈所作的與基督有關的工作也同樣被忽視。結果，基督被高舉於聖靈之上，人也就看不見基督作為末後亞當，就是作人類代表的某些含義。

我有一個建議。讓我們視基督為聖靈使命的一個面向，而非視聖靈為基督的一種功能(這是較普遍的做法)，看看有甚麼後果。這樣做是內在於神學的自由中，驗證各種觀念。[2]

我不是要否定道的基督論，只是抗議其對其他模式的優先性。從歷史的角度來看，神學偏向道的基督論是可以理解的。因一方面恐怕陷入嗣子論(Adoptionism，這異端認為基督不過是被聖靈充滿的人)的謬誤，再者，在希臘文化的處境中，道有護教的吸引性。只是我們現今毋須被這些因素左右，便不應強調某個聖經的概念，而貶抑其他，特別是當結果只會叫我們的思想變得片面。[3]

只強調道的臨世，卻漠視聖靈在聖子裏的工作，這顯然不對。然而，各門的系統神學闡述基督神人二性時，竟完全忘掉聖靈，這叫人感到詫異。耶穌被聖靈膏抹才成為「基督」，並不是本質的聯合(hypostatic union)；這膏抹使祂能夠成為歷史上惟一的救主。本體論上來說，耶穌在成孕那刻便是上帝的兒子，但祂要藉聖靈的能力才成為基督。當撒但誘惑聖子濫用種種能力，祂拒絕了，寧願依賴聖靈。[4]

全能者在耶穌裏面進入歷史和人類當中，祂成為軟弱、無能和依靠聖靈的，好成為我們要能活出的生命，即活出上帝與人類的團契。祂又藉著聖靈，透過復活成為新人類的初熟果子。耶穌作為末後的亞當，取了我們人的本性，便創造出一個新的人類處境(「新造的人」林後五17)。結果，我們凡是藉聖靈的大能與基督聯合的，便能得著屬天的生命。我們因信和洗禮進到人類的新處境，因為我們是與上帝藉祂成就這事的那位聯合。這位末後的亞當透過重演實現了人類的命途，並要帶領人類進入上帝生命中其注定要得的位分。[5]

耶穌取了我們的本質成為人，祂把人類提升到成為聖父之子的地位。上帝使我們與基督一同活過來，叫我們與祂一同坐在天上(弗二4～7)。正如〈亞他那修信經〉指出：在耶穌基督裏，人類已被收納於(assumed)上帝中(第三十五段)。進到上帝面前的大門洞開，人可以在其中得改變和榮耀，上帝既把自己與人類聯合，便邀請我們與上帝合而為一，這便是創造的目的。在基督這位末後的亞當裏，這首先的目標已達——神性與人性聯合。其次，藉著聖靈，世界的神聖化開始實現。在基督裏，人類被提升至上帝的生命。在創造當中所計劃的，藉道成肉身成就了。既有血肉軀體，耶穌成為新人類的開始。因為上帝成為人，我們得著醫治，並且在祂道成肉身的人性生命中，我們的創傷得以復原。聖靈使這一切的事成為可能。因為叫基督從死裏復活的大能正在我們裏面運行。[6]

這裏要強調的是，聖靈在耶穌的故事中十分重要，較神學一貫所承認的更重要。耶穌成孕、受膏、得力、被差、被引導和從死裏復活，都是出於聖靈。我們強調聖父差遣聖子，卻不要失卻平衡，就是雙重的差遣。上帝同時差遣聖子和聖靈。愛任紐指祂們是上帝的左右手，暗示這是聯合的行動(《反駁異端》4.20.1)。這是辯證的關係。聖子是在聖靈的能力中被差，聖靈卻是復活的主澆灌出來的。這些使命相互糾纏，卻是對等的；不是一個主要，一個次要。如果以基督為中心的意思是要聖靈從屬聖子，那麼這種基督中心論是不對的。在拯救工作中，聖子和聖靈是同工。[7]

普世的準備

本章分為兩個主要部分：聖靈基督論以及其對基督工作的相干性。首先，我們把基督論放在聖靈的全球性工作的處境中，其中，道成肉身是為頂峯。簡而言之：「那光是真光，照亮一切生在世上的人。」(約一9) 路加在基督的出生敘事中已作出這樣的暗示，他對聖靈臨到馬利亞的描述，叫我們聯想到太初創造的時候，聖靈運行在水面上(路一35)。路加告訴我們，這位使耶穌誕生的聖靈，其實一直以來都臨在世界，且不住在世界當中作工。聖靈因此乃是萬物被造**和**拯救的根源。聖靈不只活躍於創造當中，祂同時又積極地領導世界，朝著與上帝聯合的目標進發。

聖靈一直渴望使人類成為上帝的朋友，藉繼嗣跟聖子一起成為上帝的兒女。聖靈盼望叫每顆心都充滿愛，常常不忘與上帝一起。耶穌降生所帶來的福氣，創世的時候已經有了，如今才清楚彰顯。在這個嬰孩身上，我們不單窺見了創造，也看到新的創造。

舊約中麥基洗德和約伯的故事顯示，對於這些遠在基督教出現以前，又居於以色列以外的異教徒，恩典是預賜的，信心是可能的。遠在摩西和基督以前，諸天已在述說上帝的榮耀。盼望——人類的可能性，並非始自亞伯蘭，好像在他之前數千年的罪人，全被棄於絕望之中似的。

道成肉身這事件的實現，清楚說明了不變的愛。創造主上帝和拯救主上帝的工作是連貫的。上帝無處不在，聖靈則預備人的心認識上帝。聖靈在創造中的工作成了祂藉耶穌基督工作的基礎。創造的力量直逼新的創造。上帝在創造中不住作工，這不是外人的工作，乃是耶穌的聖父的工作。藉耶穌拯救，乃是賜生命的聖靈的一項行動，要實現聖父原來創造的旨意。[8]

聖靈在創造物中工作，預視了拯救的工作。創造主聖靈造出理智的生物與上帝溝通和團契。那偉大的音樂家寫出天體宇宙的美妙樂章，便需要有能力欣賞各種音樂的生物。因此，大地便住滿了能夠聆聽和回應上帝聲音的受造物。這樣，人幾乎可以預料道成肉身必然出現。世界果真是上帝的自我表達，那麼人便期望上帝進一步顯明祂的旨意，並跟祂的創造物溝通。這看法驅使我們期待能對人類境況說話的道。[9]

保羅指出，上帝為自己的緣故，未嘗不顯出證據來(徒十四17)。祂與麥基洗德和亞伯拉罕同工，也與非利士人和以色列人同工(摩九7)。正如愛任紐所言：「上帝透過不同的方式來拯救人類。」(《反駁異端》3.12.13)聖靈不住工作，引領各處的人明白神聖的愛的奧祕。[10]恩典從未在歷史中完全消失。上帝從創世開始便招聚罪人，從未放棄。世界只有一個，乃是屬於上帝的。這是充滿恩典的歷史，如今在耶穌基督裏達到高峯。

耶穌基督是拯救的聖禮，是上帝對世人那明確的愛的啟示。[11]

在以色列的準備

上帝要從被造物中得到愛的回應，便得冒險創造世界。這就是説，世界可能會拒絕祂。因此，當人類要轉離愛自己的愛侶，上帝只能痛苦地讓他們離去。愛容許子女離開父家，去實現夢想。可笑的，只是夢境難尋。浪子的父親沒有強留兒子在家。縱然雙方都有苦痛，他還是讓兒子去追尋自己的人生。愛不是強加諸所愛的身上，乃是讓對方自由作決定，就算明知那是與黑暗為友。[12]

這個決定傷了父親的心，只是父親沒有放棄。他反倒張開雙臂來拯救失喪的（賽五十九16）。上帝為罪惡自行承擔責任，祂提供拯救和創造希望。雖然人的悖逆是罪的主要起因，但上帝既容許罪惡，也就不能放棄世界，反差派兒子和聖靈來拯救。上帝不曾讓我們滅亡，反倒再次發出同享榮耀的邀請。

聖靈的歷史早於耶穌。遠古以色列首先經歷聖靈，為民族的締造者。舊約所指的屬靈恩賜乃是支撐社羣的：領袖有膽識、教師有智慧、詩人有創意、先知有靈感。在以色列的早期歷史中，這民族一再經歷聖靈的大能，每每化險為夷。聖靈拯救以色列，並把他們團結起來，成為一個民族。[13]

隨著時間過去，對聖靈在將來更大澆灌的期望增加。先知以賽亞宣告，聖靈要降在上帝的僕人身上，透過上帝的僕人，恩典和公義便流向萬國。因著聖靈，這僕人便有效促成上帝的國度來臨。還有別的先知如約珥同樣論到聖靈從天上大大澆灌下來(珥二28)。藉著這些先知帶來了期盼，就是聖靈的澆灌和上帝膏抹的僕人出現。這樣的盼望愈來愈明顯，舊約時代的百姓當中的聖靈工作將轉移到一位受膏的僕人，他要實現上帝的終極使命。以賽亞概括地說：「耶和華的靈必住在他身上。」(賽十一2，四十二1)日後將要出現一位帶著特殊裝備的靈恩領袖，以及滿有特殊恩膏的羣體。以色列的彌賽亞盼望包括五旬節的來臨。[14]

第二聖殿時期的猶太人相信，因百姓犯罪，聖靈離去。那時只有「其聲音的回響」(*baṯ qôl*)，卻不是聖靈。路加的出生敍事滿是聖靈的彰顯，為要說明一個逆轉：是要指出聖靈已經回來，荒涼的日子已過。聖靈展開新的活動，宣佈末世救恩。上帝的智慧(兒子)在歷史中蓋搭帳棚，上帝的臨在(聖靈)已經來到，以出人意表的嶄新形態，住在人間。[15]

耶穌與聖靈

早期對耶穌的了解及宣稱，總以聖靈為指涉。耶穌也是這樣理解自己的職事。祂被膏抹，好傳福音給貧窮的人，並叫受壓制的得自由(路四18)。祂宣稱：「我若靠著上帝的靈趕鬼，這就是上帝的國臨到你們了。」(太十二28)耶穌知道要與聖靈同工，使上帝的國度臨近。為了完成任務，祂得著聖靈和能力的膏抹(徒十38)。[16]

這是許多人對耶穌的第一個印象。他們訝異於耶穌帶著權柄教訓和醫治病人，因此他們視耶穌為先知。有些人說：「有大先知在我們中間興起來了！」(路七16) 彼得說出人盡皆知的話：「上帝藉……耶穌在你們中間施行異能、奇事、神蹟，將他證明出來。」(徒二22) [17]

福音書特地把聖靈連於耶穌，在耶穌生平的各種場景——出生、受洗、試探、教導、醫病、趕鬼、死亡和復活。總的來說，這些場景揭示耶穌就是聖靈所賜予的。祂是上帝的兒子，反倒虛己與別人一起生活，跟他們任何一個一樣，仰賴聖靈。

福音書顯示耶穌是倚靠聖靈的，描繪聖靈幫助耶穌找出祂人生的路徑。聖靈為耶穌的到來作出準備，幫助祂誕生，此後引導耶穌經歷人世，並且藉著死和復活，為人人打開救恩之門。聖子虛己，倚靠聖靈，並且因為愛我們，甘受苦難。福音書的作者們盼望讀者認同聖靈充滿的耶穌，以祂為榜樣，經歷同樣的聖靈的洗，得力過活。[18]

雖然聖靈在耶穌的經歷中地位重要，耶穌卻鮮有提及，只是用別的方式來作見證。若說祂未有發展一套教義，祂卻展示了聖靈的實相。祂工作不單用言語，也帶著權能。耶穌寧可用行動，而不是說話來顯示聖靈的能力。甚至今天，教導聖靈的方法，就是靠著聖靈而活在聖靈中。[19]

路加福音開始的時候，有天使對馬利亞說：「聖靈要臨到你身上，至高者的能力要蔭庇你。」(路一35) 這使人聯想到創世記一章2節，這樣的說話指出耶穌成孕乃是一個創造的作為，更是新創造的記號。這事實叫我們知道，在耶穌誕生一事上，上帝以大能作工。這裏說的不是性交——天使不是說由眾神生出一個孩子。這是同一聖靈的畫像；這位聖靈昔日、今日都活躍於創造中，現在又努力於新創造。童女生子說明基督降世是聖靈的恩賜。聖靈起初創造的活動，如今因耶穌的出生，就來到重要的關頭。這個嬰孩不只體現了人類的愛，更是彌賽亞盼望的具體化。

在馬利亞的腹中，耶穌已被聖靈膏立為基督。要承載上帝兒子的人類工具也準備妥當。這事件對人類而言乃是新的開始。人類要恢復與上帝溝通。聖靈在出生事件中擔當重任，因這事指向五旬節和新創造。這便解釋了耶穌出生的時候，全地充滿預言和讚美。[20]

除了知道祂漸漸長大，充滿智慧，又有上帝的恩典在祂身上(路二40～52)，對於耶穌的少年生活，我們所知不多。十二歲那年，一次在聖殿中，耶穌顯出驚人的了解。可能耶穌已漸漸察覺祂與上帝的特殊關係，以及其獨有的呼召。祂要以父的事為念：這樣的意識顯示在成長的歲月裏，聖靈是與祂同在的。誠如那位先知所言，智慧和知識的靈在祂身上。[21]

耶穌受洗的時候，聖靈帶著能力降在祂身上。祂要開始工作的同時，施洗約翰則叫人悔改，並且宣告那位將要來的，要用聖靈施洗。耶穌聆聽並回應他的講道。祂必定視施洗約翰的洗禮為新的拯救的開始(這也是約翰自己的觀點)，以致祂自己也就接受洗禮。當祂祈禱的時候，便得著聖靈(路三21～22)。祂受膏作彌賽亞，是用聖靈，不是用油。透過水的洗禮，耶穌與罪人聯合，並且擔當他們的罪。洗禮的時候，祂經歷上帝為父，且意識到自己兒子的身分。就獨特的意義而言，祂是上帝的兒子，但祂邀請人以繼嗣的方式得著兒子的名分，進入如此的關係中。[22]

耶穌受聖靈的洗，表示祂從聖靈得力，接受裝備去作工。那時，聖靈像鴿子落在祂身上。為何這樣？這或許叫我們想到挪亞洪水以後，一隻鴿子叼著橄欖樹的枝子回來。鴿子象徵大地受審判後的更新，如此，鴿子帶有彌賽亞時代和新創造的意義。值得留意的是，水洗和聖靈洗乃是同時發生，是屬靈和屬肉體的匯合。這對大公傳統很重要，既重現兩者的連合，又賦予洗禮聖禮的意義(sacramental meaning)。正如人的出生是在水中進行，藉聖靈重生也通常在水中進行。由此我們看到一個聖禮原則的開始。[23]

洗禮以後，聖靈主動驅使耶穌到曠野受試探。作為人類的代表，耶穌要經驗亞當的遭遇，且要克勝。這些試探是針對耶穌的天職，祂受膏作人類的代表。聖靈深知耶穌要忍受試煉，並要謝絕不合天父旨意的方法。聖靈便賜祂智慧反駁撒但誤導的問題，使祂剛強，好嚴拒世俗力量以走上受苦和愛的道路。因此在祂剛受洗後，耶穌開始感受到拒絕，這拒絕帶祂走上十架。聖靈引領祂走上受苦的路，不許祂逃避，也不許我們逃避。[24]

務要注意，耶穌是倚靠聖靈的。祂需要靠賴聖靈的力量來勝過試探。祂是軟弱的，且為凡人，不曉得無窮神性的生命。耶穌受試探，並非鬧著玩的，乃是真的被攻擊。祂也不是因自信於個人的力量而犯險。耶穌不是憑一己能力勝過試探，乃是靠上帝的力量克勝罪惡，從此便給我們立下憑信生活的榜樣。耶穌因信降服，又靠聖靈勝過惡者的勢力。我們也當如此。[25]

保羅指出，耶穌成為罪身的形狀（羅八3）。祂未有保護自己不被沾染，反倒取了人墮落的本性。耶穌既是會死和朽壞的，並非不死和不朽壞的，祂便得頑抗罪。祂無罪非因自己的神性，乃是由於與聖靈的關係。祂的而且確勝過罪、肉體和魔鬼，絕無虛假。祂是靠聖靈能力得勝的。[26]

成為倚存的（dependent），聖子藉著道成肉身捨棄使用神聖屬性的自主權。道成了肉身，不是靠自己，乃是藉聖靈發出能力。聖子的虛己表示耶穌不得不倚靠聖靈。對上帝來說，虛己是必然的。創造便是虛己的一種形式，因為上帝給予被造物空間。虛己是上帝特有的，祂本身就是捨己的愛。要明白虛己（*kenosis*），聖靈乃是關鍵。聖靈幫助耶穌一生活於人性的限制中。聖子定意決不自主行使神聖屬性，反要體驗真正為人的滋味。因此，祂倚靠聖靈得力過活，並且完成使命。[27]

耶穌得力作彌賽亞的工，便在拿撒勒展開工作。顯然，聖靈的能力臨到祂，是為了世人的福祉。耶穌以受膏者的身分降世，傳天國的福音和施行新創造的神蹟。祂向貧窮人傳福音、向有病的人發憐憫、叫被擄的得釋放、瞎眼的得看見。耶穌藉著聖靈的能力，宣告一位願意叫人完全的上帝。祂來不是要尋找義人，乃是尋找病人和罪人，把他們招聚到上帝的翅膀底下。藉著聖靈的能力，祂使人脫離捆綁。耶穌為人帶來盼望，改善他們的關係。邪惡的勢力被驅走，使受造物的生命得以挽回。因賜生命的聖靈的能量在耶穌身上發動，叫這一切得以實現。[28]

耶穌聲稱一切罪和褻瀆的話，甚至干犯人子的話，都可得赦免，「惟獨説話干犯聖靈的，今世來世總不得赦免。」(太十二32) 這節經文看來難以理解，卻顯出聖靈於基督論的重要性。耶穌這話究竟有何意思？為何干犯人子的話可得赦免，惟獨干犯聖靈的話卻不得赦免？答案確定了聖靈在基督論的核心地位。

褻瀆聖靈，茲事體大，因為這是否定在耶穌裏面叫人得以完全的能力。上帝作工叫人得釋放，有人竟指為撒但的作為。這些人所作的，無疑是否定上帝救恩的工作；救恩不單是給他們的，乃是給每個人的。這是罪無可恕的，如此盲目的人，上帝的赦免也拿他們沒法。

這便突顯了聖子和聖靈同工的重要性。因聖子和聖靈合力修補創造，在上帝看來是生死攸關的行動。凡心存不信的必受嚴厲制裁。褻瀆聖靈就是拒絕頌揚上帝的醫治和拯救大能。這是無法赦免的罪，因為這顯示一個人刻意置身愛的團契以外。

我們應捫心自問是否與聖靈站在同一陣線。我們是否以樹的品種，而非按其果子來定好壞？意思是，只要我們站在拒絕醫治的勢力的那一邊，不論久暫，都會叫聖靈擔憂。[29]

聖靈使耶穌行事大有能力。耶穌並非為吸引和迷惑人而行神蹟，祂無意訴諸感性而輕易贏取人心。祂不會單單為了滿足人的好奇，或消除人的不信而行神蹟。耶穌的神蹟旨在叫人的身體和靈魂得救，神蹟是為上帝的國度而施行。神蹟無疑證實祂的身分，然而神蹟的原意是叫人得自由，並且指出天國近了。神蹟叫人知道拯救工作正在進行，上帝的國度已經開始。神蹟不是基督神性的證明，乃是聖靈在祂裏面作工的證據。[30]

對很多人來說，耶穌的釋放作為是好消息，但對政治和宗教現況卻構成威脅。領袖們覺得祂是不能容忍的威脅，早就想辦法把祂除掉。他們以置耶穌於死地來回應祂叫人得生命的邀請。耶穌清楚知道日後必要背負十架，「他就定意向耶路撒冷去。」(路九51) 聖靈的力量必須預備耶穌去擺上自己的性命。殉道是聖靈的一種恩賜(林前十三3)。惟獨這樣的恩賜，才會叫人服事人，而不是被服事(可十45)。希伯來書解釋耶穌藉著聖靈，才能把自己獻給上帝(來九14)。聖靈賜祂力量來面對幽暗勢力，加入被殺先知的行列。「耶路撒冷阿！耶路撒冷阿！你常殺害先知，又用石頭打死那奉差遣到你這裏來的人」(路十三34)，耶穌說話的時候，已心明此理。

耶穌知道，祂要以面對試探的方式來面對死亡，就是靠賴聖靈的能力。雖然福音書並未明確說明，但希伯來書作出可信的推論。在耶穌出生時就跟祂一起的聖靈，在生命終結的時候也要與祂同在。聖靈幫助祂在最大的試煉中順從上帝。聖靈使祂在敵人面前有話可說，幫助祂作出放棄的禱告，降服於上帝的旨意。作為人，耶穌呼求這杯離開祂，只是被聖靈充滿，祂祈禱情願上帝的旨意成就。在客西馬尼園，祂被處決以前，意志先被釘十架。靠著聖靈，祂說：「上帝阿，我來了，為要照你的旨意行。」(來十7)[31]

因為聖靈，故事並未因此結束。耶穌本就是死了，只是聖靈，就是創造的能力，叫死人活過來。(結三十七13～14)上帝藉著聖靈叫耶穌復活。保羅說祂是「因從死裏復活，以大能顯明是上帝的兒子。」(羅一4)復活成了公開任命耶穌的舉動。就耶穌和我們而言，聖靈在復活當中是工具(羅八11)。保羅說：「上帝已經叫主復活，也要用自己的能力叫我們復活。」(林前六14)

耶穌的復活標誌著新的創造和要來世代的開始。死亡不再是終局，人類有了盼望。因為聖子藉聖靈大能忠於上帝的呼召，十架才得以出現。聖父在聖子裏與世人一起受苦。被釘的那位並未因死亡被棄絕，乃是從死裏復活。愛的力量戰勝一切。帶領耶穌走向捨己的聖靈，把耶穌從死亡中領出來。

在耶穌裏頭，聖靈經歷到上帝的愛的完全接納，並以聖子作為上帝自我溝通的最佳容器。這樣，聖靈所有的創造和拯救活動，也就在祂裏面完成。國度揭幕，新秩序展開，能力便可以傾倒出來。[32]

重尋聖靈基督論

我們切勿少覷聖靈對基督論的重要性。道的基督論不是故事的全部，只要我們把它稍作誇大，便會蓋過聖靈的使命，以聖靈從屬於聖子。尤有甚者，我們會把聖子虛己的徹底性連根拔起，從而危害祂的真實人性。初期教會因為護教的需要，尚有少許藉口偏愛道的基督論。但時至今日，已沒有這樣的需要，我們也無理由堅持讓道的基督論支配全局，而忽視其他的向度。[33]

我不是推介嗣子論說。與謝斐・藍柏和約翰・希克(John Hick)的觀念不同，我認為耶穌不只是具有聖靈的一個人。我的意思是，道的基督論和聖靈基督論並非對立，乃是相輔相承的。它們是互相補足，不是彼此取代的。道的基督論著眼於本體論，而聖靈基督論則是功能性的，但兩者卻一起運作。總的來說，道針對耶穌的位格，聖靈則針對祂的工作。基督的神性惟有在祂被聖靈充滿的人性中才可得見。道成肉身只能從拯救歷史的角度來了解。聖靈基督論領我們進入耶穌的生活中，使我們不致憑空想像。[34]

要給聖子和聖靈應有的位分，便得在我們的基督論當中給聖靈留有空間。祂們的工作並非從屬的，兩者的關係是彼此和互補(mutual and reciprocal)的。聖子或聖靈都不必從屬對方，任何一方都可以以另一方的使命來理解。因我一直以聖靈的使命來強調耶穌的角色，或許我得補充，就是反過來這樣理解聖靈也可以。不與聖子相提並論，聖靈便變得空洞和含糊。我們所言說的，是耶穌基督的聖靈。不錯，聖靈賦予聖子力量，同樣真實的是，聖子也是聖靈各種彰顯的準則。由始至終，兩者是相互關聯的。

我明白「聖靈基督論」未必是最好的措辭。自由神學的**聖靈**乃指耶穌裏面的神聖成分，並非住在祂裏面的三位一體的第三位格。他們口中的「聖靈基督論」便變作一個靈感的(inspirational)，而不是道成肉身的基督論。[35]當我提到聖靈基督論，我是追隨正統(orthodox)的路數，保留三位一體中的區別。聖靈基督論只是豐富而不是取代道的基督論。聖靈基督論更持平的看待聖靈在基督裏的角色，藉此豐富道的基督論，又更確定聖子和聖靈兩者的使命。聖靈基督論無意誇大或貶抑兩個位格中的任何一個。這方面我受惠於東正教神學，它們一直以來認為西方傳統貶低了聖靈的角色，因西方傳統賦予聖子一個具實體的角色（ontic role），而予聖靈只是一個抽象的角色（noetic role）。[36]

上帝在拯救工作中運用自己的雙手。這雙手不是彼此從屬，也並不互相排擠。我渴望強調聖靈活躍於彌賽亞事工的每個層面；祂不是基督的替身，也並非基督的工具，乃是三位一體的第三位。聖靈作為愛的聯合，在永恆中把聖父和聖子聯在一起，亦同時在地上維繫屬世耶穌和祂的天父的關係，這關係透過耶穌不住與上帝同行，日漸實現。聖靈預備、完成和傳遞道成肉身的奧祕。從出生開始，以後經歷洗禮、工作，最終死而復活，聖子都是活在與聖靈緊密而相互的關係中。耶穌死而復活構成聖父藉聖子和聖靈拯救人類的事件。這是一宗三位一體的事件，三個位格在其中經歷三一上帝相關和互為的特性。上帝不是永遠不變的本質，居於形而上的世外。在這歷史性的行動中，上帝乃是自我定義的。

以重演來拯救

聖靈基督論意味著甚麼？對我們明白耶穌的使命有甚麼幫助？耶穌向門徒指出，祂離去是與他們有益的。「我若不去，保惠師就不到你們這裏來；我若去，就差他來。」（約十六7）讓我們找出這句話的意思。為何要待耶穌死後得榮耀，聖靈才澆灌下來？這些事件如何成為拯救歷史中的轉捩點？耶穌的使命怎樣觸發五旬節事件？

保羅指出，世上有權有位的人若知道耶穌的死和復活的奧祕，他們就不把榮耀的主釘在十字架上了（林前二6～8）。我現在要提出的，乃是重置聖靈基督論來詮釋基督的工作。主要意思是聖靈為了拯救人類，便透過**重演**（recapitulation）促成基督事件。把基督論放入聖靈的使命中，就是代贖的面貌。[37]

托倫斯（Thomas F. Torrance）嘗試這樣陳說：

> 直至祂〔耶穌〕潔淨自己，並在我們的人性中完成為人類的獻祭；直至祂一次被獻，擔當了多人的罪；直至祂除滅黑暗勢力和勝過死亡權勢；直至祂升到天上在父面前作中保，國度才開放給信的人，聖靈的福氣才能澆灌有血氣的人或被罪人接納。[38]

換言之，在耶穌整個人生旅程當中發生了一些事，確實改變了世界，並且敞開與上帝聯合的大門。

聖靈必須參與聖子的人生旅程，好讓上帝抓緊世界，這樣才能拯救世界。除非這項使命已經完成，這代贖已經發生，否則末期的救恩無法出現。那裏要有重大的置換，就是一人死，眾人都死了，然後沉淪的族類從死裏復活，與基督一同坐在天上。在人類當中，上帝要有代表；在上帝面前，人類同樣要有代表。惟有這樣，才能推動對世界的拯救。這就可能成為轉捩點，因為它影響人類本身，並為歷史帶來一個新的實在。耶穌藉著聖靈為救恩創造前進的空間，當人受洗歸入基督的死和復活，一個預示上帝國度的新羣體便出現。隨著耶穌得榮耀，便開始了一個進程，這個進程會在世界的聖化當中終結。[39]

這是一個參與的模式。桑德斯(E. P. Sanders)表示，「對保羅來說，基督死亡的主要意義不是為過去的罪代贖(雖然他仍持定普遍基督信仰的觀點，基督為贖罪而死)，但是，人既與祂同死，就是向罪的權勢，或舊的時代死，這人便因而屬於上帝。藉著參與基督的死，轉移便發生。」其後他補充說：「人與基督成為一人——與祂一同向罪死，又同享復活的應許——而有份救恩。」[40]

希伯來書的作者嘗試確定觸發終末的基督事件之意義——聖子為要成為永遠得救的根源，便要成為血肉之軀，跟我們一樣備受試探、經歷軟弱、學習順從、擔當多人的罪，又要救我們脫離罪的權勢(來二14～18，四14～16，五7～10)。耶穌被視為進入聖所的先鋒，是信心的創始成終者(來六19～20，十二2)。

這就是說，五旬節出現前，必須有一個代表。要體現上帝創造的旨意和帶來和好，必須有一個參與世界的旅程。這便是聖靈施恩予罪人，改變他們的方法。

這便解釋了聖靈為了要完全，必須帶耶穌踏上代表性的旅程。這便鼓勵我們不要用理性理論尋找拯救的意義，乃要透過上帝大能的行動，除滅罪和死亡，世界便開始被重造(re-created)。

這是愛任紐的主題，也是代贖的首個理論：上帝藉聖靈的大能差遣愛子，透過祂的生、死和復活，重演人類的歷史，要給人類一個新的開始(《反駁異端》5.14)。這是上帝叫一切所有的在基督裏面同歸於一的方法(弗一10)。上帝透過耶穌的經歷，重演人類的境況，藉此在世上重新建立主權和拯救失喪人類，勝過誘惑，迎向未來。上帝叫基督作新人類的元首，藉此帶來代贖，恢復與被造物的聯合。用保羅的話說，上帝因耶穌基督的信實拯救我們(加二16、20)。[41]

《天主教教理》(*Catechism of the Catholic Church*)這樣總結：

> 基督的一生是一個重演的奧祕。耶穌的一切言行與受苦，目的是要恢復人類本來的召命。基督道成肉身成為人，重演人類漫長的歷史，並為我們完成一條得救「捷徑」，使我們可以在基督耶穌裏面，重拾在亞當裏面失掉的，就是上帝的形像和樣式。為這緣故，基督經歷人生的每個階段，藉此讓每個人與上帝團契。[42]

基督以順服上帝，並且倚靠聖靈的態度，活於歷史發展中的每一個階段，這樣便逆轉亞當犯罪的遺禍。透過這種代表行動，創造得以挽回。關鍵是基督作為人類的代表，以及我們藉著聖靈因信與祂聯合。這是要使在基督裏面發生的範例事件，可以同樣出現在我們身上。這項救贖行動把我們包括在內，而不是取代我們；這是包容而非排拒的表現。[43]

上帝使人類在耶穌裏面悔改，耶穌是人類的代表，從而扭轉人類的處境。因祂的死和復活，人類注定是出死入生了，因為上帝已把出死入生列入這事件之中。基督已經客觀體現人類的命運，餘下的就是人的回應，從而獲取救恩。只是必須憑信才能獲取新的可能性。基督成為人的樣子，甚至像我們一樣遠離上帝，好讓我們與祂一同稱義和得勝。保羅指出，一人既替眾人死，眾人就都死了(林後五14)。因為耶穌是一位代表，其他人便能藉著聖靈與祂同死同復活。如今出現了一個新的處境：我們只要接受經已成就的事，並且讓聖靈使我們的生命效法基督。[44]

談到代贖，較普遍為多人接受的觀念是把十架留在過去(與赦免有關)，與現實無關。這樣便失掉基督作為末後的亞當，以及我們藉祂得救之間的平行。然而這兩者的交織乃是保羅思想的一個重要主題。使徒事實上這樣說，耶穌基督在祂的死和復活的事件中，跟我們感通一體(solidarity)，祂代表我們被收納為兒子、稱義、成聖和得榮耀。在十架上，祂是向罪死(羅六10)。祂復活乃是脱離罪的權勢，罪再不能作主(徒二24；羅六9)，祂且被稱為上帝的兒子(羅一4)。祂又被聖靈稱義(提前三16)，叫我們也被稱為義(羅四25)。與祂同死，我們是向罪死了(羅六11)。在我們復活之前，耶穌作為末後的亞當得了榮耀(林前十五49)。保羅認為，拯救先在我們的代表基督身上完成，然後才臨到我們。因為耶穌為祂的人性，我們與祂聯合，便得著接納、被稱義、成為聖潔和得榮耀。基督成為我們的樣式，以致我們可以成為祂的樣式。我們因著祂的代表性旅程而得救。我們被聖靈吸引與耶穌基督聯合，便可以得著祂這位末後亞當的拯救。[45]

基督的代表性是包容的，並不排拒。這不只是一宗在法律上有利我們的交易。基督死而復活，好讓我們也與祂同死同活。在祂身上發生的事必在我們身上重現，正如洗禮時，我們與祂同死、同復活。祂的死和復活便如磁石一般吸引我們。為了要變成新亞當，老亞當便在基督死的時候，同時死了（林前十五49）。並且，生命中的復和乃是聖靈的工作所成就的。[46]

四福音論及耶穌，乃是要幫助我們把自己置身於代表的故事中。書信以感通一體的範疇來解釋代表的教義：耶穌代表人類，就是讓發生在祂身上的事，可以重現在我們身上。我們傾向個人主義思想，所以就難以明白。然而，這卻非絕無可能。一直以來我們都接受代理人的服務。政治上我們由領袖代理，醫生和工程師則替代我們做自己不能作的事。每個社會羣體都各有代表的經歷。[47]

世界藉聖子、為聖子和在聖子裏面被造成。聖子決定（這便是我們主耶穌基督的「恩典」）分享人性，以便在歷史中作我們的代表，實現與聖父的親子關係。祂在肉身中代替我們渡過順服上帝的一生，在祂的人性中，體現上帝對我們的期望，從而展開拯救和醫治的過程。卡爾・拉納指出：「二性合一的功效對道的人性而言，正正是歸到人類身上的東西，作為他們的目標和夢想，即當前上帝的異象，是基督被造人性的靈魂所享受的。」[48]

上帝必定是見到我們的苦況才作出這個決定。聖子要成為人，藉聖靈的能力過順服的一生，又藉著復活，使人類成為新造的人。聖靈基督論幫助我們正視末後亞當踏上我們人生路途的主旨，又引導我們注意那代贖的參與性範例，當中的核心主題就是要與基督聯合。

我認為耶穌是歷史的轉捩點，因為祂能代表全人類。祂可以站在我們的位置，為我們的好處行事。因這樣的代表，那些與上帝隔離的人便得著希望，聖靈可以塑造他們成為基督的形像。在罪中墮落使人陷於自我毀滅的惡性循環中，只是末後的亞當為人類帶來一個新的開始。因為沒有人能跨越這鴻溝，聖子便成為肉身，並且衝破死亡和隔絕。現在我們每一個都可以藉著聖靈，與聖子一同順服上帝。救恩是通過與祂同死同復活而得的。[49]

五旬節趁機出現——亦只有在那個時候才會出現——那時耶穌已經完成救贖的旅程，完成重演，並且成了新人類初熟的果子。耶穌在世的時候，聖靈單單集中在祂身上，其後要藉著一個運動傳到列國。祂起初只來到以色列，如今藉聖靈走向世界。上帝應許招聚列國的使命可以展開，因為聖靈準備就緒要改變歷史。韓德加・卜卡夫(Hendrikus Berkhof)指出：「顯然，祂以祂的位格和工作來代表我們，從今以後，由於祂的工作，更新人類的進程從此展開。因此，如今對於代表的專注，要轉移到一個離心運動，就是得人，把更新傳揚各個角落。」[50]

因祂的生命得救

藉著順服聖父和倚靠聖靈，聖子重演人類的歷史。祂把叫我們墮落的悖逆，逆轉為順從，那是上帝對人類的旨意。祂不單藉死亡拯救我們，乃是透過死和復活。保羅指出耶穌「被交給人，是為我們的過犯；復活，是為叫我們稱義。」(羅四25) 他又說：「因為我們作仇敵的時候，且藉著上帝兒子的死，得與上帝和好；既已和好，就更要因他的生得救了。」(羅五10) 保羅再進一步指出聖子是「已經把死廢去，藉著福音，將不能壞的生命彰顯出來。」(提後一10) 我們便因此「與他一同復活，都因信那叫他從死裏復活上帝的功用。」(西二12) 意思就是說，耶穌代替我們所作出的行動，不單是替我們死，同時更包括存活和復活。我們不可以單單提基督的代死，應更全面的說成是基督的代替人性。

為了使讀者有更深刻的印象，我不會用釘十字架來開始探討拯救論，而改以復活為起始點。這樣的進路有多個好處，其一是矯正神學對復活的忽略，其次是改變我們對十架本身的看法。只要明白我們是因基督的生命得救，或許就會接受從新的角度來思考因祂的死得救。

我們過分重視救贖的法律意義，以致沒有視復活為救贖的一種媒介，因為復活與法律無關，因而就不以之為拯救事件。我們的思維在這課題上走歪了。從新約來看，這樣的錯謬也就無所遁形，因為新約顯然把復活置於中心地位，且與十架相提並論。我們認為基督的工作在十架上「成了」，其實不是。基督若沒有復活，我們仍在罪裏，且都要死(林前十五17)。真不明白為甚麼很多系統神學一方面長篇大論探討拯救理論(基督死的意義)，卻鮮有提及復活的拯救意義。事實上在某些救贖的法律模式，復活對救恩而言是毫無意義的。復活只具衞道作用，不是拯救性的。復活不是一項拯救事件，不過是證實耶穌的復活之前(pre-Easter)的宣稱。如果這樣，我們便不能説是**因祂的生命**得救了。

箇中原因很明顯。若罪是惟一的問題，贖罪便解決了問題，復活也就成了外加的。反過來説，若死亡才是要解決的問題，復活便至為重要了。因為死和重演人類歷史需要復活，基督的復活便因此成了一宗拯救事件。再一次，保羅高聲呼喊基督「已經把死廢去，藉著福音，將不能壞的生命彰顯出來。」(提後一10)基督的工作基本上不是法律業務，而是能力事件。東方神學便掌握到這方面的神髓。罪和死亡**兩者**皆是人類的大敵，因為死隨著罪入到世界(羅五12)。我們要得救，便得處理死亡；因此上帝便藉著復活拯救了我們。透過基督的代替性行動，把人類帶出死亡、進入復活。分享上帝榮耀這個創造目的，如今展露無遺。[51]

我們以復活為拯救事件，並不是説把它看作一個純粹的記號，用以喚醒門徒信心。復活乃是指發生在耶穌身體的一些事實。在復活當中，耶穌藉著聖靈的大能，轉化成未來世代的生命。上帝藉著復活，逆轉了十架的裁決，為死人帶來盼望；因在十架上，耶穌擁有的權柄被人類褫奪了。復活不是單單要證明基督的神性或確定祂的犧牲。復活預示世界的改變，耶穌也因此成了救恩和轉化的肇因。與祂同死的，便與祂一同得生命。復活先為耶穌，跟著又為我們展開了新的創造。復活聲明邪惡的力量不能得逞。它讓人稍窺新的創造，並且意味在一個新的環境中，人性得以榮耀地存在，我們本來就是要締造這個新環境的，就終得實現。[52]

保羅指出，因為復活，耶穌「成了叫人活的靈」(林前十五45)。他似乎表示如今耶穌能夠叫死人復活。以代贖的觀念來看，聖父賜聖靈給聖子，使祂可以代表我們完成一個旅程。那位復活的現在把聖靈賜給我們，這聖靈是從前賜給祂的，好帶著我們一起走上通到聖父的那條路。全人類都可能成為上帝的兒女，因為祂代表了所有的人。而每個人要做的，不過是他的主體親自與上帝和好。[53]

基督藉聖靈的大能改變了人類，從而使他們有份於祂走過的那一條出死入生的代表性旅程。上帝在基督裏顯明了創造的目的，並把它當作禮物般賜給我們。祂渴望的是上帝的樣式在我們裏面成形。保羅稱與他同作信徒的為「我小子阿，我為你們再受生產之苦，直等到基督成形在你們心裏。」(加四19) 我們是照著上帝的樣式被造，為的是要我們長出上帝的樣子。這樣式在亞當裏失掉了，但在基督裏得以重獲。我們或許尚未完全活出這樣式，但在基督裏卻完全了。道成肉身預示上帝在我們身上的旨意成就，因為新的人類在基督裏已經出現。道成肉身代表真實的上帝的樣式，復活則標誌人類蒙召要活出的樣子。

聖子來世，倒空神聖特權，倚靠聖靈大能行事，祂的榮耀並不顯眼。作為聖父的愛子，祂把生命獻上給聖父，發出上帝期望從人類口中聽到的那個「是」字。上帝藉著聖子和聖靈帶領人類與自己聯合。祂要我們分享聖子與祂的父子關係。

在基督裏，上帝就好像給自己一顆人的心。祂對耶穌說：「你是我的愛子，我喜悅你。」(可一11) 耶穌回答上帝：「你是我的父。我來了為要照你的旨意行。」(來十9)我們蒙召進入這關係，在聖子裏成為子女。聖靈正召喚我們享受這溫馨的親子之愛。

基督復活，預先實現了世界的終局。世界肯定要改變，一切都要變成新的。復活的那位是新秩序的先驅和化身。耶穌所預示的，在新創造中對我們同樣真實。這是肇端事件，是生出新實在的種籽。

復活的時候，主未有棄掉人的身體。這身體一同復活，也就指向全人得救。人類向未來開放，他們定出計劃，努力實現目標。只是我們不過是人，而最終，未來卻掌握在上帝手中。道成肉身是歷史中的一宗事件，它指向並引領全人類與上帝聯合的目標。在基督裏，這世界進入了末期，拯救也就臨近。用卡爾・拉納的話說，道成肉身和復活確定了「上帝臨世這不可逆轉的開始，乃是世界絕對的未來」。耶穌是新人類的初熟果子，祂說：「因為我活著，你們也要活著。」(約十四19) [54]

聖靈的創造工作匯合於聖子的道成肉身，創造也就完滿。透過道成肉身，我們可以稍稍見到我們與上帝聯合的命途，因為它實現了被造物存在的目標。人可以說，道成肉身是上帝在歷史中的自我實現。這事件展露了三位一體的本性和恢復上帝的管治。聖子道成肉身體現了被造物與上帝的真實關係。潘寧博聲稱：「只有從聖子道成肉身的角度看我們與上帝的關係，在神學上才可以說，創造在我們當中實現，並且宇宙是為我們而創造。」[55]

十架的拯救

基督所成就的，不單是藉預先實現死人復活來展示創造的目的。十架也是拯救的事件，它醫治了我們的破碎，除清我們的罪疚。除了透過復活的大能，我們還可以藉著與祂一同受苦，和效法祂的死，來認識基督（腓三10）。

在這裏，我們仍停留在代表和感通一體的觀念上。透過道成肉身，上帝深入人類處境來除掉我們的一切疏離。目的是要我們與上帝成為一，並分享屬天的榮耀。聖靈基督論邀請我們從另一角度——重演和同行——來看十架。聖靈基督論讓我們有機會讚頌復活的重要，以重演來掌握十架，並恢復聖靈在救贖工作中的位置。

一個普遍的代贖觀念，就是認為十架是挽回祭，抽離於復活和人的參與。這模式主要以法律角度來了解代贖，而並非以耶穌的代表性旅程（聖靈召喚我們參與這樣一個旅程）來看代贖。我要挑戰這樣的想法，更要強調與基督同死和與基督同活的觀念；我們藉十字架向罪死，又藉復活和聯合與上帝同活。這種普遍的觀念是扭曲的，聖父被描繪成審判官，聖子為犧牲者。這叫人以為上帝看重自己的尊榮過於我們，也就威脅聖父和聖子在代贖工作中的合一。

與這問題正面交鋒之前，我先略述如何以代表性的架構來了解十架。這是一個微妙的課題，未正式討論前，還是先說明另一可能性。人可以視耶穌基督是名副其實的浪子，只是祂非因反叛而離開，而是順服的兒子。祂去到遠方與罪人一起，又獻出所有，然後藉著十字架歸家。耶穌作了犯罪的人的兄長，埋首處理他們的疏離，又接納他們的譴責。祂這樣做全因為我們，無非要我們可以像祂，跟祂一起回家。祂既取了我們的肉身，便從聖靈得力，作我們的代表，踏上旅途。祂帶領人類經歷墮落存在的不同階段，並成就和好。在基督裏，上帝拿走叫人類棄絕祂和毀滅自己的墮落的因由。上帝把它拿過來，帶著上路，並朝著目標走去。上帝不願我們滅亡，祂寧願謙卑自己，成為奴僕來拯救我們。上帝成為肉身來扭轉人類的境況，讓歷史重新開始。代贖告訴我們，上帝不惜代價來作我們的上帝。上帝義無反顧地用祂的「是」來對應人類的「不」。[56]

較諸這個廣為人接納的看法，是否有一個代表性和參與性的代贖模式，而那是更具説服力和更合乎聖經的呢？那模式會是，上帝在其中透過耶穌基督那代表性旅程來拯救世人。為了用上帝的管治來對抗世人，耶穌勇闖颱風的風眼。祂對世人的愛是那麼大、要取悦聖父的期望那麼強烈，以致甘願被人唾棄。聖靈帶領祂走上這樣的一條路：忿怒、痛苦和罪惡要這位受苦的僕人君王全然飲盡。道成肉身的上帝被聖靈恩膏，以準備受傷的愛(defenseless love)來擊敗敵人，並且藉著同一位聖靈，叫我們眾人都可以與祂同死同復活。由此可見，福音呼召我們與祂一起上路，與祂的死和復活聯合，日漸活出祂的樣式。

從開始，十架便逼近耶穌的人生。耶穌工作不久便已經稍有成就，可惜好景不常，很快便出現對抗，人心剛硬。到了一個地步，耶穌要上耶路撒冷試圖把事情了結(路九51)。祂明知會有生命危險，卻願意愛到底。祂明知要被棄絕，卻寧願忠於使命。祂敢於面對宗教和政治領袖，使他們在上帝國度的面前作出選擇。祂甚至作好準備，喝被上帝棄絕的苦杯，忍受這杯帶來的畏懼與痛苦。最終，祂要孤單地面對死亡，向祂的聖父發出哀號。祂至死信靠上帝；這樣的死不只是痛苦難當，旁觀的人更以為祂是功敗垂成。

叫人難以理解的(至少對我來說)，就是把耶穌置諸死地的，除了是羅馬兵丁、猶太的祭司，竟包括祂的聖父。舊約中的亞伯拉罕，他行將把兒子以撒獻為祭的時候，至少上帝在最後一刻改變了主意。但是這一次，上帝竟讓聖子死亡，因而讓三位一體的生命經驗痛苦。保羅說：「上帝既不愛惜自己的兒子，為我們眾人捨了。」(羅八32)

人間權勢向耶穌所作出的死亡判決，其實理當加諸他們身上——因祂乃是代他們死。只是，聖父讓祂受死究竟是甚麼意思？這表示**十架必須被視作一齣內在於三位一體的戲劇**(an intratrinitarian drama)。在三位一體裏頭愛的施與受，在歷史當中取了一個痛苦的拯救形式。十架是聖父愛世界的記號，這個世界是在聖子裏面，且是為聖子創造的。這位一直對聖父說是的聖子，如今站在罪人的位置代他們受罪。祂認同世人到一個地步，一同被棄絕，透過受苦的愛改變人類的處境。聖子藉著聖靈把自己獻給聖父，而聖靈——那愛的聯合——在十字架上，把聖父赦免的愛和聖子受苦的愛連結起來。[57]

耶穌把自己交給聖父，彌留之際說：「父阿！我將我的靈魂交在你手裏。」(路二十三46) 祂把身體當作活祭獻給上帝。獻祭基本上不是平衡公義的法碼，獻上生命也不是為平息怒氣。「因為活物的生命是在血中。我把這血賜給你們，可以在壇上為你們的生命贖罪。」(利十七11) 基督的死是獻給上帝的聽命祭。作為我們的代表，祂代表我們歸降上帝。「因一人的順從，眾人也成為義了。」(羅五19) 我們因為耶穌基督的信實得救 (加二20)。

「既有人的樣子，就自己卑微，存心順服，以至於死，且死在十字架上。」(腓二8) 聖靈幫助耶穌有能力為我們獻上完全的祭，如今又呼召我們把身體獻上當作活祭 (羅十二1)。這就是除去世人罪孽的贖罪祭。上帝在此透過定罪賜下赦免，並且親身承擔後果。愛人的上帝渴望與世人相交，並且為了修補破裂的關係，甘願忍受苦痛。因為基督代替我們死，我們在上帝面前的身分改變了，一個新的局面形成了。[58]

在上帝裏面那個愛的圓圈不是封閉的，聖靈把它打開了。聖子知道透過受苦，祂能承擔罪惡，和拯救人類。因此祂成為罪身，把世人的罪擔在自己身上，來戰勝黑暗的權勢。自行與聖父區別的聖子道成肉身，親自進入被造物的處境，然後把被造物帶回來與上帝團契。其後聖靈澆灌便是要實現復和。我們藉著聖靈與基督聯合，從而踏上蛻變的路。聖靈對付在我們裏面的罪惡權勢，直至我們分享復活主的榮耀。[59]

魯益師 (C. S. Lewis) 留意到基督徒一方面承認十架使我們與上帝和好，至於**如何**作成，則人言人殊。我們知道這是靈丹妙藥，只是不能肯定它如何發生功效。事實是很難找到一套理性可以掌握的代贖理論。魯益師自己便從分享(participation)的角度入手。他認為基督為了代表我們，祂便成為人，好讓我們分享祂的生命、死亡和復活。根據這樣的觀念，我們得救是因與祂連合，又因為變得像祂。我們得救是因為加入了透過祂所傳遞的生命。魯益師形容基督是良性傳染的帶菌者。我們只需盡可能靠近祂，便能感染新生命的病毒。人類原則上已經得救，只是我們要向著末後的亞當開放自己。「在我們族類中有人得著新生命，我們要是接近祂，便可以被祂感染。」這不是合乎理性的代贖理論，不過卻戲劇性地說明了上帝的拯救工作。[60]

我認為從代表性旅程的架構來理解代贖，重點在於讓聖靈繼續成為整個圖畫中的重要部分。這是很少代贖理論能夠處理的。首先，聖靈帶領耶穌走向死亡：「藉著永遠的靈，〔祂〕將自己無瑕無疵獻給上帝。」(來九14)其次，祂藉著聖靈從死裏復活(羅八11)。第三，復活後一段時間，聖靈幫助我們在復和中分享生命。耶穌基督作為我們的代表，祂活出我們未有活出的人生。祂走了一段順服的旅程，以至於死。現在因為復活，祂成了賜生命的聖靈，能賜生命予跟隨祂的人。聖靈在代贖中的任務，乃是把基督成形在我們裏面，並且改變我們成為祂的樣式。聖靈的工作是要逆轉在我們裏面的罪惡權勢，直至戰勝死亡，讓我們能分享上帝的榮耀。

上帝伸張了公義嗎？

我們大多數不習慣從基督代表性的旅程的角度來理解代贖。我們多以法律的架構來談論，上帝這位忿怒的法官要求善惡有報、補償過失。我們慣於把基督的死亡視作對上帝的補償，這樣叫上帝樂於顯出恩慈。結果上帝也就成了人類的仇敵，祂先要伸張公義，然後才願意接納他們。有一個普遍的代贖觀念，即上帝把忿怒傾倒於基督身上，基督忍受懲罰便產生救贖。理論就是，一位烈怒的聖父懲罰一位代替我們受刑的慈悲聖子，結果我們便獲判無罪釋放。這樣的邏輯便無情地帶來一個有限的救贖，因為推測上帝不會再次譴責同一個人。[61]

對我來説，這是頗為棘手的一點。首先，這是加爾文的觀點，也是福音主義的標誌記號。英國的大學福音團契(Inter-Varsity Fellowship)就是因這觀點，與基督徒學生運動(Student Christian Movement)決裂。提出來討論似乎是冒險一點。[62]第二，有幾處經文的確提及神聖忿怒與基督的死有關，因此這觀念不能隨便放棄(羅三25)。或許懲罰理論(penal theory)是錯誤判斷，不過類似情況可能是真的。作出修訂當然重要，但切勿矯枉過正。我跟東正教的神學家一樣，並不以為人類與上帝的關係**基本上**是一種法律上的關係，或代贖**基本上**是懲罰性的。同時我又體會到，在一定意義上，基督是十字架上的受害者，同時也是勝利者。這是一個微妙和敏感的議題。[63]

首先，在修正過程當中，需要澄清一般的代贖觀念中幾個問題。其中一點，代替受刑的理論起始於護教，非源於釋經或神學。這本來是道成肉身的理性解釋。安瑟倫(Anselm)旨在解答上帝為何成為人(*Cur Deus Homo*)。那時是中古時代，他便按當時的社情來處理這個問題。

當時的社會普遍認定人若干犯上天，則需補償。安瑟倫預設當時社會責任的觀念，從而解釋何以上帝在基督裏便能得著無限滿足。以後，加爾文(他是一位律師)也採納這個觀念，只稍作修改，聲稱只有懲罰才能消弭忿怒。這便是發生在十架上的事——上帝在基督身上施行報復(《基督教要義》2.16.1～5)。

當然，從神學角度來看，這產生一個奇怪的現象。它把聖父陷於與聖子敵對的地位，並認為上帝是不大願意饒恕。這樣，恩典便附帶懲罰的條件，人因此以為聖父其實是恨惡罪人的，除非怒氣全消，否則無法愛這些人。這樣，便抹殺了一個重點，聖父才是主動透過基督與世人修好的那位。

上帝**並非**要待怒氣全消才願向人施恩。祂不是人類的敵人，卻是出於愛祂才差愛子到世上來。惟有是愛帶來道成肉身和代贖，而非忿怒。我們的主這種捨己揭示了一位恩慈的上帝，祂不是怒氣沖沖的。

不錯，上帝要嚴厲看待罪惡，跟著才赦免。只是祂不用苦苦哀求便樂意赦免。切記這個基本的真理，十架叫世人與上帝和好，不是叫上帝與世人和好(林後五19)。上帝是那位復和者，祂不是要求復和的那位。上帝是復和的主體，不是客體。把耶穌帶來世界，是因為對罪人的愛，不是忿怒。

上帝沒有棄絕祂的獨生子——以色列棄絕祂，羅馬人懲罰祂。上帝所做的，乃是稱祂為義，並使祂從死裏復活。基督作為一個罪人死了，並在罪人的手下受了律法的咒詛。耶穌的敵人判祂死罪，其實他們自己才該受死。耶穌祈禱時，深明上帝的心意，說：「父阿！赦免他們；因為他們所作的，他們不曉得。」[64]

挑戰一些過時的傳統需要勇氣。甚至《天主教教理》已經留意到耶穌非為滿足聖父而死，祂的一生乃是為代贖，卻未有修正這些傳統；雖然教會內外要求修改的聲音不絕（第606～607段）。

神學的重建

那麼，上帝放棄十架上的耶穌又有甚麼意義？很明顯，耶穌不是平靜地死去，祂是極度不安和困擾。祂哀號：「我的上帝！我的上帝！為甚麼離棄我？」（可十五34）雖然祂是上帝的兒子，但在某方面而言，祂是被上帝棄絕（可十五39）。聖父轉臉——祂們當中有阻隔。耶穌哀求釋放，卻墮入幽暗中。在這一切遭遇當中，祂那位信實的上帝究竟在哪裏？

要明白這點，我們務要堅持那代表的範疇。耶穌是末後的亞當，祂的人生旅程代表整個人類。這次十架酷刑，祂不是惟一的受害者。祂作我們的代表，代替我們生、死和復活。祂代表我們信靠上帝，與我們同死，又代表我們復活。因祂的死亡，我們都死了（林後五14）。這表示在各各他所顯出的怒氣，是向那位罪人的代表而發的。怒氣是向所代表的舊人類爆發。耶穌不是以第三者的身分，也不是作為個別的受害人，乃是作為人類的代表來承受這些怒氣。上帝的忿怒是直指老亞當的團隊。

罪在基督裏受到審判和懲罰，卻不是按照法律的理念。我們所見到的，乃是愛戰勝一切敵對和疏離。這是一齣「神劇」(theodrama)，上帝在其中佈施不死之藥。上帝未有棄絕在十架的聖子，相反，那一刻父對祂的愛是空前濃烈的。[65]

審判臨到代替我們死的聖子身上，罪在十字架上便被克勝。祂踏上死亡和與上帝隔絕的苦路。祂被交出，有罪的人類從此得著釋放。正如巴特說，關鍵在於「祂親身結束我們作罪人的日子，祂是站在我們位置的那位，祂走向死亡，從而解決了罪。祂親自把我們這些罪人和罪一起交出，加以毀滅。祂把現今這邪惡的世界埋在自己的墳墓裏。」

十架戰勝了罪。藉著十架和復活，上帝戰勝了罪和死亡。基督的死不單針對過犯，並且直刺疏離，克服混亂。這不單是遮蓋，乃是死中之死。作為人類公敵的罪被擊潰。各各他就像個黑洞，死亡和律法權勢，忿怒和疏離，統統被吸了進去，全然消滅。

聖靈勇往直前，祂召喚我們進入復和當中，並且憑信心實現所盼望的。上帝在基督裏與世人復和，人不用求上帝，祂已把每個人都包括其中。復和的效力不只是加入，也並非不退出。我們憑信在上帝先前的「是」加進我們的「是」。[66]上帝作為被遺棄和沒有神的人的上帝，當祂藉基督叫世人與自己和好的時候，上帝乃是與基督一同受苦。「聖子受苦，聖父親嘗被遺棄的苦痛。聖子的死亡，死亡竟臨到上帝自己。聖父愛被遺棄的人，也就甘願承受喪子之痛。」[67]

根據法律觀點，視神聖烈怒為伸張正義的怒火，上帝是報復心切的。然而忿怒並非是上帝陰暗面，阻撓施恩，堅持罰惡。它乃是上帝拯救公義的一個面向。這是上帝拯救行動的另外一面，且是服事恩典的。即使在烈怒中，恩典仍然工作。人類不是預定受刑罰的，乃是預定得救(帖前五9)。上帝寧可不發怒：「我必不發猛烈的怒氣。」(何十一9)祂盼望憐恤人(羅十一32)。十字架所反映的，不是上帝渴望報復，而是祂決意克服疏離和轄制。要成就這事，便靠賴耶穌的參與性旅程，而聖靈要把我們吸引進去。基督的死表達對聖父的順服，祂代表我們，便把我們從罪和隔絕中釋放出來。作為復活主，祂與我們同在，使祂的旅程成為我們的。我們靠著聖靈，自己開展這個旅程和經歷蛻變。基督不是平息神聖怒氣；祂的死亡和復活構成救贖事件，我們被吸引進入其中。[68]

代贖最好透過三位一體的架構去了解，尤其與聖子和聖靈的使命相關。因著聖子的參與性旅程，以及聖靈把我們加插進這旅程，代贖便得以體現。這個行動撤消目前的世界秩序，並且為新創造開闢道路。人被呼召參與這些事件，把自己沉浸於這個進程當中。

耶穌基督進入我們的處境當中，成為一體，承受我們所要承受的，包括死亡。祂又從死裏復活、被稱為義和得榮耀。祂走過我們必須經歷的過程，為我們完成拯救。藉著我們救恩的先鋒，上帝在人類處境中產生改變。我們被引進基督代表性旅程，便能得著醫治。十架為每個藉洗禮與祂的死聯合的人帶來各樣的福氣。保羅這樣論及自己：「現在我為你們受苦，倒覺歡樂；並且為基督的身體，就是為教會，要在我肉身上補滿基督患難的缺欠。」(西一24)[69]

作為一樁三位一體事件，十架是聖靈的工作，也同時是聖父和聖子間發生的事件。聖靈把基督帶到十架，事後又把祂高舉。甚至在最痛苦的隔絕時刻，聖靈仍舊是那愛的聯合，連結聖父和聖子。祂們之間的距離由聖靈彌合，聖靈又從其中澆灌世界。世界的苦難觸動了上帝的心，祂便向被輕視和不虔誠的發出憐憫。[70]

代贖**也有**法律的層面，卻不應壓倒和掩蓋其他方面。人的罪疚固然是個問題，然而十架的目的並非止於無罪省釋。就像何西亞的婚姻，上帝希望我們與祂的關係得以挽回。耶穌代替我們承受刑罰，祂為我們承擔罪的後果。祂不是以第三者的身分承受這些事，祂乃是末後的亞當。上帝在祂裏面對付老亞當的聯盟。審判不是落在愛子身上，乃是落在我們的代表，也就是落在我們身上了。基督拯救罪惡的人類脫離應受的毀滅。

代贖的參與性模式跟法律觀念有不同的訴求和理路。這模式描繪一個世界，其中的人類死去，卻在基督裏活過來。代贖關乎新創造和呼召我們憑信進入新創造的聖靈。[71]

透過聖靈的歷史，我們可以了解耶穌的工作。這樣做不單不會否定基督論，反因為高舉基督作為新羣體的受膏代表，使基督論更為充實。聖靈使耶穌成孕、使道與肉身聯合，並且完成參與性旅程。道成肉身倚賴聖靈的工作，並且展示祂是從聖靈得力作人類的代表，實現創造的目的，和透過重演人的旅程來醫治人類。

我一方面提出一個關係性的聖靈基督論，卻無意否定代替受罰的代贖模式的真理。恩典為了對付罪，法律對我們公正的裁判便須靜默。我們採用的神學比喻，又無法完全以家庭住所來取代法院。只是叫人詫異的是，審理這宗案件的法官竟是愛我們的，並且渴望與我們建立友誼。這兩種洞見是可以融合的。

這個進路也有實用的一面：道的基督論強調我們與耶穌有別，聖靈基督論卻突出我們可以如何像祂。聖父差遣我們，正如祂差遣聖靈充滿的耶穌。在耶穌身上作工的能力同樣在我們身上工作。聖靈既然在基督裏為神國築起了橋頭堡，祂便預備人在新秩序中生活，並且在各處散播更新和轉化的種籽。生命在死亡中冒出，而聖靈在工作，引領勞苦歎息的萬物，走向復活。

註釋：

1 「彌賽亞」作為頭銜，見Richard N. Longenecker, *The Christology of Early Jewish Christianity* (London: SCM Press, 1970), pp. 63～82。Gerald F. Hawthorne, *The Presence and the Power: The Significance of the Holy Spirit in the Life and Ministry of Jesus* (Dallas: Word, 1991)是惟一一本書，探討耶穌在事奉當中的聖靈。 James D. G. Dunn, *Jesus and the Spirit* (London: SCM Press, 1975)名不副實，未有專注於聖靈基督論上。

2 Roger Haight, "The Case for Spirit Christology"，載 *Theological Studies* 53(1992): 257～87; Ralph Del Colle, "Spirit Christology: Dogmatic Foundations for Pentecostal-Charismatic Spirituality"，載 *Journal of Pentecostal Theology* 3(1993): 91～112。Edward Irving 集中探討聖靈在耶穌的人性身上的工作；參 Gordon Strachan, *The Pentecostal Theology of Edward Irving* (Peabody, Mass.: Hendrickson, 1988)。

3 Jean-Jacques Suurmond, *Word and Spirit at Play: Towards a Charismatic Theology* (Grand Rapids, Mich.: Eerdmans, 1995), pp. 46～47.

4 Yves Congar, "The Place of the Holy Spirit in Christology"，收於*The Word and the Spirit* (London: Geoffrey Chapman, 1986), chap. 6 ; Aloys

Grillmeier, *Christ in Christian Tradition*, 2nd ed.（Atlanta: John Knox, 1975), 1: 106～149.

5 Lewis B. Smedes, *Union with Christ: A Biblical View of the New Life in Jesus Christ*, rev. ed.（Grand Rapids, Mich.: Eerdmans, 1983); Trevor A. Hart, "Irenaeus, Recapitulation and Physical Redemption"，收於 *Christ in Our Place*, ed. Trevor A. Hart and Daniel P. Thimell（Exeter, U. K.: Paternoster, 1989), pp. 152～181。

6 關於藉與基督聯合而得救，參Robert Letham, *The Work of Christ*（Downers Grove, Ill.: InterVarsity Press, 1993), pp. 152～181。

7 "The Joint Mission of the Son and the Spirit"，收於*Catechism of the Catholic Church*, pp. 181～182。〈尼西亞信經〉加入「和子」（*filioque*），似將聖靈從屬聖子，因此，本人並不贊同。Jürgen Moltmann, *The Spirit of Life: A Universal Affirmation*（Minneapolis: Fortress, 1992), pp. 71～73, 306～309。

8 希臘教父Irenaeus在 *Against Heresies* 中針對諾斯底派，他強調創造和拯救的延續性。諾斯底派認為世界本來是罪惡的，他們拒絕承認耶穌基督的上帝就是創造的上帝。Irenaeus駁斥他們，強調上帝同是創造的主和拯救的主，而聖靈活躍於這兩個範疇當中。Alasdair I. C. Heron, *The Holy Spirit*（Philadelphia: Westminster Press, 1983), pp. 64～67。

9 Stuart C. Hackett, *The Reconstruction of the Christian Truth Claim: A Philosophical and Critical Apologetic*（Grand Rapids, Mich.: Baker Book House, 1984), pp. 64～67.

10 Wolfhart Panneberg, "The Reality of God and the Gods in the Experience of the Religions", *Systematic Theology*, vol. 1（Grand Rapids, Mich.: Eerdmans, 1991), chap. 3.

11 待至第六章才討論和子這問題，不過我卻認為這足以影響承認聖靈在基督以外，且先於基督而運行。

12 J. M. Nouwen 對Rembrandt的繪畫藝術和比喻有精闢見解，見*The Return of the Prodigal Son*（New York: Doubleday, 1994), pp. 44, 78。

13 Michael Welker, *God the Spirit*, trans. John F. Hoffmeyer（Minneapolis: fortress, 1994), chap. 2.

14 David Ewert, *The Holy Spirit in the New Testament*（Scotdale, Penn.: Herald, 1983), pp. 27～32; Welker, *God the Spirit*, chap. 3; Moltmann, *Spirit of Life*, pp. 51～57.

15 Joachim Jeremiahs, *New Testament Theology: The Proclamation of Jesus*（New York: Charles Scribner's Sons, 1971), pp. 76～85; Hawthorne, "The Spirit in the conception and Birth of Jesus"，收於*The Presence and the Power*, chap. 2; Pannenberg, *Systematic theology*, 2: 168～174。

16 我同意福音記錄的可靠性。作為一位神學家，我帶著贊同來思考，意思是說，作為耶穌基督的信徒，我是在上帝啟示的脈絡中來思考的。不過，這不是無保證的跳躍，乃是頗有根據的假設。有關近日對耶穌的辯論，參Michael J. Wilkins和 J. P. Moreland eds., *Jesus Under Fire* (Grand Rapids, Mich.: Zondervan, 1995)以及 Gregory A. Boyd, *Cynic, Sage or Son of God ?* (Wheaton, Ill.: Victor, 1995)。

17 James D. G. Dunn, "The Spirit of Jesus"和"The Spirit and the Body of Christ"，收於 *The Holy Spirit: Renewing and Empowering Presence*, ed. Georgge Vandervelde (Winfield, B. C.: Wood Lake Books, 1988), pp. 11～12, 17～18; Heribert Muhlen, *A Charismatic Theology: Initiation in the Spirit* (London: Burns and Oattes, 1978), pp. 105～109。

18 James B. Shelton, *Mighty in Word and Deed* (Peabody, Mass.: Hendrickson, 1991), pp. 119～120。關於聖子的自我倒空，詳見Walter Kasper, *The God of Jesus Christ* (New York: Crossroad, 1986), pp. 189～197。

19 有關不敢直言聖靈，參Eduard Schweizer, *The Holy Spirit* (London: SCM Press, 1980), pp. 47～50。

20 C. K. Barrett, *The Holy Spirit and the Gospel Tradition* (London: SPCK, 1947), pp. 5～24; Jürgen Moltmann, *The Way of Jesus Christ: Christology in Messianic Dimensions* (San Francisco: Harper & Row, 1990), pp. 78～87; Shelton, "Holy Spirit and the Infancy Witness", *Mighty in Word and Deed,* chap. 2。

21 Hawthorne, "The Spirit in the Boyhood and Youth of Jesus", *The Presence and the Power,* chap. 3.

22 Dunn, "Jesus' Experience of God-Sonship", *Jesus and the Spirit,* chap. 2; John J. O'Donnell, *The Mystery of the Triune God* (New York: Paulist, 1989), chap. 3; Moltmann, *Way of Jesus Christ*, pp. 87～94.

23 James D. G. Dunn 在水禮和靈洗當中打入一枚楔子，使前者顯得不重要：*Baptism in the Holy Spirit* (London: SCM Press, 1970), pp. 32～37。這一舉動是典型的新教自由教會所為，不過曲解了經文。見 Shelton, *Mighty in Word and Deed*, chap. 4; Moltmann, *Way of Jesus*, pp. 87～94。

24 Hawthorne, "The Spirit at the Baptism and Temptation of Jesus", *The Presence and the Power,* chap. 4; Thomas A. Smail, *Reflected Glory: The Spirit in Christ and Christians* (Grand Rapids, Mich.: Eerdmans, 1975), pp. 90～103.

25 Edward Irving思想中基督的人性，參Strachan, *Pentecostal Theology of Edward Irving*。

26 Shelton, "The Holy Spirit and Jesus' Temptation", *Mighty in Word and Deed,* chap. 5; Ewert, *Holy Spirit in the New Testament*, pp. 54～57.

27 Hawthorne, "The Spirit as the Key to the Kenosis", *The Presence and the Power,* chap. 7.

28 Welker, *God the Spirit*, pp. 195～203; Hawthorne, "The Spirit in the Ministry of Jesus", *The Presence and the Power,* chap. 5; Shelton, *Migbty in Word and Deed*, chap. 6; Roger Stronstad, *The Charismatic Theology of*

St. Luke (Peabody, Mass.: Hendrickson, 1984), pp. 42～46; Moltmann, *Way of Jesus*, pp. 94～136。

29 Welker, *God the Spirit*, pp. 211～219。經文指出不肯真心悔改的，將被摒諸國度之外。這些人明知真理，卻妄加反對。沒有別的人較他們更應被摒諸門外。

30 Rene Latourelle, *The Miracles of Jesus and the Theology of Miracles* (New York: Paulist, 1988), pp. 257～262; Shelton, *Mighty in Word and Deed*, chap. 7.

31 O'Donnell, "Trinity and the Pascal Mystery", *Mystery of the Triune God*, chap. 4; Moltmann, *Spirit of Life*, pp. 62～65; Hawthorne, "The Spirit in the Death and Resurrection of Jesus", *The Presence and the Power*, chap. 6; Richard Foster, *Prayer: Finding the Heart's True Home* (San Francisco: Harper San Francisco, 1992).

32 Moltmann, *Spirit of Life*, pp. 65～66; Hendrikus Berkhof, *The Doctrine of the Holy Spirit* (Atlanta: John Knox Press, 1964), pp. 104～108; Richard B. Gaffin, *Resurrection and Redemption: A Study in Paul's Soteriology* (Grand Rapids, Mich.: Baker Book House, 1978), pp. 66～70; Stephen T. Davis, *Risen Indeed: Making Sense of the Resurrection* (Grand Rapids, Mich.: Eerdmans, 1993), chap. 9.

33 Del Colle, "Spirit Christology", p. 97; Berkhof, *Doctrine of the Holy Spirit*, pp. 20～21; Kasper, *God of Jesus Christ*, pp. 184～189; Grillmeier, *Christ in Christian Tradition*, 1: 108～109,167～169。在巴特(Karl Barth)的思想中，道的基督論也將聖靈導向的理解邊緣化；參Philip Rosato, "Christology in a Pneumatic Framework", *The Spirit as Lord: The Pneumatology of Karl Barth* (Edinburgh: T & T Clark, 1981), chap. 8。

34 O'Donnell, *Mystery of the Triune God*, pp. 80～84.

35 Paul W. Newman, *A Spirit Christology: Recovering the Biblical Paradigm of Christian Faith* (Lanham, Md.: University Press of America, 1987); John Hick, *The Metaphor of God Incarnate: Christology in a Pluralistic Age* (Louisville, Ky.: Westminster John Knox, 1993).

36 Ralph Del Colle, "Pneumatological Christology in the Orthodox Tradition"，收於*Christ and the Spirit: Spirit Christology in Trinitarian Perspective* (New York: Oxford University Press, 1994), chap. 1; Yves Congar, *I Believe in the Holy Spirit*, 3 vols. (New York: Seabury, 1983), 3: 165～173.

37 這觀念可以追溯至Irenaeus，它認為道成肉身就是上帝親自重演人的旅程。基督是人類的代表，總結、轉化、結束和恢復我們處境的各個層面。有關解釋，參Jean Danielou, *Gospel Message and Hellenistic Culture* (London: Darton, Longman & Todd, 1973), pp. 166～183; Aidan Nicholls, *The Art of God Incarnate: Theology and Image in Christian Tradition* (London: Dartomn, Longman & Todd, 1980)。

38 T. F. Torrance, *Theology in Reconstruction* (London: SCM Press, 1965), p. 248.

39 很少作者留意基督作代表的意義。Dorothee Solle是例外：*Christ our Representative*（Philadelphia: Fortress, 1967）。

40 E. P. Sanders, *Paul and Palestinian Judaism: A Comparison of Patterns of Religion*（Minneapolis: Fortress, 1977), pp. 467～468, 549.

41 Douglas Farrow, "St. Ireaneus of Lyons" ，載於*Pro Ecclesia* 4 (1995): 333～355。關於主詞屬格，參Ricahrd N. Longenecker, *Galatians*（Dallas: Word, 1990), p. 87。

42 *Catechism of the Catholic Church*, 第518段。

43 Gustaf Aulen, *Christus Victor: An Historical Study of the Three Main Types of the Idea of Atonement*（London: SPCK, 1953), chap. 2; Pannenberg, Systematic Theology, 2: 403～404.

44 Donald G. Bloesch, *Jesus Is Victor: Karl Barth's Doctrine of Salvation*（Nashville: Abingdon, 1976), chap. 3～4. Morna Hooker 發現耶穌代表性的旅程的拯救母題遍佈新約：*Not Ashamed of the Gospel: New Testament Interpretations of the Death of Christ*（Grand Rapids, Mich.: Eerdmans, 1994）。Kenneth Grayson 也在新約中發現參與性的代贖：*Dying We Love: A New Enquiry into the Death of Christ in the New Testament*（New York: Oxford University Press, 1990）。

45 Gaffin, *Resurrection and Redemption*, pp. 114～127; Christian D. Kettler, *The Vicarious Humanity of Christ and the Reality of Salvation*（New York: University Press of America, 1991).

46 Pannenberg, *Systematic Theology*, 2: 429～437.

47 關於感通一體的理路，參Walter Kasper, *Jesus the Christ,* trans. V. Green（New York: Paulist, 1976), pp. 204～205, 215～225; Pannenberg, *Systematic Theology*, 2: 419～421,429～430。

48 Karl Rahner, *Foundations of Christian Faith*（New York: Seabury, 1978), p. 200.

49 基督作為末後的亞當，參James D. G. Dunn, *Christology in the Making: A New Testament Inquiry into the Origins of the Doctrine of the Incarnation*（Philadelphia: Westminster Press, 1980), chap. 4; Russell P. Shedd, *Man in Community: A Study of Paul's Application of Old Testament and Early Jewish Conceptions of Human Solidarity*（London: Epworth, 1958); C. Marvin Pate, *Adam Christology as the Exegetical and Theological Substructure of 2 Corinthians* 4:7～5:21（New York: University Press of A, Erica, 1991), pp. 97～98, 144～147.

50 Hendrikus Berkhof, *Christian Faith: Am Introduction to the Study of the Faith,* trans. Sierd Woudstra（Grand Rapids, Mich.: Eerdmans, 1986), pp. 319～320.

51 Clark H. Pinnock, "Salvation by Resurrection "，載 *Ex Auditu* 9(1993): 1～11; Anthony J. Tambasco, *A Theology of Atonement and Paul's Vision of Christianity*（Collegeville, Minn.: Liturgical, 1991), pp. 76～81。

52 Smail, "His Life-Giving Body", *Reflected Glory*, chap. 9; Keith Ward, *Religion and Revelation* (Oxford: Clarendon, 1994), pp. 299～302; Stephen T. Davis, "Resurrection and Meaning"，收於*Risen Indeed: Making Sense of the Resurrection* (Grand Rapids, Mich.: Eerdmans, 1993), chap. 10.

53 Tambasco, *Theology of Atonement*, pp. 185～193.

54 Rahner, *Foundations of Christian Faith*, pp. 297～298.

55 Pannenberg, *Systematic Theology*, 2: 136, 389～396.

56 Karl Barth, *Church Dogmatics* 4/1, trans. G. W. Bromiley (Edinburgh: T & T Clark, 1956), pp. 157～210.

57 父放棄愛子的意象源自亞伯拉罕捆綁以撒：Jon D. Levenson, *The Death and Resurrection of the Beloved Son: The transformation of Child Sacrifice in Judaism and Christianity* (New Haven, Conn.: Yale University Press, 1993)。

58 John V. Dahm, "Dying with Christ"，載*Journal of the Evangelical Society* 36 (1993): 15～23。Colin E. Gunton, "Christ the Sacrifice; A Dead Metaphor?"，收於 *The Actuality of Atonement* (Grand Rapids, Mich.: Eerdmans, 1989), chap. 5。比較Leon Morris, *The Atonement: Its Meaning and Significance* (Downers Grove, Ill.: InterVarsity Press, 1983); Hooker, *Not Ashamed of the Gospel*, pp. 43～44。

59 Pannenberg, *Systematic Theology*, 2: 449～454.

60 C. S. Lewis, *Mere Christianity* (London: Collins, 1952), pp. 53～58, 153, 及*The Lion, the Witch and the Wardrobe* (London: Penguin, 1959), p. 148; Richard L. Purtill, *C. S. Lewis' Case for the Christian Faith* (San Francisco: Harper & Row, 1981), pp. 49～52; Richard B. Cunningham, *C. S. Lewis: Defender of the Faith* (Philadelphia: Westminster Press, 1967), pp. 115～116。

61 Millard J. Erickson, *Christian Theology* (Grand Rapids, Mich.: Baker Book House, 1983), pp. 815～816; Wayne Grudem, *Systematic theology: An Introduction to Biblical Doctrine* (Grand Rapids, Mich.: Zondervan, 1994), pp. 574～579; James I. Packer, "What Did the Cross Achieve? The Logic of Penal Substitution"，載*Tyndale Bulletin* 25 (1974): 3～45。

62 John R. W. Stott, *The Cross of Christ* (Downers Grove, Ill.: Inter-Varsity Press, 1986), pp. 7～12.

63 Ernst Benz, *The Eastern Orthodox Church, Its Thought and Life* (New York: Doubleday, 1963), pp. 43～47; Daniel B. Clendenin, *Eastern Orthodox Christianity: A Western Perspective* (Grand Rapids, Mich.: Baker Book House, 1994), pp. 120～125; Timothy Ware, *The Orthodox Church* (London: Penguin, 1963), p. 234.

64 Pannenberg, *Systematic Theology*, 2: 403～416.

65 Karl Barth, *Church Dogmatics* 2/1, trans. T. H. L. Parker (Edinburgh: T & T Clark, 1957), pp. 351～406及 4/1, pp. 211～283。 Donald G. Bloesch,

"Re-interpreting the Atonement", *Jesus Is Victor*, chap. 4。

66 Bartn, *Church Dogmatics* 4/1, pp. 253～254.

67 Jürgen Moltmann, *The Crucified God* (London: SCM Press, 1974), pp. 292, 145～153, 178～196; E. Frank Tupper, *A Scandalous Providence: The Jesus Story of the Compassion of God* (Macon, Ga.: Mercer University Press, 1995), pp. 371～389.

68 代贖作為參與性旅程，見Tambasco, *Theology of Atonement*。

69 Clark H. Pinnock和Robert C. Brow, *Unbounded Love: A Good News Theology for the 21st Century* (Downers Grove, Ill.: InterVarsity Press, 1994), chap. 9。不以商業角度理解保羅，詳Douglas Campbell, "The Atonement in Paul"，載 *Anvil* 11 (1994): 237～250; Pannenberg, *Systematic Theology*, 2: 425～429。

70 關於三位一體受苦的奧祕，見O'Donnell, *Mystery of the Triune God*, chap. 4。

71 Barth, *Church Dogmatics* 4/1, p. 253，章題為"The Judge Judged in Our Place" (pp. 211～283)。

第四章

聖靈與教會

我們可以從好些角度來理解教會：組織、聖禮、先鋒、僕人、基督的身體、羣體等等。這裏，讓我們從聖靈的立場來理解。讓我們視教會為聖靈恩膏事件——就是耶穌基督的延續。很自然的，我視聖靈在五旬節那天始創的羣體，乃是要延續耶穌的天國事工，且要成為耶穌所代表的新人類的初熟果子。聖靈臨在於教會的新生，也臨在於伯利恆，而教會必須跟耶穌一樣依賴聖靈的能力，教會同樣是聖靈歷史中的一樁事件。

復活的主首先做的事就是向門徒吹一口氣，然後差派他們傳道(約二十21～22；徒一8)。這樣，我們便意識到一個事實，教會的成效，不是靠人的能力，或透過事工達致的，乃是上帝運行的大能。像蒼鷹毫不費勁地在夏日的晴空翺翔，教會照樣飄游在上帝聖靈的風中，不住地讓能力把它推向列國。當想到教會往往是那麼沉重和消極的時候，這是一幅溫暖人心、生氣勃勃和充滿希望的圖畫。教會存在的目的就是要實現在聖靈裏受洗的種種含義。[1]

過去在耶穌身上開始顯現出來的上帝的國度，在耶穌復活以後，要透過得力的門徒羣體繼續改變世界。教會是耶穌受膏的延續多於道成肉身的延續。耶穌是教會的原型，教會如今在聖靈裏接受自己的洗。那維繫耶穌與聖父關係又賜能力給祂事奉的聖靈，如今呼召教會進到那關係中，又賜它能力延續使命。耶穌返回天上以後，天上的殖民地要過著有能力的生活，經歷國度的自由。聖靈居住在教會，作為永存不朽的五旬節，並且把各樣恩賜傳給各成員。聖靈教會論並非著眼於會友的素質，乃注重在他們當中運行和藉著他們工作的上帝大能。[2]

正如上一章指出，耶穌基督的代表性和參與性旅程催發所應許的聖靈澆灌。耶穌代表我們走完死亡的路，祂被上帝稱義，為使世界更新變化，祂把聖靈澆灌凡有血氣的。五旬節透過受苦節和復活節的改變大能，扭轉歷史，這樣便完成了這些事件。基督來叫人得自由，如今出現一個居住在上帝愛中的羣體，自由地生活，具體展現上帝——聖父、聖子和聖靈——的恩典。如今這賜生命的靈因著復活，基督便以嶄新的形式在歷史中出現，透過聖靈把生命帶給世界，這聖靈能夠使祂的代表性旅程在人的生命中得以實現。

末後的亞當正在形成一個新的聯盟，像人一樣擴大自己。耶穌曾一度困居巴勒斯坦，現在則是一個由經歷了靈洗的信徒所組成的嶄新國際性羣體的首領，這些信徒有份於祂復活的生命。「基督在你們心裏成了有榮耀的盼望」(西一27)，這奧祕有何等豐盛的榮耀。那復活的一位正透過一個倚靠聖靈能力而活的羣體，在世上完成這救贖的參與性旅程。

基督論中那聖靈從屬聖子的危險，同樣存在於教會論中。因教會是基督的身體，聖靈便被視為外加的，是一個助手。事實倒是基督不是先設立教會，然後才加上聖靈。聖靈的角色不是次等的。耶穌因聖靈感孕，由馬利亞所生，又在受洗時得著能力傳道，所以教會同樣是由聖靈所生，從聖靈得力。充滿耶穌的聖靈使門徒羣體得著能力，成為上帝拯救工作的媒介。領受了聖靈的耶穌帶著能力事奉，祂把上帝的生命傳遞給教會，以延續使命。教會應像耶穌一樣，要靠內住聖靈的大能存活，切勿靠自己的才智。聖靈吹拂、加力、激發和引導教會。

復活節的敍事焦點，從地上的耶穌轉移到祂的兄弟姊妹這羣體上，他們被同一位聖靈充滿。他們內住耶穌的旅程中，並且與祂同活、同死和同復活。「基督的身體」不再單指耶穌物質的存在，更是一個集體性用詞，指活像基督的羣體。甚至**基督**一詞本身便可指加入這羣體和分享祂復活生命的人。正如身體有許多肢體，基督也是一樣，因為這羣體像祂一樣受洗和被膏抹（林前十二12～13）。回想耶穌怎樣質問掃羅為何逼迫祂飽受壓迫的百姓（徒九4），就知道基督和祂的百姓密切相關。我們不單在聖道和聖禮中與這位復活者相遇，我們彼此相聚的時候，也是與主相遇的時間。「有兩三個人奉我的名聚會，那裏就有我在他們中間。」（太十八20）

第二次梵蒂岡會議補充了第一次會議有關教權的理解，視教會是基督的身體，由聖靈管理和維持。「基督從死裏復活，便差遣賜生命的聖靈降臨門徒身上，並且藉同一位聖靈建立祂的身體——教會，作為救恩的普世聖禮。」（《論教會的教理憲章》〔*Dogmatic Constitution on the Church*〕第48段）雖然會議結束後，就如何在地方教會中應用這教會論，曾一度出現爭議，然而這仍是一個偉大的舉措。藉著引領聖品和平信徒親身經歷聖靈，有助靈恩的更新運動，只是在我們所有的傳統中，有關這方面理論與實踐之間的鴻溝，則有待收窄。[3]

教會是基督的器具，受命藉聖靈的能力延續祂的工作。用聖靈給我們施洗的那位，既是羔羊和上帝的僕人（約一29、33），這能力也就與別不同。這是頗為弔詭的，一方面這是創造的能力，它同時又是受苦大愛的能力，但卻沒有取掉我們的軟弱或消除我們的痛苦。十架顯明這能力的本質和取向，受苦的愛給耶穌力量勝過世界。渴求世界權勢出自人的血氣。聖靈大能乃來自被釘的那位，渴求這能力只為投入祂的使命。教會是上帝藉聖靈居住的所在（弗二22）。「我必使氣息進入你們裏面，你們就要活了。」（結三十七5）惟有上帝向教會吹氣，教會才可以延續基督的使命。[4]

聖靈雖是無所不在，也並非局限於教會，但聖靈臨在這羣體卻意義重大。千多年以來，聖靈一直期待更有力地、更強烈地和更具拯救能力向人類的身體吹氣。五旬節為聖靈提供了一個自由作工的空前機會。這是給上帝開放的一個愛的羣體，一處（原則上）讓國度更能充分實現的地方，上帝在歷史中更具決定性的一次臨在。因為耶穌基督的參與性旅程，給聖靈興起更多機會。

聖靈雖是無處不在，但臨在於認識復活主的人當中，效應更大，聖靈可以在那裏更熱切工作，促進人類更新。聖靈在耶穌身上便曾經歷這樣的自由，可惜這樣的機會因祂的死亡被扼殺。只是，因復活耶穌得稱為義，轉化世界的運動得以繼續向前邁進。

羣體是重要的，因為上帝不願個別門徒只在心中暗暗表達信仰。人類經驗本身便是社羣的，信仰同樣需要以集體形式表現。信仰要作為教會性，且要獲得公開確認。聖靈在教會有既得利益。教會中不同的人，他們承認耶穌基督，便可以參與神聖生命。耶穌基督的使命就是為人類帶來盼望和最終給列國帶來公義，而這使命已經傳遞到信徒羣體那裏，又實踐這使命所需的能力已經轉到這羣體身上。[5]

在上帝的計劃中，羣體是核心的，因羣體可以讓三位一體的關係性在這創造秩序中反映出來。這樣的反照為上帝帶來喜悅，同時又使我們，這半超越和關係性的生命得著滿足。我們照著上帝的形像被造——但乃是各有不同的受造物、有男有女——但我們會因羣體而雀躍。葛倫斯(Stanley Grenz)指出：「上帝要完成一個復和的創造(reconciled creation)，人在當中要透過彼此之間的關係，透過與宇宙世界的關係，反映三位一體上帝的實相。上帝一切的作為就是要建立這個復和愛的羣體，好反照社羣的三一——這乃神聖的本質——就是愛。」[6]

聖靈是教會論的核心，因為在歷史中，祂是人與人之間團契的源頭，在永恆中，是聖父和聖子之間愛的聯合。某程度而言，世上的團契對應天上的團契。三位一體是一個開放和邀請人的團契，聖靈期望教會也一樣，有如此的回應。上帝希望從我們當中聽到祂生命裏頭這種活潑關係的回響，指望那未來的國度。教會作為一個互惠和捨己的地方，就能活出三位一體生命。我們彼此間的團契，最終關乎我們與聖父和聖子的關係(約壹一3)。**團契**同時指神聖生命和羣體生命，因為這羣體就是要表現三位一體的相交，也是教會的本體論基礎。[7]

正如基督作為末後的亞當成了新人類的化身，教會一方面也要這樣，並且預示未來的世界。上帝心目中的世界是接受恩典又願意回應愛的，這就是門徒羣體應有的表現。有時候，教會只是眾多社交網絡的其中一個，不過卻有更遠大的前途。當教會活出復活生命(Easter life)，便足能標誌行將出現的上帝的管治。這個人間集會指向末日出現的更大型集會，又預見上帝對世界所要成就的結局。耶穌的復活原則上實現了創造的目的。如今這目的要在一個羣體成形，而這羣體就是未來初熟的果子，又是人類關係可以出現的典型，就是上帝所規劃的世界的一個記號。[8]

五旬節那天，教會領受聖靈，因此成了耶穌受膏作基督的歷史延續。那位在水和聖靈中受洗的，現在給門徒施洗。為了藉他們來延續自己的工作，耶穌把聖靈移交給門徒。這位承載聖靈的如今用聖靈給別人施洗，使祂的見證透過言語和行動得以繼續，同時也是其先知和靈恩事工的延續。

教會藉聖靈的大能有份於基督的使徒職分，為這個世界而存在，而非為自己。上帝目睹新人類行將出現，祂的確以自己的百姓為樂(番三17)。神國的福氣如今得以流向世界，並且，這個羣體在上帝的指揮下，基督的大能作為得以延續，不住擴展。地上要出現一個新的家族，有弟兄姊妹，其中基督是長子(羅八29；來二11)。藉著宣講、聖禮和宣教，耶穌的記憶在這裏歷歷在目。[9]

在這個愛心得以完全的羣體中（約壹四12），世界也開始漸漸變得「像基督」（christomorphic）。這樣的羣體就是要說明上帝對世界的期望。五旬節那天，受到傷害而破碎的世界開始痊癒。世上各處的人走在一起，開始互相了解。一個羣體便形成，其中滿有分歧，卻因著期待國度降臨的緣故而團結起來。列國的人歸主預示福音遍傳普世。門徒在聖靈中受洗，成為一個聖靈的媒體、一個上帝在其中工作、挽救世界脫離自我毀滅的羣體。五旬節那天，上帝開始使疏離的世界向著目標和神聖生命進發。米高・韋爾加（Michael Welker）有這樣的話：「上帝澆灌聖靈，為自己產生一個包容世界、多種語言的、綜合個別人的（poly-individual）見證。」教會是耶穌基督臨在世界的聖禮。[10]

能力與臨在

教會像耶穌一樣，從聖靈得力來完成使命。這能力必須在我們裏面運行，外表形式是不夠的（弗三20；提後三5）。上帝的國度不在乎空談，乃在乎權能（林前四20）。外面的人應能感受到其中發生生命的改變（林前十四25）。上帝不只是要教會擠滿人，祂更期望（也是世界的需要）人滿有聖靈。

讓我們來討論權能在教會這個課題，就是聖靈如何為著完成使命而藉聖禮和靈恩臨在教會。我們先探討聖禮，進而討論靈恩，跟著以更新的使命結束。[11]

在此先得處理靈與物質的二元論。現代人認為聖靈是可怕的、模糊的、難理解的、神祕的、缺乏實質的，抗拒把聖靈與物質聯繫。我們當中很多人不敢接觸神聖臨在的具體彰顯，而期望聖靈那模糊的、非現實生活的影響力。彷彿以聖靈是「聖零」(譯按：原文是holy ghost〔聖鬼〕，作者也玩文字遊戲），根本不涉及物質實在或改變現實的世情。由是觀之，物質與靈的二元論，並非聖經的觀點，也與古老的共識有雲泥之別。屬靈也有肉體的一面，聖靈不是鬼怪，祂是賜生命的那位，進入和塑造物質領域。我們是有形體的受造物，聖子道成血肉之身，而聖靈要**具體地**在歷史中進行改變。[12]

最初幾個世紀的教會看來是注重禮儀和靈恩的。屬靈和現實融匯一起，只是不能經常保持平衡。中古時期似乎崇尚禮儀多於靈恩；改革時期，禮儀主義又受到打擊。今天更新經常在非禮儀性處境下出現，而很少於以禮儀敬拜上帝的具歷史性的教會發生。火往往在歷史的教會以外的壁爐中燃燒。我在此試圖重尋基督教本來的恩膏和聖禮的雙重向度。[13]

讓我們先探討聖靈能力和臨在的聖禮層面。教會重視敬拜，因教會一直以來，對於上帝在歷史中所成就的和現在所作的，以及自身團契與世界未來的關係，都引以為樂。我們是新人類的初熟果子，我們在期待收割中代表世界敬拜上帝，代表所有人來承認上帝的偉大，並且朝著與上帝聯合的目標勇往直前。我們回應聖靈，愈靠近上帝，愈能粉碎自我為中心的生活，尋求我們人類生命真實的基礎。

敬拜的時候，我們以神祕和禮儀的方式，學效耶穌的人性，踏上祂的旅程。對於教會，耶穌不只是一種歷史的回憶，祂是生命的賜予者，臨在羣體中，一如賜生命的靈。上帝召喚教會用聖靈和真理(in Spirit and truth)來敬拜祂(約四24；腓三3)。既是上帝的殿，聖靈便激勵我們，要向上帝獻上讚美(弗二22；彼前二5)。聖靈怎樣幫助聖子把自己獻給聖父，祂同樣幫助我們藉著聖子來到聖父那裏，與上帝溝通。[14]

物質記號培育上帝和被造物的關係，這些記號幫助我們靠近這高深莫測的奧祕，又叫不可見的恩典成為實在。聖禮存在，純粹因我們是有血肉的受造物，居住在一個物質世界中。理論上聖禮的數目並沒有限制。被造的現實世界充滿聖禮的可能。世界反照上帝的榮耀，因此，只要眼肯看、耳肯聽，萬物都傳遞這種神聖的莊嚴。聖靈既然充滿天地，任何事件或經驗都能觸發對上帝的聯想，帶來祂的臨在。主的使者就是這樣從荊棘火燄中向摩西顯現(徒七30)，還有以利亞在烈風、地震、火和微小聲音中聽到上帝説話(王上十九11～12)。上帝在夕陽輝映和崇山峻嶺中發聲。尤其因人是照著上帝的形像被造，我們在別人身上見到上帝；我們愛他們就是愛上帝，敬重他們如同敬重上帝。我們要知道，聖禮的精神不單在禮拜儀式中不住運作，也在平凡的經歷中出現，是這些經歷造成聖禮的基礎。[15]

好些教會的生命有待更多記號和象徵來充實。破除聖像使教會生活變得枯燥貧乏，並且很多時候使敬拜流於知性。如此聖靈某些叫人飽足的工具被否定了。沒有空間予慶典、戲劇、宗教行列、旗幟、舞蹈、顏色、動作、樂器、敲擊和香薰，我們顯得呆板乏味。聖靈的音鍵好些是我們經常忽略彈奏的，結果便難以感受上帝的臨在。

耶穌作為那不可見上帝的形像（西一15），祂自身就是那原始的聖禮。祂把聖父顯明出來，聖靈把我們帶到聖父面前。上帝在基督裏傳達自己和祂愛的奧祕。道成肉身是神聖臨近的最重要事件，是我們與上帝相遇的原始聖禮。嚴格來說，根本沒有真正非禮儀的基督徒，因為耶穌是我們一致承認的聖禮。承認基督這原始的聖禮，又從教會——基督的聖禮——得飽足的，這樣的人不可能稱為非禮儀的。這叫人不應忘掉大公和自由教會的合一。[16]

教會便是衍生的聖禮，因為有聖靈居住其中，教會讓上主永遠臨在。基督透過身體的眾肢體，藉著聖靈臨在世界。「因為無論在哪裏，有兩三個人奉我的名聚會，那裏就有我在他們中間。」（太十八20）當道在馬利亞腹中成為肉身，聖靈便組成基督的肉身，並且不住使祂有能力地臨在教會。復活的主住在這羣體中，釋放祂的聖靈，吸引人與上帝聯合。當人在基督身體的眾肢體中與基督相遇便有回轉，祂的身體便成了使人得恩典的器具。正如上帝藉基督行事，祂也不斷藉眾門徒的言行行事。基督若是上帝的聖禮，教會便是基督的聖禮，因為教會是基督在世上的代表。人一旦藉身體的眾肢體得恩典，他們便經歷到與上帝的相交。教會和教會性的聖禮，都是從最基本的聖禮耶穌基督所衍生出來的。梵蒂岡第二次會議稱教會為「世界的聖禮」，因為教會存在，是要使人與上帝建立關係（《論教會的教理憲章》〔*Dogmatic Constitation on the Church*〕1.1）。[17]

我們聽到**聖禮**一詞，便不期然聯想到洗禮和主餐。只是教會生活的聖禮遠超這些。許許多多的形式都能引發上帝臨在：歌頌和祈禱、讚美和感恩、問安和團契、教導和教誨、愛心行動和慈惠服務等。禮拜儀式中的讀經是聖禮，因為默想上帝的道。正如梵蒂岡二次會議的註釋：「在教會中宣讀聖經，等如上帝親自說話。」(《神聖禮儀憲章》〔*Constitution on the Sacred Liturgy*〕，第7段) 為此，有些教會 (例如東正教) 便視聖經為禮儀書，隆重地帶入教會，甚至親吻。這就如葡萄酒是基督的血的記號，聖經經文使人得聽上帝的道。

基督以不同的具體形式臨在教會。每一個形式當中，物質的變為屬靈的，而屬靈的則透過物質表達。貴格派 (Quakers) 的默不作聲 (silence) 便是聖禮，他們要在寧靜中聆聽上帝說話。貴格派其他的儀禮包括簡樸的聚會場所、圍圈而坐、歌頌和禱告、等候和聆聽。聖禮是傳遞上帝恩典予血肉之軀的媒介，可幸為數也不少。基督透過很多恩具在我們當中工作，使我們成為新人類初熟的果子，好獻給聖父。[18]

我們切勿妄自菲薄。我們不能因恐防過分而走上極端，把敬拜變得肅穆僵化和過度屬靈 (hyperspiritual)。人類擅於利用象徵，而上帝造出象徵。在靈恩的圈子，人可以隨意跳舞、拍掌、舉手、擊鼓、歡呼、頌揚、朝拜、彩旗，諸如此類，藉此重拾其中豐富的意蘊。我們不應把那豐富我們生命的恩具擱置一旁。把藝術、戲劇、顏色、法衣、佈置、香薰、聖人、教會年曆、全年經課、雕像等，棄而不用，只會有害無益。這樣不過是破壞奧祕而已。

耶穌治癒長大痲瘋的，祂伸手**摸**這人(可一41)。祂**摸**了彼得岳母的手，熱就退了(太八15)。保羅按手提摩太頭上，把聖靈傳遞給他(提前四14；提後一6)。彼得和約翰為一些撒瑪利亞人按手，叫他們受聖靈(徒八17)。物質和屬靈並非是對立的，而是合作同工的。聖靈由一個人傳給另一個人，摩西傳到約書亞、以利亞傳到以利沙。上帝來到我們當中，藉物質記號與我們交往。[19]

洗禮和聖餐

聖禮一詞通常指教會敬拜時採用的儀式，最普遍指洗禮和聖餐。洗禮是引介人加入信仰羣體，聖餐則是重申這樣的參與。兩者一起標示加入和參與，正正關乎基督在受洗時的委身，和最後晚餐表達基督順服上帝，甘願受苦。

信仰羣體的身分有賴禮儀和話語來維持。講道在認知層面觸動我們，禮儀則在情感層面感動我們。沒有禮儀，傳統凋謝。聖禮是物質記號和象徵，透過言語和動作，上帝藉聖靈賜我們生命。當我們敞開心靈，我們便成為永生上帝的聖殿(林後六16)。[20]

聖禮的功用在乎聖靈和信心。加爾文這樣寫道：「聖靈這位內在的教師臨在聖禮中，聖禮才能履行職務，單單靠賴聖靈的能力，心被打動、情感被觸動，我們的心靈敞開，接受聖禮。缺少聖靈，聖禮在我們的理性中也無能為力，就像燦爛的陽光照在失明人的眼睛，或響聲於失聰人的耳朵。」(《基督教要義》4.19.9) 信心同樣重要。梵蒂岡第二次大公會議聲稱，

> 要聖禮產生全面效果，忠徒必須態度正確，他們表裏如一，並且要與屬天的恩典配合，不然只是徒然領受。牧靈的人必須知道，施行聖禮，並非只是按照規定，正確進行。牧靈的人有責任確保忠徒有意識地、積極地和有效地進行。
>
> (《神聖禮儀憲章》，第11段)

從開始到如今，洗禮和聖餐是兩個主要的聖禮。以後漸漸加入一些新的，不過都與這兩項基本的有關。例如堅振禮(藉按手領受聖靈)和復和聖事(藉認罪得赦免)，都與洗禮有關。至於為病人膏油、婚禮和聖職按立，則與聖餐有關。

洗禮是聖靈發出的行動，推動一個人加入基督身體的團契(林前十二13)。耶穌在水中受洗的時候，祂領受了聖靈，祂也同樣用水和聖靈給我們施洗。我們從水和聖靈而生，也就成了祂奧祕身體中的一員，罪得赦免。耶穌在馬可福音冗長的結語中說：「信而受洗的，必然得救；不信的，必被定罪。」(可十六16)五旬節那日，彼得叫人接受水的洗禮，並藉這水的洗禮而領受聖靈的恩賜(徒二38)。因著水的記號，人受洗歸入基督，且披戴基督(加三27)。他們接受重生的洗和聖靈的更新(多三5～6)。洗禮的一刻聖靈賜下，人開放自己，接受聖靈的恩賜。洗禮是信心順服的表示，也是上帝賜人聖靈的一刻。實際經驗顯示，聖靈可在洗禮前彰顯，哥尼流便是這樣，然而水始終是聖靈降臨的公開記號(徒十44～48)。[21]

聖靈通常因信藉水賜下，洗禮因此成了聖禮和恩具。水的洗禮加上聖靈的洗禮才能正式加入教會。開始時，接觸聖靈需要藉水禮，讓聖靈重新注入，日後的接觸則應視為許許多多的時刻藉著聖禮發放恩典的潛能。人只能一次從聖靈得生，但藉著警醒和支取，則會一再被聖靈充滿。[22]

洗禮的時候應祈求聖靈。亞美尼亞使徒正統教會 (Armenian Apostolic Orthodox Church) 的洗禮禮文是很好的例子：「主啊！我們因此求祢差遣聖靈進入這水，潔淨這水，正如祢昔日降於約但河，把它潔淨，從而預表這是眾人重生之洗的水泉。」

作為自由教會的會友，我從來沒有這樣去理解洗禮。浸信會認為水禮只是人的回應，鮮有把水禮和靈洗連在一起。水禮和靈洗被劃清界線。前者不算聖禮，只是回應上帝在基督 (真正的聖禮) 裏的工作。洗禮和聖餐已經被非神話化而成恩典的事件 (events of grace)，並被描繪成回應的事件 (events of response)。巴特認為在靈裏受洗就是悔改，水禮則是跟隨主的第一步。這種觀念視水禮為人決志的見證，不是接受聖靈的時刻。有些學者同意水禮對於加入教會作用不大，也就把水和聖靈分開。[23]

這點似乎又未能與聖經多處經文吻合，這些經文顯示聖靈出現和水禮有緊密關係。同時也不符合流傳教會超過十五個世紀的傳統，就是洗禮具有聖禮特性。歷史中大多數基督徒認定上帝在洗禮中的行動就是賜下恩典。正如特土良 (Tertullian) 所言：「我們洗禮，把自己投入水中，這行動是屬血氣的，卻具有屬靈功效，我們因此得以離罪。」(《論洗禮》〔*On Baptism*〕7) 耶穌從水裏上來，聖靈便落在祂身上，以致水禮和靈洗是相關的。「這洗禮……拯救你們」(彼前三21)，彼得的話便給人這樣的印象。又正如馬丁路德 (Martin Luther) 指出，聖經看來似乎支持這大公立場：上帝用恩典澆灌受洗的人。或許是慈運理 (Zwingli) 倡議的物質與靈的二元性帶來的結果，引致很多新教的人反對聖禮主義。[24]

起初只為信主的人施洗，不會為嬰孩施洗。洗禮的時候，人宣佈離罪，並接受膏抹去事奉。浸信會今天仍維持這個做法，兒童要待較年長才可接受洗禮。至於大公傳統 (羅馬天主教、東正教、聖公會、信義宗、改革宗、循理宗) 則贊成嬰兒洗禮。父母和會眾一起承諾用真理教養孩童，為他們的屬靈成長作準備。以後的堅振禮加入信心的向度，這樣便完成洗禮 (《天主教教理》，第1225段)。這倒有點意思。宗教就如人生的其他方面，在子女成長過程中，父母得承擔責任。他們自然希望子女也成為信仰羣體的一分子，得著恩具的滋養。剝奪孩童這種恩典，無異把他們摒諸信仰羣體門外，尤有甚者，迫他們走上歧途。

給嬰孩施洗的危機在於以為這行動帶有法力，從而輕忽信心的重要性。我們千萬不可徒靠禮儀得救，沒有認真被召作門徒。另一方面，強調信徒洗禮的另一個危機，就是會過分抬舉人的決定，忘掉上帝那帶能力的恩典。智障的人又如何？上帝豈不也能向年幼和軟弱的施恩嗎？聖靈豈可不膏抹他們？從教會角度而言，這同樣會把信徒的子女放在尷尬的情況中。

作為浸信會會友，我贊成嬰兒奉獻，日後才接受洗禮。這樣便能保存那些我們想要保護的元素（膏抹、奉獻、離罪、責任）。另一方面，嬰孩洗禮後接受真正的堅振禮，效果一樣。不同的信仰羣體得按個別情況、衡量利害，然後作出取捨。不管我們如何決定（我不擬採取立場），也須堅持水禮和靈洗的相互關係。人可視聖靈的確在嬰孩洗禮中臨在，隨著年日過去，孩童在信仰中漸長，它的效驗便慢慢發出。對我們每個人而言，不管給誰洗禮，或如何進行，洗禮乃是表明一生跟隨耶穌。受洗的人蒙召活出新生的樣式（羅六4）。

至於聖餐，這是記念耶穌把自己獻給上帝。祂吩咐要如此行，好叫這捨己的恩典在教會歷史中延綿下去。基督應許在進餐時臨在（「這是我的身體」），好讓信徒同領的時候，可以經歷祂的臨在，並委身自己於祂的使命。祂的恩典就好像存放在聖餐中。基督作為向聖父順服自己的那位，祂臨在酒和餅中。[25]

聖餐的時候，我們領受餅和葡萄酒，就是領受耶穌，並且與祂同死同復活。祂透過擘餅讓我們認出祂來（路二十四35）。這晚餐是我們的屬靈飲食（林前十4），讓我們接觸那從天上降下來的糧食（約六35）。我們因此祈求聖靈臨在餅和酒中，好使它們成為祂的身體和血的工具。很多祝文都帶有這個意思：「求主差祢的聖靈落在聖教會的祭獻上，叫領受這些神聖奧祕的合而為一，用聖靈充滿他們，叫他們堅信真道。」然後禱告，說：「父啊！我們獻上這餅和這杯，為了記念祂的死、宣告祂的復活、仰望祂在榮耀中再臨。主啊！求主差遣聖靈臨格我們和這些恩賜，使來到桌前吃這餅、飲這杯的都成為一體、一民，在耶穌基督裏成為活祭。」

聖禮的功效不是由於有法力環繞餅和酒，完全是因這行動本身有聖靈的能力。聖靈必須臨格聖禮和子民當中。細想這埃塞俄比亞(Ethiopic)教會的聖餐禱文：「懇求祢差遣聖靈降臨教會這次的獻祭，叫他們合而為一的同時，使他們成為聖潔、得聖靈充滿、對真理的信心增長，讓祢得榮耀和稱讚，藉賴祢兒子我們的救主耶穌基督。」[26]

作為具有身體的受造物，我們需要像洗禮和聖餐這些具體化的表達，讓內在的恩典活現出來成為可見的。敬拜因為實物媒體而豐富起來，不然便顯得淺薄、抽象、空洞。象徵幫助信徒領悟上帝那不可見之事，並且成為恩典的管道。[27]上帝在聖禮中採取行動，回應人的信心。這些聖禮不是魔術，也並非單單人回應的象徵。在聖禮當中，上帝賜人恩典，人接受才有功效。聖禮不會自動運作，其功效乃關乎信心，由聖靈的臨在而來。

這方面的誤解不只由於偏見，也同時因著眼於羅馬天主教會所指聖餐的餅和酒的變化，甚至變質(transubstantiation)。東方教會在這方面比較好一點，不太強調餅和酒的變化，所強調的是領受的人進到基督的臨在中。祈禱的時候，輔祭搖著扇，風的吹動意味聖靈運行，聖品那時張開雙手，站立祭壇前面，懇求聖靈降臨餅和酒中。這些東西會在聚會後陳列。換言之，東正教會較諸羅馬傳統，對聖餐有更生動的理解。「對東正教會信徒來說，問題不在乎餅和酒的變化。聖餐的重要事件是復活的基督的神聖降臨和顯現。」[28]

聖餐時祈求聖靈，我們明白聖禮的功效不在乎任何魔法的運作，其實是聖靈回應禱告而臨在。因為功效不會自動出現，參加者便得為回應作好準備。恩賜一旦賜下，人必須憑信接受，就是作出真誠的回應。不然，聖禮便失去功效，儀式也變得空洞了。[29]

聖禮原則跟教會中其他的信念，例如神蹟奇事，備受現代主義的攻擊，致令上帝只有少許活動空間。現代主義認為，能夠以科學方法確立的才是真實的。這樣的思維尋求自然科學的因果關係，並不理會神聖作為。這是物質主義的外觀，高舉理性的同時，低貶啟示和傳統。宗教一旦被現代主義影響，其聖禮和靈恩的向度便變得軟弱無力。現代主義並不相信上帝會在這兩個領域出現和運行。[30]

我們不應再容忍質疑上帝臨在聖禮或恩賜的思想。聖靈不是與物質媒體和記號相對立的。聖靈藉人類聲音說話、用餅餵飽我們、用水給我們施洗。失掉禮儀事物——奧蹟(mystery)、優雅的禮儀和傳統習尚——敬拜變得索然無味。這樣的漠視不單表示要脫離歷史上的教會，更導致自我匱乏，加快世俗化的步伐。[31]

歷史上的教會大多同意聖禮原則。聖禮要被視為恩具，而不應淪為純粹宗教儀式，同時是上帝作工和人順服行動的事件。人不可因聖禮被濫用而拒絕聖禮，這樣只會叫教會枯竭。聖禮是上帝所賜，也是具體施恩的方法。聖禮就是聖靈臨在，我們作出回應的事件。[32]我個人認為，愈多在教會不同的更新運動中經歷天父的愛，我們便愈難接受理性主義貶抑聖禮，也就愈渴慕聖靈透過沿用的禮儀具體的彰顯。

《天主教教理》這樣結束：

> 在這個基督奧迹的聖禮體制當中，聖靈如常工作，就像在救恩機制中任何時候一樣：祂預備教會與她的主相遇；在集會中叫人憑信憶念基督，讓祂彰顯。因著祂改變的大能，聖靈使基督的奧秘在今天出現。最後，聖靈的團契把教會與基督的生命和使命聯合起來。

靈恩式的臨在

我們從聖靈領受聖禮之餘，更要培養一種給聖靈各樣恩賜開放的態度。聖靈臨在禮儀以外更寬廣的範圍中。其中包括流出能力作見證、醫病、說預言、熱烈地讚美上帝、行神蹟等等。還有讚頌的自由、發異夢和見異象的能力，以及散發復活的生命。聖靈運行時發出能力，使門徒生命改變，並且差遣他們作宣教的器皿。

馬可福音延長結語攝取早期對這些事情的觀點：「信的人必有神蹟隨著他們，就是奉我的名趕鬼；說新方言；手能拿蛇；若喝了甚麼毒物，也不必受害；手按病人，病人就好了。」(可十六17～18) 希伯來書有類似的話：「這救恩起先是主親自講的，後來是聽見的人給我們證實了。上帝又按自己的旨意，用神蹟、奇事和百般的異能，並聖靈的恩賜，同他們作見證。」(來二3～4) 保羅確認，說：「我們爭戰的兵器本不是屬血氣的，乃是在上帝面前有能力，可以攻破堅固的營壘。」(林後十4) [33]

聖經指出教會中滿有諸般恩賜，且沒有明言主再來之前將全被撤走。保羅寫下：「又因你們在他裏面凡事富足，口才、知識都全備，正如我為基督作的見證，在你們心裏得以堅固，以致你們在恩賜上沒有一樣不及人的，等候我們的主耶穌基督顯現。」(林前一5～7) 為這緣故，保羅督促哥林多人，「你們要追求愛，也要切慕屬靈的恩賜，其中更要羨慕的，是作先知講道。」(林前十四1) 保羅預期恩賜廣泛地在教會中運行，他吩咐我們不可輕視任何恩賜(帖前五19～20)，以消滅聖靈的感動。(我以為) 保羅會贊同摩西回答約書亞的話：「你為我的緣故嫉妒人麼？惟願耶和華的百姓都受感說話！願耶和華把他的靈降在他們身上。」(民十一29) [34]

恩賜 (gift) 或**恩膏** (charism) 一詞在聖經中含意豐富。它可指救恩(羅六23)，一個人生命散發的益處(羅一11)，或一種具體的才能，例如說方言(林前十三1)。這字的字源與**恩典** (charis) 有關，且是指上帝的恩慈作為。恩賜是屬天的作為，為要建立信仰羣體，推廣使命。恩賜是聖靈臨在的諸式彰顯(林前十二7)。聖靈不單純粹知性地行事，叫人覺察耶穌的工作，也是實體地發出超然的、賜生命的大能。創造主聖靈其中的一樣工作，就是廣賜恩賜，給歷史供應能量，直至上帝的目的得以實現。[35]

恩賜可透過禮儀出現，也可從組織建制流出，硬把兩者分割，是一種謬誤。上帝藉按立的聖品施行聖禮，也以其他方式賜人恩典。他們確是互為關係的。領導恩賜跟先知講道和醫病，都是靈恩的。保羅對以弗所的長老們說：「聖靈立你們作全羣的監督。」(徒二十28)作領導是一種聖靈恩賜，屬於會眾這個更大的靈恩架構的一分子。透過領袖，人可以遇見耶穌和經歷聖靈。聖靈自由地在教會流動的時候，尤其需要領導，以保障教會不致濫用自由。復興是混亂的，是頗無秩序的。當聖靈澆灌能力的時候，我們要為作領導的禱告，讓聖靈也落在他們身上，使他們為著身體的益處，能善於治理我們。當聖靈的能力突破出現，這時比起平常的日子，更需要精明的牧養。[36]

然而，賜下恩賜的範圍遠比聖禮和組織領導闊大。教會和其中的領袖都是屬聖靈的，聖靈卻不屬於他們。這些人服於聖靈，不是他們控制聖靈。教會由聖靈統治，不要本末倒置。聖靈被稱作耶穌的聖靈，不是教會的聖靈。任何教會不讓聖靈自由運行，只會變得沒有生氣和自我炫耀。保羅呼籲我們凡事要規規矩矩地按著次序而行(林前十四40)。他這樣申辯非為消滅聖靈的感動。他是推薦一種秩序，好讓先知講道和方言、啟示和知識流出；他要的並非一種箝制這些事情的秩序。保羅所要求的是在靈恩聚會要有秩序，這秩序並不排除自由和突發。[37]

上帝賜我們領袖，只是不應讓教權主義扼殺自由。信仰羣體蒙恩，每個肢體都得恩賜。有些是絕非尋常的，例如先知講道；其他如賙濟，則屬日常事件。每一恩賜賜下為要服事這羣體；這些恩賜要成為導管，讓上帝的愛流出。恩賜種類繁多，不是只給小撮的人，乃是人人有份。教會是一個靈恩羣體，擁有各類恩賜的，其中包括但超過按立領導的恩賜。上帝同時悅納形式和自由。聖靈在有秩序的羣體中自由的彰顯和規律化的活動，各具價值。我們要在兩者中取得平衡，以避免混亂無序和平淡單調。[38]

在舊約的敍事經文中，靈恩向度的出現，就是當聖靈降臨人的身上，賜他們能力拯救百姓。我們可見之於先知受感説話，以及要賜人預言恩賜的應許。舊約眺望將來聖靈澆灌，人人都能説預言、見異象。這不單是賜給領袖們，連販夫走卒，甚至那些權利被剝奪的(奴隸、婦女和少年人)，也都包括在內。[39]

靈恩的向度在耶穌的工作當中非常突顯，就是當祂以話語的權柄和奇事建立天國的時候。祂挑戰撒但的統治，以整全的拯救叫上帝的國度降臨。在耶穌的使命中，神蹟和醫治絕非偶然，卻是上帝以愛掌權的確實證據。祂的記號宣告撒但的統治的終結，世界要出現變化：新的歷史階段展開，將要在新的創造中達至高峯。[40]

這模式在復活以後透過教會的使命得以延續。保羅的講道不是用智慧委婉的言語，乃是用聖靈和大能的明證(林前二4～5)。他形容自己的事工是「藉言語作為，用神蹟奇事的能力，並聖靈的能力。」(羅十五18～19)希伯來書的作者指出上帝怎樣藉神蹟奇事，並聖靈的恩賜作見證(來二4)。這樣看來，這似乎是主再來之前基督徒宣教的模式。無疑使徒的事工奠下了根基，也是不能重複的，他們所行的神蹟奇事卻是針對人的需要，也就存留到今天。為何國度的適切性對這些需要會有所改變？病人豈不常需禱告，被擄的豈不要得釋放？聖靈尚未退休，國度的能力未有稍減。

有人對此生出疑惑，堅稱靈恩生活在使徒時代以後已終止。根據聖經，這樣的觀點難以立足。上帝的國度隨著聖靈的大能來到，且叫人看到這是會一直延續下去的事實。屬靈恩賜不應只狹窄地連繫到使徒身上，應更廣泛連繫到天國事工。聖靈的應許是賜給第一代的基督徒，也同時賜給他們的兒女（徒二39）。恩賜並非短暫出現，乃屬救恩歷史中的整段末後日子。上帝的心意是要每個教會都能善用各樣恩賜（林前一4～9）。傳福音的應當以話語和**行為**滿有能力的宣揚福音。華菲德（B. B. Warfield）在著述中提出有些恩賜已經消失，這樣的看法只是出於對天主教會的反對，以及在啟蒙時期面對神蹟的辯護需要，卻非來自聖經資料。

可惜，終止論的思維只能自說自話。他們未有仔細考慮聖經指為可行的事，人不知不覺被現代主義影響，結果引致經驗層面有缺乏，叫人不能進到完全聖靈的真實中。[41]

對於初期教會，聖靈並不是甚麼信仰課題，乃是他們的經歷。聖靈降臨改變了他們的生命——外表的和經驗上。這是大有能力和明顯的。上帝的愛熾熱他們的心，他們便大有膽量宣講上帝的道，又說預言和見異象，醫治有病的人。聖靈不是一套理論，乃是改變了的真實生活處境。人驚覺生命的各種能力，至於屬靈恩賜，就是建立信仰羣體和加力宣教的恩賜，是教會生活的必需。[42]

約珥的預言在五旬節那天得著應驗，成為救恩歷史分水嶺的新時代展開。耶穌受洗的時候，祂作為人類受膏的代表踏進這個新時代。十字架是頂點，耶穌在那裏經歷受苦的洗禮(路十二49～50，二十二42)。耶穌既已從死裏復活，便能按過去所預言的，用聖靈給門徒施洗(路三15～16；約一33)。救恩歷史被提升到一個新的層面，全球宣教從此展開。五旬節事件跟耶穌受洗相平行，門徒受洗得著能力宣教，就像昔日耶穌在約但河受洗所經歷的，五旬節那天，能力和膏抹從耶穌轉移到門徒身上。他們要像耶穌一樣，披戴能力，裝備整齊，在聖靈引導下宣教。[43]

新的向度

靈恩向度對於敬拜和事奉有其意義。除了聖禮，聖靈還可以在讚頌、受感説話和行動中出現。聖靈臨在禮儀之中，同時亦自由運行於其他地方，這是我們要珍視和培育的。慎防窒礙聖靈的自由，或拒絕接納旨在豐富教會生命和事工的各樣恩賜。讓我們探討其中的三方面，這是教會必須恢復的。[44]

保羅認為預言(prophecy，聖經的翻譯是「先知講道」)是會眾當中最重要的恩賜(林前十四1)。它被稱為「啟示」(林前十四30)，因為當時需要話語，上帝便透過人説話。預言的話語是受感説話，目的是要造就、安慰、勸勉人(林前十四3)。保羅給我們描繪的一幅圖畫，是人等候上帝，並且聆聽聖靈。當中的潛能，我們可以從一個事實窺見，就是預言為普世宣教揭開序幕。那時，安提阿的教會正在禁食、禱告，呼召臨到，保羅和巴拿巴便聽從先知的吩咐，成為宣教士(徒十三1～4)。預言是聖靈引導上帝的百姓走向宣教的一個方式。

教會壓抑這個恩賜是錯誤的。壓制聖靈聲音的信仰羣體，會淪為無聖靈(Spiritless)的地方。外表看來諸事順暢，內裏卻是阻礙聖靈的。預言恩賜是教會生活的一部分，不是偶一為之。預言與方言一樣，同是發自與上帝相遇和聽從。教導固然重要，但也當聽從先知，因此應在上帝的百姓中培養出聆聽的氣氛。[45]

預言內容素質參差，我們的聆聽也絕不完全。人的成分滲入上帝的話語裏。默示未有消除這個因素。因此，預言不是自我鑒定的，必須接受試驗。預言有假冒或瑣碎的，我們必須加以驗證。正如保羅說，有人說話，別的人就當慎思明辨，因為先知是順服會眾，不是抬舉在會眾之上(林前十四29)。《十二使徒遺訓》(*Didache*)顯示，到了主後一〇〇年，便覺得有需要訂立檢驗預言的標準。[46]

然而，我們不應恐懼假先知而影響我們對上帝的聆聽。保羅的原則是這樣的：「不要銷滅聖靈的感動；不要藐視先知的講論。但要凡事察驗；善美的要持守。」(帖前五19～21)讓我們與西底家一起求問：「從耶和華有甚麼話臨到沒有？」(耶三十七17)西底家知道未必會得到令他滿意的答案，卻仍求問上帝的話，這是他值得稱讚的地方。我們應在我們的禮儀中預留空間，給上帝的話臨到。

醫治病人是耶穌的一項重要工作，在今天教會的事工也當受重視。馬可福音冗長的結語有這樣的話：「(門徒) 手按病人，病人就必好了。」(可十六18) 廣義來説，福音是關乎醫治，甚至瞻望一個全被更新的宇宙。上帝關心個人、社羣、民族和宇宙得醫治。聖靈賜人醫治恩賜，清晰地説明上帝關愛整全的人 (林前十二9、28)。醫治表示上帝的治權開始，更指向瞎子重見光明的一天 (賽三十五5～6)。撇開福音的召命，病患是人類的一個大問題，單單為著建立橋樑來接觸人，教會就必須展現上帝對這事的關注。

祈禱醫病不等如否定醫術。醫治的大能在創造當中運行。我們的身體一旦受了傷，它會自動痊癒。醫術叫我們認識到上帝在創造中加入醫治，乃全是為著人的好處；醫術是一種創造的恩賜 (creational charism)。祈禱醫病不過是把身體的問題帶對聖父面前，請求幫助。我們絕非崇拜健康，或要求免疫於苦難。相反，我們接受自己虛弱和必死的生命。所謂「生有時、死有時」(傳三2)。我們為主而活、為主而死 (羅十四8)，接受祂所安排的一切。人類注定要復活，醫治極其量只是權宜。然而，在危急和傷痛的時候，上帝邀請我們謙卑地把憂慮卸給祂。[47]

雅各提及為病人祈禱時抹油 (雅五14)。這樣的抹油不只適用於彌留的人，更可用於全部有病的人身上 (《神聖禮儀憲章》，第73段)。我們給病人抹油，上帝自己便具體地和在聖禮中臨在。動作和象徵與話語同樣重要。我們是有身體的活物，對這些動作生出反應，並從中得著幫助伸手向上帝求福。

當我們敞開自己祈求醫治，要留意切勿僭越神聖的自由。上帝隨己意醫治人，祂決定數目多寡、使用尋常或超奇的方法。蒙醫治的只是表明將來的國度，卻並不取代完全更新的需要。要等到復活以後，才再沒有疾病和死亡。賜下奇事的數目完全取決上帝的旨意。我們知道上帝確想消除人的疾苦，只是祂還有別的事情需要顧慮。例如上帝要維持宇宙的穩定和規律，也就未有經常介入自然界的秩序中。叫死人復活雖曾發生，卻並非經常。再者，還有其他因素牽涉靈性的建立和性格的塑造。因此我們祈求醫治的時候，只要說：主啊！這些是我們的需要，請按祢的心意賜給我們。[48]

福音書雖有提及趕鬼、書信也有關於屬靈爭戰的教導，但今天很多基督徒羣體已經失掉這方面的知識和實踐。對耶穌來說，藉聖靈的能力拯救人脫離撒但的權勢是重要的。耶穌差遣使徒們出外傳道，也同時趕鬼(太十7～8)，祂說：「若靠著上帝的靈趕鬼，這就是上帝的國臨到你們了。」(太十二28)趕鬼顯示上帝的臨在，與邪惡和捆綁交鋒。耶穌可能用上當日的言辭談論這些事，雖然名稱可能不同，這卻不等如說祂不是跟黑暗和掌權的實體搏鬥。直到今天，撒但仍舊毀壞人類的生命，耶穌則定意要制伏他。約翰宣稱：「……上帝的兒子顯現出來，為要除滅魔鬼的作為。」(約壹三8)

我們千萬不可小覷上帝的國度與邪惡勢力的悽厲搏鬥。切勿迷信，以為無人膽敢與上帝在世上的國度爭鋒，祂的國度不是輕而舉便建立起來的。很多人仍待拯救脫離撒但權勢，教會在這方面實是責無旁貸。

我們需要正視屬靈爭戰的好些方面。甚至教會也會身陷困境，等待援手。這些危機比我們所能看到的更深。一些飽受傳統和教理捆鎖的信仰羣體，無法自行擺脫。多年來的積怨和爭執不斷影響會眾，這些已是司空見慣的了。甚至宗派也不能倖免，我們無法自拔，惟有呼求上帝拯救。

我們不應硬把天生的和超然的恩賜區分。聖靈活躍於創造，也活躍於拯救中，又能啟動早已存在的天生潛能。例如直覺，這是天賦的機能，各人的發展有程度上的不同；醫治是一個過程，在我們體內一直進行；鬼附在心理學界也是眾所周知的。屬靈恩賜不一定與天生的才能無關。聖靈會賜人與生俱來的恩賜，像藝術才幹和創造力，人若像對待屬天的恩賜般棄而不用，實是叫人嘖嘖稱奇。聖靈的恩賜足以叫天賦力量活潑起來，既是上帝創造的，也就跟本性配合。[49]

向聖靈開放的程度

教會怎樣恢復靈恩生活實在是個謎。一方面，上帝的彰顯與臨在本身就是變化多端的，而且神蹟奇事和膏抹，在程度上又不是穩定的。上帝隨己意臨在，有時平平無奇，有時卻叫人歎為觀止，是人所不能控制的。能力出現，實在叫人大開眼界。另一方面，開放程度又是因人而異。可以從不信至毫無保留降服的回應（可六5；徒四29～30）。上帝臨在配合人毫無保留的開放自己，這是最理想的情況。最不堪的情況乃是上帝因人的冷漠而離去。

歷史見證當上帝裂天而降，聖靈帶來復興。那時人在權能之下俯伏、罪人歸主、病人得醫治，歷史因而改寫。讓我們求上帝打破我們的平靜，使我們得著驚喜、復興和力量。讓會眾得著改變，在他們當中湧流著頌讚和盼望。主啊，賜我們新的膏抹、更新的洗，並且把隱藏的力量釋放出來。我們極需要聖靈大能的彰顯，使福音得以傳開。除了上帝叫耶穌復活的明證，也需要人被釋放的憑據。尼采(Nietzsche)口中的查拉圖斯特拉(Zarathustra)這樣奚落教會：「他們先得唱出更動聽的歌曲，才能叫我相信他們的救主。」雖然這是出自一位尖酸刻薄和孤苦伶仃的哲學家的口，卻有實在的道理。今天不是有很多稱為基督教的信仰形式，不是叫人得釋放，卻實在是轄制人嗎？[50]

馬可的記錄指出，耶穌因為人的不信，在拿撒勒不得行甚麼異能(可六5)。人的期望不大，也就不尊重並且減低上帝行動的自由。對上帝的拯救大能缺乏信心，教會衰落(詩七十八22)。因此，上帝的子民應毫無保留地給聖靈的大能開放，不要再讓傳統操控我們解讀聖經，壓抑其中的信息。我們切勿限制上帝要給我們甚麼恩賜。

今天很多人抱有不全的世界觀。理性上我們相信上帝以大能行事，私底下卻認為這是絕不可能發生的；祈禱不過是幻覺，生病必須就醫。還有的就是害怕改變。每個人各有自己的安全地帶，我們寧願在秩序井然、未曾更新的教會中安坐，也不接受因更新帶來的沒有秩序。我們有頗多理由不要聖靈運行。我們不願成為笑柄，或許不想以真實作主門徒取代主日早上的宗教。我們不願淪為眾矢之的，因為當世人一旦發現教會正視宣教，便會羣起而攻之。求主釋放我們，好能看見新創造中的種種可能性。[51]

莫特曼一針見血指出：

> 我們想過靈恩生活的主要障礙，不是我們主動的罪乃是被動的罪。因為這樣的障礙不在於致力嘗試要活出自己，而在於致力嘗試不活出自己。對生和死既有所懼怕，便不能活出應有的人生。每當憑著信靠上帝驅散生命的恐懼，又每當復活的盼望克勝死亡的驚慄，聖靈的恩賜就會臨在。[52]

我們的責任就是開放自己，不管現在是否復興的時候，我們乃是屬於一個受聖靈洗的羣體。上帝已經賜我們作見證的能力，我們便得向聖靈敞開自己。尤其要向所有屬靈恩賜全然開放，而不是有所選擇。

我們只要依次按一個幅度來排列恩賜，便會發現問題所在。假設一至十八項是我們感到釋然的恩賜(例如教導和治理)，十九至二十六項則代表一些我們有所猶豫的恩賜(像預言和醫治)。雖然初期教會的基督徒全然開放予所有的恩賜，但我們很多時候卻不然。我們當中有些信仰羣體認定某些恩賜根本不存在，結果因為我們的不開放，這些恩賜便未見運行。有限的期望導致經驗的缺乏。第十九至二十六項的恩賜在不承認它們存在的羣體中，運行便受到妨礙。我們需要提升我們的期望，並且讓上帝決定事情的出現，屬靈恩賜便在我們當中再被挑旺。開放不等如預知結果——例如神蹟的多寡。開放就是胸無城府。[53]

當然，我們要肯定，我們的開放不等如不加分辨。恩賜的外衣下面，可能隱藏著未經核實的宣告、不可靠的預言、精英主義(elitism)、恩賜狂熱(charismania)。有些在靈感下說的話可能違反聖經教訓，並且拒絕信仰羣體的辨別。也有出於不是仁愛和謹守的權力欲。榮耀神學的背後，可能只是追求成功、財富和成就的欲望，拒絕了十架和愛所生發出來的能力。

開放總有冒險成分。我們卻不應因害怕犯錯和假恩賜，便因噎廢食，壓抑在我們裏面的信念，著眼於危機而叫自己跟聖靈隔絕，是何等可悲。基本的原則是，讓上帝不論何時、何地，以及用何種方式，憑己意而行。[54]

職分與恩賜

鑒於應許和危險，在需要恩賜的同時，也需要職分。兩者無疑是互相配搭的。恩賜需要職分，尤如纖弱的盆栽需要堅固的盆子盛載。教會是羣體，**又是**組織；前者是後者的目標，後者則持定前者的應許。自由需要規律，在教會中規律需要自由。我們所需要的，不是高度得力，卻毫無紀律的教會，也並非了無生氣，沒有聖靈的教會。更新需要明智的管理，免被濫用。教會需要樂意鼓勵和指導平信徒事奉的領袖。當這些領袖有遠見，又能給聖靈創造空間，他們肯定會叫教會得益。

同時，領袖過度警覺反損害更新。凡事寧可按規定進行，不理神聖臨在的不受規管，寧取一定的秩序；相對於聖靈，寧取話語，這樣只會變得墨守成規。領袖們有時因聖靈感到惴惴不安，這也解釋了為何復興往往在較少受職分牽制的羣體中冒出。組織建制好些行事方法迫使上帝只得在周邊工作，並跟那些遭白眼的人一起，因為他們開放。上帝的策略可能是要在主流教會以外把火燃點起來，那裏的人較為開放；上帝盼望以後藉此把火帶回主流教會去。那時果子經過驗核，不樂意接受的人，他們的心也漸漸軟化。[55]

保羅便曾碰到這樣的困難，他要在自由中維持紀律。他行使作使徒的權柄，一方面委任教師和監督的職分，一方面又勸勉人要衡量判斷所聽到的。[56]直至今天，這卻是不容易取得的平衡。領袖對羣體固然重要，但教會不要被轄制。領袖不應大權獨攬，乃是要培育所關顧的人的生命，幫助他們尋找和分辨恩賜。最理想的乃是恩賜與職分各如其分，和洽同工，恩賜與組織彼此辯證，因為聖靈不單賜給有職分的人，也賜給全教會。信徒理應敬重領袖，然而眾人也當聽從先知，敬重出於信心的各種恩賜。身負職分的人，他們的工作是培育羣體的恩賜，並為著眾人的益處，進行協調。[57]

聖靈裏的更新肯定使教會更為富足。更新過程中確曾犯錯，出現過紛爭。更新不會盡如人意。因歷史環境引起誤解，不同的教會羣體也就應運而生。只是，目標是為合一和得力。那目標旨在祝福教會，而非為了分裂。願上帝在不久的將來把這更新也放入主流教會中，使基督教重新得力，成為一個普世運動。[58]

更新宣教

教會作為耶穌恩膏的延續，以及聖靈藉聖禮和恩賜臨在，這一切都與宣教有關。上帝把聖靈澆灌我們，不是讓我們因此沾沾自喜，佔為己用。聖靈澆灌是要叫人得力，為上帝的國作見證（徒一8）。上帝赦免和拯救人，就是叫他們在國度中服事。祂讓人明白真理，然後徵召他們進入宣教行伍中。上帝所期望的是一個像耶穌的羣體，就是要委身改造世界。教會是上帝召喚人類的臨時代表，像基督一樣，教會是為世界和教會以外的人而存在的。[59]

召命如此重要，卻又如此備受忽視。我們得救不是徒受福氣，乃要成為耶穌門徒，見證和具體活現要來的國度。為了活出與世人有別的生活，我們得引領進入耶穌那代表的旅程中。否則，鹽便失味，我們也就會效法世界（羅十二2）。基督徒要活出八福的生命，這生命期盼和預表新創造（太五3～10）。一旦忘記這點，靈命便變得空洞、失去目標，這樣使很多基督徒活在虛幻之中。雖然耶穌早已把召命賜給我們，很多人卻似無所覺。信徒處身沒有宣教概念的教會，往往會感到洩氣。信徒通常在羣體結果子的活動中，才會發現自己的召命。教會若忘記了本身的召命是要延續耶穌的恩膏，會友便感到困惑，為求異象和問責制度，往往會被世界模式所吸納。

基督徒無意接受門徒訓練，這是宣教一個主要障礙。人的本性不願與耶穌一起對抗邪惡勢力，或為了體現新秩序願付出高昂的代價。要求人不單相信，更要在世上身體力行效法基督，這樣的宣教難有市場。除非教會能叫異象歷久常新，又經常把異象擺在我們眼前，否則那是絕不可能的事。[60]

聖靈在聖禮和恩賜中帶著能力來到，讓教會得著能力參與上帝的使命，修補創造和使萬有煥然一新。教會聽從聖靈吩咐，並且受命服事世上的國度。聖靈臨在，為要使世界被神聖慈恩感動。我們蒙召出黑暗入奇妙光明來宣揚上帝的大能作為(彼前二9)。教會面對的困難不是理論，乃是實踐。教會不是要證明基督教信仰是通得過理性的，教會要透過人人見到的天國記號來活出福音。[61]

宣教是一樁聖靈事件——這不是我們的使命，乃是上帝的使命。這不是仿效基督作工的一樁任務，它本身就是上帝的工作。五旬節是上帝展開新時代所採取的一個行動，要作為上帝那些嶄新行動的場所。五旬節是一個歷史性的轉捩點，終末收割的開始。宣教的確是末期的記號。「這天國的福音要傳遍天下……然後末期纔來到。」(太二十四14) 聖靈是宣教背後的大能，而教會不是這大能的始創者，只是它的器皿。教會要得著五旬節大能才能參與上帝的宣教使命(路二十四49)。

宣教不是回應誡令的人為努力，甚至也不是順服大使命。這是出於本能和自發的。只有在聖靈降臨以後門徒才説話(徒二4)。聖靈創造了一個作見證的教會。「因為不是你們自己說的，乃是你們父的靈在你們裏頭說的。」(太十20) 福音的擴展不是靠賴人的才智和力量，乃是在於聖靈和大能的明證(林前二4～5)。宣教不是等如擴大教會的規模；乃是上帝招聚列國，在其中施行公義。聖靈不是維持教會的，聖靈是教會宣教的動力。我們要做的事就是叫自己肯讓聖靈差遣。[62]

宣教的目標是改變世界，「看哪，我將一切都更新了。」(啟二十一5) 教會被聖靈充滿，便成了上帝未來國度的使者，給世界的聖禮。當教會言說真理、宣揚福音、進行耶穌的活動、認同疾苦、建立羣體、分享和饒恕，上帝便感動世界。[63] 宣教是整全的，範圍也極其廣大。靈裏出神本身不是目的——目標是更新。聖靈澆灌的目的是叫國度臨近，並且改變種種的現實生活處境。宣教是引領人進入國度和推廣新秩序的實相的一個行動。[64]

有些早期的抄本指出，聖靈以能力披在基甸和參孫這些士師身上，讓他們拯救百姓免受壓制。以賽亞的預言提及聖靈差遣僕人把公義和憐憫帶給列國。祂要幫助羣體復原、改變生命和給人盼望。約珥則預言，聖靈代表弱小的和無權勢的採取行動，讓被剝削的有機會發言。解放的主題在耶穌的事工當中是一個中心，奉祂名行出的靈恩作為，若不能推廣上帝的旨意，祂一概不予承認(太七21)。保羅也是一樣，屬靈恩賜，連同那些驚人的恩賜，都要在愛中施行(林前十三1～3)。恩賜就是讓愛流出的管子。更新生命，建立羣體，為的是叫人得益，這些都與聖靈有關。各樣愛的作為，在世上像聖禮產生功能，聖靈也就變得具體化。

聖靈的能力賜下，是要幫助教會成為僕人，跟隨耶穌走上犧牲的道路。信徒願意踏上基督代表人類所走的代表性旅程，如今上帝的策略就是要在他們當中建立一個新的信仰羣體，而這羣體的記號是愛與關顧的行動，這些行動都是對要臨到的國度的期盼。我們不只是盼望靈魂的得救，也盼望萬物得贖。我們的目標不是要在世界政治中獲勝，乃是要活出八福的生命，讓這樣的時代福氣在這個世界當中預示。我們因為目前的現實感到失望，便把希望放在叫死人復活的主上帝身上。我們說：主啊！請來。差遣祢的大能，使我們完全。我們愛祢的國度，要更多的見到這個國度。[65]

聖靈可以推動一個美妙的派對。祂可以叫我們的心火熱、讓我們的口充滿頌讚。但其目的仍是要招聚萬民，叫萬物更新。聖禮和屬靈恩賜是奇妙的，充滿敬畏和歡愉，只是其目標仍是要塑造憐憫、忠信和溫柔的生命。聖靈期望有更多得救的人像耶穌的母親馬利亞，充滿對耶穌和世人的愛，耐心地在十架旁等待。

我們不是因為感到沉悶，所以需要更新；我們需要更新，因為軟弱無力的教會不可能成為一支大能的軍隊。門徒灰心喪志，又不能享受與上帝的親密相交，他們就不能付代價跟隨耶穌。除非他們能像耶穌一樣，認識上帝是他們的聖父，並且嘗到上帝的恩慈。我們要體會上帝的大愛和恩慈，才能變得有愛心和慈祥。我們需要恩典來幫助在軟弱中的人。聖靈使我們對生命醒覺，叫我們有能力釋放別人。[66]

即使聖靈可能有點神祕，其目的卻並非祕而不宣。

聖靈不是一種神祕的臨在，超越人的領會。不錯，聖靈是不可見的，更不受我們控制，但並不等如說聖靈是不能理解的。聖靈盼望上帝的旨意——公義、憐憫和愛——行在地上，如同行在天上。這是叫人感到吃力的，卻不是神祕莫測。若我們向聖靈開放，也當向聖靈的目標開放。「我們若是靠聖靈得生，就當靠聖靈行事。」(加五25) 聖靈領我們更親近上帝，不是要生發莫名其妙的癡迷，乃是要增強我們對上帝旨意的敏銳觸覺。聖靈要我們跟隨耶穌，並且在我們的生命和團契中活現天國。[67]

得力宣教

我們蒙召靠上帝的能力作整全的宣教。我們所接受聖靈的洗禮乃是耶穌洗禮的延伸，我們的宣教便是祂宣教的延伸。耶穌尋找工人進入葡萄園工作，且發揚光大(太九37)。這便包括宣揚福音、醫治病人和照顧有需要的人。不管鄰舍死活，根本說不上是愛他們。不照顧有需要的人，我們不能教導初信的人遵行基督的教訓。五旬節聖靈帶著能力降臨以後，人類的境況因而改變(徒二43～45，四32～35)。這樣的事將要繼續發生。[68]

宣教既是整全的，便需要得著能力，不能單單倚靠人的智慧和力量。一切行動皆需聖靈發動和加力。大牧人必須走在我們前頭。這是一種伙伴的關係：聖靈是主角，我們只是配角和器皿。這本來是上帝的宣教，我們不過恭逢其會。聖靈作見證，你們也要作見證(約十五26～27)。聖經告訴我們，門徒是沒有學問的小民、欠缺膽量，而且很多事情都不懂(徒四13)。這豈不是要讓我們知道，參與宣教不是憑藉才智和學識嗎？這豈不又證明他們享有的成就實應歸功上帝，而不是他們自己嗎？門徒縱有偉大的地方，肯定不是因為他們的才幹，乃是因他們願意向聖靈敞開自己。是因為他們受聖靈洗，叫他們從聖靈得力為耶穌基督作見證。當我們感到無能為力去作工，這樣的提醒有助我們面對無能的感受。上帝使用軟弱的人，這是何等大的安慰！這又強調與聖靈維持良好關係是何等重要。

得力宣教的體現不是憑藉思想或實幹可以達到的。宣教不單考慮「這行動是否合宜和必須？」我們更尋求「上帝領往何處？上帝會這樣做嗎？」宣教沒有條例和規則，因為聖靈領導才是重要。宣教不是社會服務，乃是聖靈帶領和加力的作為。全體會眾都得恩賜，便有力言說聖道，又靠上帝的能力服事（彼前四10～11），教會的宣教特性也就表露無遺。使徒和傳福音的遍植教會，有神蹟異能伴隨；先知針對特殊處境說出上帝的話；有信心恩賜的叫人前進。聖靈激勵和裝備教會展開宣教。[69]

世人沒有給耶穌定出議程。人不能預料耶穌下一步會做甚麼，因為祂只尋求聖父的意思，自己也沒有任何計劃。祂不是按程序表行事的。單憑需要不能構成從天上而來的呼召。耶穌等候上帝的催促和聖靈的引導。同樣，教會不應去那不是出於上帝引領的地方，也不應因為世人的要求而行事。教會在世上扮演的角色，無任何公式或教義可循。教會等候上帝的帶領，在各個具體的歷史處境中活出見證。我們有責任思考下一步的行動，不過這樣的考慮必須以尋求上帝的態度進行。

祈禱顯示倚靠上帝。禱告中我們展望一個新的未來，並且對世界的現況提出抗議。在反抗黑暗的同時，我們祈求上帝的光。我們揮動聖靈的兵器，攻破營壘，與別人一齊起來對抗目前的不法。祈禱顯示我們屬於另一個實在世界秩序，公然反抗邪惡勢力，並且展望世上的國成為上帝的國(啟十一15)。歷史屬於代禱的人，因為歷史屬於上帝。[70]

宣教是整全的，因為罪不止於個人的違法。罪破壞世界結構，我們也就反對林林總總的罪，包括我們在錯誤事件中同流合污。悔改因此便超越個人的改變，乃是指向世界的更新。我們既是在社會和在世界中活著，上帝便期望同時更新我們和我們造成的境況。上帝若不是這樣做，祂只是解決了一半的問題。社會成聖和天地更新是上帝終極的計劃。只要教會把上帝國度的價值觀注入公共的領域，改善他們的氣候，這些事便成為可能。教會為鹽為光便能催化社會公義。耶穌基督為社會帶來很多益處。教會能夠成為在世上設立上帝國度的據點。[71]

與此同時，彌賽亞引進公義的方式存在某程度的無能感(powerlessness)。主的僕人不會在街上呼喊，將殘的燈火，他不吹滅(賽四十二2～3)。他有權柄，卻是受苦者的權柄，且是在政治上沒有權勢的那一位。耶穌受試探的時候，堅拒採用世上用權的方法，選擇踏上因愛受苦的路。新羣體的出現成為祂希望改變世界的基礎。這個進路不會因害怕妥協而放棄戰鬥。我們反倒選擇另類戰鬥。非暴力的彌賽亞羣體用自己的方式滲入社會秩序中。[72]

以更新世界為目標的宣教是驚人的。它以聖靈膏抹和加力為前提。這是軟弱無力的教會絕對不予考慮的。惟願聖靈在我們當中激發新的異象，看自己為耶穌恩膏的延伸，以整個靈恩架構豐富自己，並且緊記耶穌的更新使命。

上帝闖進歷史，一個新的時代經已開始。我們等候歷史的終局，期待上帝的榮耀。對於世界，我們不存樂觀或悲觀態度，只是一面服事主，一面在盼望中等待。教會反響三位一體的關係，也就會效法來臨中的國度，並預示人類的命途。

註釋：

1 Paul S. Minear, *Images of the Church in the New Testament* (Philadelphia: Westminster Press, 1960); Avery Dulles, *Models of the Church* (New York: Doubleday, 1974).

2 Hans Küng, *The Church* (New York: Sheed and Ward, 1967), pp. 150～203; William R. Barr and Rena M. Yocum, eds., *The Church in the Movement of the Spirit* (Grand Rapids, Mich.: Eerdmans, 1994)。可惜在Dulles, *Models of the Church*列舉的五個模式，竟未包括聖靈教會論。

3 John J. O'Donnell, *The Mystery of the Triune God* (New York: Paulist, 1989), pp. 84～88.

4 Tom Smail, Andrew Walker and Nigel Wright, *The Love of Power and the Power of Love* (Minneapolis: Bethany House, 1994), pp. 23～24.

5 Yves Congar, "The Spirit Animates the Church"，收於*I Believe in the Holy Spirit*, vol. 2 (New York: Seabury, 1983), chap. 1。關於基督教的教會本質，詳Karl Rahner, *Foundation of Christian Faith* (New York: Seabury, 1978), chap. 7。

6 Stanley Grenz, *Theology for the Community of God* (Nashville: Broadman & Holman, 1994), p. 636.

7 Jürgen Moltmann, "The Fellowship of the Spirit"，收於*The Spirit of Life: A Universal Affirmation* (Minneapolis: Fortress, 1992), chap. 11。

8 Ted Peters, *God - the World's Future* (Minneapolis: Fortress, 1992), pp. 261～263; Stanley Hauerwas and William H. Willimon, *Resident Aliens, Life in the Christian Colony* (Nashville: Abingdon, 1989).

9 Heribert Muhlen, *A Charismatic Theology: Initiation in the Spirit* (London: Burnes & Oates, 1978), pp. 117～118.

10 Michael Welker, *God the Spirit*, trans. John F. Hoffmeyer (Minneapolis: Fortress, 1994), p. 235.

11 Sally Morgenthaler, *Worship Evangelism: Inviting Unbelievers into the Presence of God* (Grand Rapids, Mich: Zondervan, 1995).

12 Charles H. Kraft在*Christianity with Power* (Ann Arbor, Mich.: Servant, 1989)中解釋由於現代主義的世界觀，教會變得沒有能力。Brain J. Walsh 和 J. Richard Middleton在*The Transforming Vision* (Downers grove, Ill.: InterVarsity Press, 1984)第三部則集中討論這種二元論。又參 Peter E. Gillquist, *The Physical Side of Being Spiritual* (Grand Rapids, Mich.: Zondervan, 1979)。

13 關於初期教會是聖禮和靈恩的，參Kilian McDonnell and George T. Montaguem, *Christian Initiation and Baptism in the Holy Spirit: Evidence from the First Eight Centuries* (Collegeville, Minn.: Liturgical, 1991)。至於火在歷史性教會的壁爐中燒著的重要，參 Charles E. Hummel, *Fire in the Fireplace: Charismatic Renewal in the Nineties* (Downers Grove, Ill.: Inter Varsity Press, 1993)。Robert Webber在所著的*Signs of Wonder* (Nashville: Abbott Martyn, 1992)也在尋索禮儀和靈恩的匯合。

14 Barr and Yocum, "The Spirit in the Worship and Liturgy of the Church ", *Church in the Movement of the Spirit,* chap. 3。關於聖禮的本質及其在教會中的重要性，詳*Constitution on the Sacred Liturgy*，第5～13段。

15 Neville Clark, *An Approach to the Theology of the Sacraments* (London: SCM Press, 1956).

16 耶穌作為原始的聖禮，參Herbert Vorgrimler, *Sacramental Theology* (Collegeville, Minn.: Liturgical, 1992), pp. 30～32。

17 Dulles, "The Church as Sacrament", *Models of the Church,* chap. 4。在這章末後，Dulles指出，對於這樣的教會見解，新教鮮有回應。或許事實如此，不過本人的回應卻是正面的。

18 有關聖禮更闊的意義，參Hendrikus Berkhof, *Christian Faith: An Introduction to the Study of the Faith,* trans. Sierd Woudstra (Grand Rapids, Mich.: Eerdmans, 1986), pp. 345～392。至於聖禮作為與基督聯合的方法，見Georgios I. Mantzaridis, *The Deification of Man: St. Gregory Palamas and the Orthodox Tradition* (Crestwood, N.Y.: St. Vladimir's Seminary Press, 1984), chap. 2。

19 Barry Liesch要求恢復多姿多采的敬拜，*People in the Presence of God: Models and Directions for Worship* (Grand Rapids, Mich.: Zondervan, 1988), chap. 8。

20 禮儀的重要性，參Delwin Brown, *Boundaries of Our Habitations: Tradition and Theological Construction* (Albany: State University of New York Press, 1994), pp. 91～109。

21 G. R. Beasley-Murray, *Baptism in the New Testament* (London: Macmillan, 1963), pp. 275～279; McDonnell and Montague, *Christian Initiation and Baptism in the Holy Spirit*, pp. 76～80, 316～342.

22 Dunn同意水禮是讓聖靈降臨的一個時刻，但視之為聖禮，則顯得猶疑。這是奇怪的，因為接受前者聽來就像接受後者。或許他認為聖禮屬於毋須信心的一種因功生效(*ex opere operato*)，我卻不以為然。James D. G. Dunn, *Baptism in the Holy Spirit* (London: SCM Press, 1970), pp. 224～229。

23 有人從Dunn, *Baptism*, pp. 219, 227～228和Gordon D. Fee, *God's Empowering Presence: The Holy Spirit in the Letters of Paul* (Peabody, Mass.: Hendrickson, 1994), pp. 860～863發現這樣的二元性。H. I. Lederle, *Treasures Old and New: Interpretations of Spirit-Baptism in the Charismatic Renewal Movement* (Peabody, Mass.: Hendrickson, 1988), pp. 66～73, 104～143; Frederick D. Bruner and William Hordern, "Of Water and the Spirit"，收於*The Holy Spirit - Shy Member of the Trinity* (Minneapolis: Ausburg, 1984), chap. 2; Karl Barth, *Church Dogmatics* 4/4, trans. G. W. Bromiley (Edinburgh: T & T Clark, 1969)有較整合的解釋。

24 有關改革宗教的洗禮觀和Zwingli的角色，參Jack W. Cottrell, "Baptism According to the Reformed Tradition"，收於 *Baptism and the Remission of Sins*, ed. David W. Fletcher (Joplin, Mo.: College, 1990), pp. 39～80。

25 Muhlen認為聖禮是耶穌在聖靈恩賜中擺上自己的表達：*Charismatic Theology*, pp. 124～125。

26 Stanley M. Burgess, *The Holy Spirit: Eastern Christian Traditions* (Peabody, Mass.: Hendrickson, 1989), p. 167; Congar, *I Believe in the Holy Spirit*, 3: 250～274.

27 Peters, *God - the World's Future*, pp. 75～92; F. X. Durrwell, *Holy Spirit of God* (London: Geoffrey Chapman, 1986), pp. 91～107.

28 Ernest Benz, *The Eastern Orthodox Church, Its Thought and Life* (New York: Doubleday, 1963), pp. 36～38.

29 就信心與聖禮的關係，詳Vorgrimler, *Sacramental Theology*, pp. 82～86。

30 Kraft在*Christianity with Power*一書中暴露現代思想對神蹟的偏見，至於禮儀方面的偏見，則在Langdon Gilkey, *Catholicism Confronts Modernity: A Protestant View* (New York: Seabury, 1975), chap. 1～2中被揭示出來。

31 Robert E. Webber, *Evangelicals on the Canterbury Trail: Why Evangelicals Are Attracted to the Liturgical Church* (Wilton, Conn.: Morehouse-Barlow, 1985).

32 Grenz發現自由教會對聖禮原則態度較為開放：*Theology for the Community of God*, pp. 67～172。

33 Ronald A. N. Kydd, *Charismatic Gifts in the Early Church* (Peabody, Mass.: Hendrickson, 1984).

34 Siegfried Schatzmann, *A Pauline Theology of Charismata* (Peabody, Mass.: Hendrickson, 1987).

35 Philip J. Rosato, *The Spirit as Lord: The Pneumatology of Karl Barth* (Edinburgh: T & T Clark, 1981), pp. 160～166.

36「多倫多祝福」活躍的聚會中需要智慧管理，這是經常被測試的，見Dave Roberts, *The Toronto Blessing* (Eastbourne, U. K.: Kingsway, 1994), chap. 10。

37 Küng, *The Church,* pp. 137～179.

38 Küng, *The Church*, pp. 179～191.

39 Welker, *God the Spirit,* chap. 2～3.

40 Rene Latourelle, *The Miracles of Jesus and the Theology of Miracles* (New York: Paulist, 1988), pp. 258～262; Jon Ruthven, *On the Cessation of the Charismata: The Prostestant Polemic on Postbiblical Miracles* (Sheffield, U. K.: Sheffield Academic Press, 1993), pp. 202～205.

41 Ruthven, *On the Cessation of the Charismata*, chap. 2～3. Jack Deere深信終止論的最佳解釋就是欠缺經驗。*Surprised by the Power of the Spirit* (Grand Rapids, Mich.: Zondervan, 1993), chap. 5。另參Gary S. Grieg and Kevin N. Springer, eds., *The Kingdom and the Power* (Ventura, Calif.: Regal, 1993)。

42 Moltmann, "The Charismatic Power of Life", *Spirit of Life*, chap. 9.

43 有關五旬節的意義，參Harry R. Boer, *Pentecost and Missions* (Grand Rapids, Mich.: Eerdmans, 1961), chap. 5; Dunn, *Baptism in the Holy Spirit*, chap. 4; 至於能力轉移，詳Roger Stronstad, *The Charismatic Theology of St. Luke* (Peabody, Mass.: Hendrickson, 1984), chap. 4 ; James B. Shelton, *Mighty in Word and Deed* (Peabody, Mass.: Hendrickson, 1991), chap. 11。

44 Richard B. Gaffin反對這樣的開放態度，*Perspectives on Pentecost: New Testament Teaching on the Gifts of the Holy Spirit* (Phillisburg, N. J.: Presbyterian & Reformed, 1979), p. 117。宣道會創辦人A. B. Simpson，也是靈恩更新的先驅，他也欣然接受。參Charles W. Nienkirchen, *A. B. Simpson and the Pentecostal Movement: A Study in Continuity, Crisis and Change* (Peabody, Mass.: Hendrickson, 1992)。

45 George T. Montague, *The Spirit and His Gifts* (New York: Paulist, 1974), chap. 3.

46 堪薩斯城的先知案例應叫人深省，見James A. Beverley, *Holy Laughter and the Toronto Blessing* (Grand Rapids, Mich.: Zondervan, 1995), chap. 8。他日前就從測試預言的角度，研究Paul Cain的事業。

47 Tom Harpur, *The Uncommon Touch: An Investigation of Spiritual Healing* (Toronto: McClelland & Stewart, 1994)。他號召教會重拾醫治事奉。

48 醫治作為期盼來臨中的國度，參Oscar Cullmann, "The Preleptic Deliverance of the Body according to the New Testament"，收於*The Early*

Church (London: SCM Press, 1956), chap. 7; Ricahrd L. Swinburne, *The Existence of God* (Oxford: Clarendon, 1979), pp. 237～239。渴慕神蹟會引致不誠實的宣告，Beverley, *Holy Laughter and the Toronto Blessing*, chap. 7。

49 Jan Veenhof, "Charismata－Supernatural or Natural"，收於 *The Holy Spirit: Renewing and Empowering Presence,* ed. George Vandervelde (Winfield, B. C.: Wood Lake Books, 1988), pp. 73～91; Hummel, *Fire in the Fireplace*, pp. 280～282。James D. G. Dunn，雖然承認恩賜可與「個人的性格和氣質一致」，但他卻持相反的立場：*Jesus and the Spirit* (London SCM Press, 1975), pp. 255～256。

50 Friedrich Nietzche, *Thus Spoke Zarathustra* (New York: Viking, 1966), p. 92；復興中出現的事，參John White, *When the Spirit Comes in Power* (Downers Grove, Ill.: InterVarsity Press, 1985)。

51 西方世界觀影響開放態度，參Kraft, *Christianity with Power*。今天需要的是一種對上帝開放自己的屬靈氣質：Joyce Huggett, *Open to God* (London: Hodder & Stoughton, 1989)。

52 Moltmann, *Spirit of Life*, p. 188.

53 *The Malines Document* (1974): "Theological and Pastoral Orientations on the Catholic Charismatic Renewal", pp. 17～18.

54 靈恩宗教存在很多危險，因此有不少關於他們的警告發出：Doctrine Commission of the Church of England, "The Spirit and Power"，收於*We Believe in the Holy Spirit* (London: Church House, 1991), chap. 6; Peter Hocken, "Addressing the Shame"，收於*The Glory and the Shame* (Guildford, Surrey, U.K.: Eagle, 1994), chap. 24; Smail, Walker and Wright, *Love of Power*; Edward D. O'Connor, *The Pentecostal Movement in Catholic Church* (Notre Dame, Ind.: Ave Maria Press, 1971), chap. 8。叫人驚奇的，五旬節主義無疑是一個偉大的復興運動，同時竟是百病叢生。

55 Hummel在*Fire in the Fireplace*, pp. 20～21便曾用這形像。

56 恩賜和職事，詳Dunn, *Jesus and the Spirit*, pp. 298～299，另執事架構，見Küng, *The Church*, pp. 393～444。

57 Karl Rahner, *The Dynamic Element in the Church* (New York: Herder and Herder, 1964); "The Church-An Ordered Body"，收於 *Welcome Holy Spirit: A Study of Charismatic Renewal in the Church*, ed. Larry Christenson (Minneapolis: Augsburg, 1987), chap. 47; Yves Congar, *The Word and the Spirit* (London: Geoffrey Chapman, 1986), pp. 58～62, 78～83。

58 Lederie, *Treasures Old and New*, p. 234.

59 神學忽略了教會的宣教，Barth是例外的一位："Holy Spirit and the Sending of the Christian Community"，載 *Church Dogmatics* 4/3(2), trans. G. W. Bromiley (Edinburgh: T & T Clark, 1962)。Hendrikus Berkhof, *The Doctrine of the Holy Spirit* (Atlanta: John Knox Press, 1964), chap. 2中便有這樣論述。

60 John Fuellenbach, "The Kingdom and the Holy Spirit"，收於 *The Kingdom of God: The Message of Jesus Today*（Maryknoll, N. Y.: Orbis, 1995）, pp. 236～247。

61 Hauerwas and Williamson, *Resident Aliens*, p. 171.

62 除了Barth和Berkhof，另參Boer, *Pentecost and Missions*, chap. 5～7。

63 Nicholas Lash, *His Presence in the World: A Study of Eucharistic Worship and Theology*（London: Sheed and Ward, 1968）, pp. 155～163; Ronald J. Sider, *One-Sided Christianity? Uniting the Church to Heal a Lost and Broken World*（Grand Rapids, Mich.: Zondervan, 1993）.

64 William J. Sbraham, *The Logic of Evangelism*（Grand Rapids, Mich.: Eerdmans, 1989）; David J. Bosch, *Transforming Mission: Paradigm Shifts in Theology of Mission*（Marynoll, N. Y.: Orbis, 1991）.

65 Peters, "Proleptic Ethics", *God – the World's Future,* chap. 12.

66 Welker認為付代價作門徒，與上帝親密相交有關。其著*God the Spirit,* pp. 331～341。

67 Richard J. Mouw, "Life in the Spirit in an Unjust World"，收於 *The Holy Spirit: Renewing and Empowering Presence,* ed. George Vandervelde（Winfield, B.C.: Wood Lake Books, 1988）, pp. 119～140。

68 Cardinal Suenens and Dom Helder Camara, *Charismatic Renewal and Social Action: A Dialogue*, Malines Document III（Ann Arbor, Mich.: Servant, 1979）。關於路加的宣教模式，參 Bosch, *Transforming Mission*, chap. 3。

69 Larry Christenson, *A Charismatic Approach to Social Action*（Minneapolis: Bethany House, 1974）.

70 Walter Wink, *Engaging the Powers*（Minneapolis: Fortress, 1992）, chap. 16; Richard J. Foster, *Prayer: Finding the Heart's True Home*（San Francisco: Harper San Francisco, 1992）, chap. 21.

71 Beverly R. Gaventa, *From Darkness to Light: Aspects of Conversion in the New Testament*（Philadelphia: Fortress, 1986）; Berkhof, *Doctrine of the Holy Spirit*, pp. 100～104及Christian Faith, pp. 507～512。Wolfhart Pannenberg對教會和社會的觀點，參Stanley J. Grenz, *Reason for Hope: The Systematic Theology of Wolfart Pannenberg*（New York: Oxford University Press, 1990）, pp. 178～182。

72 Welker, *God the Spirit*, pp. 124～134; John Howard Yoder, *The Original Revolution*（Scottdale, Penn.: Herald, 1972）, chap. 1.

第五章

聖靈與聯合

從聖靈的角度來看，救恩是關係性和感性的。世上每個宗教對人生目標各有不同看法。馬丁路德因信稱義的得救經驗歪斜基督教對救恩的理解，側重法律的角度。這觀點強調罪人身分的改變，有罪的變為無罪，而非個人與上帝的聯合。馬丁路德無疑掌握真理的一面，但必須加上一種關係的模式。聖靈引領我們進入聯合——進入與三位一體上帝那轉化、個人和親密的關係中。「認識你——獨一的真神，並且認識你所差來的耶穌基督，這就是永生。」(約十七3) 耶穌又說：「使你所愛我的愛在他們裏面，我也在他們裏面。」(26節) 這就正如詩人所言：「主阿，你世世代代作我們的居所。」(詩九十1)

讓我們現在來探討救恩，視之為賜福的異象，是上帝的擁抱。克勒窩的伯納爾 (Bernard of Clairvaux) 對此有優美表達，在他的一篇雅歌講章中有這樣的話：「若聖父親吻聖子，聖子接受了那一吻，那麼，聖靈便是那吻。」(講章八：〈聖靈：嘴唇的親吻〉〔"Holy Spirit: Kiss of the Mouth", sermon 8〕) 救恩指向上帝溫馨的擁抱。[1]

顯然救恩是多面的，有多個向度：悔改、新生、稱義和成聖，其目的卻必然是榮耀上帝和與祂聯合。馬丁路德確定非常重要的一件事：我們不再被定罪。不過這只是救恩的一面，更大範圍中的一個部分。那位居住在我們裏面的聖靈，祂吸引我們進入分享三位一體上帝的生命，這便是救恩。最終目的是在羔羊婚筵的時候，與上帝聯合。因此耶穌這樣祈禱：「父阿，我在那裏，願你所賜給我的人也同我那裏，叫他們看見你所賜給我的榮耀；因為創立世界以前，你已經愛我了。」(約十七24)

浪子的比喻捕捉了救恩的這個意象，父親期待浪子重投他的懷抱。這是一幅關乎上帝的圖畫，祂是愛的關係，努力帶領失喪的人類進入愛中，在這聖父、聖子和聖靈的團契中與自己聯合。上帝意欲把人類提升，與上帝一起生活，這正是我們在地上開始經歷的。我們注定要在上帝裏尋獲真我；我們生活、動作、存留，都在乎祂。藉著信基督住在我們心中，聖靈把我們帶到聖父的愛中。與聖靈同行，我們始能更清楚認識那過於人能測度的愛，便叫上帝一切所充滿的，充滿我們（弗三16～19）。聖靈呼召我們與上帝建立不住更新的友誼，從而分享上帝三位一體的生命。感謝基督的恩典和上帝的慈愛，聖靈住在我們裏面，把我們聯於三位一體的團契（林後十三13），並且，這神聖的工作標誌著新創造出現前末後日子的特徵。[2]

這樣思考救恩，乃是重拾初期神學家們所講的神化（*theosis*）。這範疇叫我們思考救恩的目的，就是有份於神聖性情，並且要一方面保存創造主和被造物恰當的分別，卻又不損兩者的聯合。保羅說這是分享上帝的榮耀：「我們既因信稱義，就……得與上帝相和。我們又……進入現在所站的這恩典中，並且歡歡喜喜盼望上帝的榮耀。」（羅五1～2）[3]

宗教改革以因信稱義來處理所面對的爭論。羅馬已失掉這項真理，馬丁路德的成就是把它重建恢復。今天天主教教會同意馬丁路德的見解。不過上帝宣判無罪只是救恩的開始，不是結束。得稱為義，我們進到效法基督的進程中，並且期待在新的羣體和新天新地中分享上帝的榮耀。這是東正教一直以來的堅持：我們的身分在於與上帝的關係，目的是要沐浴在上帝豐盛的生命中。神化就是魯益師所稱在我們裏面那無法平抑的渴望根源。出神將要臨到我們。我們不單蒙赦免，並且不住轉化和神聖化。基督在我們裏面成形（加四19）。[4]

彼得的表達是典型的，基督徒要「與上帝的性情有分」（彼後一4）。[5]這個羣體最終的境況注定要被三位一體的生命擁抱包圍。保羅聲稱愛（不是信和望）永遠長存便是這個意思。雖然視覺要取代信心，實現代替盼望，愛卻是無可代替，永遠長存。憑信我們得著恩典，因著盼望我們耐心等候，然而愛是上帝的本質，也就是永恆的生態。愛是來世生命的特徵。我們要在國度中按預定的坐位就席（約十四3；啟十九7）。彼得後書一章4節不是一個獨立的意思或無關痛癢的話，它提出一個基本的聖經教訓，也就是保羅口中的連於基督，以及約翰所提及的在上帝裏面，上帝也在我們裏面。與上帝聯合是救恩的目的，也就並非不重要了。聖靈在我們心中燃點這樣的盼望。[6]

教宗若望保祿二世有這樣的話：「人被召得著一個豐盛的生命，是人世生命無一方面可以比擬的，因為事關分享上帝的生命。」我們若更深領會與上帝的聯合，我們便不會抱怨這是一條艱苦的路。我們在世界是客旅和過客，只是我們終會踏上歸途，投向三位一體生命的懷中。[7]

留意本書的流程，我是在教會論以後才處理個人的救恩。這不等如低貶個人救恩的價值。別忘記牧人撇下九十九隻羊，只為尋找一隻迷路的。上帝愛每一個人，甚至連人身上的每一根頭髮都數過。上帝寶貝每一個人。只是我把個人置於團體之後，因為個人是在羣體中塑造。人之所以成為人，在於與別人建立關係，不要本末倒置。約翰・鄧肯 (John Donne) 認為沒有人是孤島，這是對的，因為這個個體像朵柔弱的小花，需要一個社會環境才能茁莊生長。由狼養大的孩子不會成為一個人，雖然他有成為人的潛質。同樣，人與教會接觸才能成為基督徒：就是聽聞福音、在上帝子民中或以其他方式經歷上帝的臨在。沒有教會，也就便沒有基督徒。教會是上帝的聖禮，讓祂臨近。[8]

與上帝聯合

跟上帝有不住轉化的友誼和聯合，這是人生的目標。在基督的參與性旅程中與祂連合，我們便踏上一條藉死亡和復活來分享上帝生命的道路。不滅的愛火，正在預備人的心在愛中聯合。耶穌論到這樣的合一，說：「你所賜給我的榮耀，我已賜給他們，使他們合而為一，像我們合而為一。我在他們裏面，你在我裏面，使他們完完全全的合而為一，叫世人知道你差了我來，也知道你愛他們如同愛我一樣。」(約十七22～23) [9]

與上帝聯合是一種親密的狀態，可以用兩性的意象說明。保羅指出男女的愛揭示基督對我們的愛這奧祕(弗五31)。我們反對濫交，因為我們與主合而為一(林前六15～19)。救恩本身指向婚禮(啟十19)。從天而降的新耶路撒冷預備好了，就如新婦妝飾整齊，等候丈夫(啟二十一2）。天使告訴約翰，說：「你到這裏來，我要將新婦，就是羔羊的妻，指給你看。」（啟二十一9）這優美的意象把救恩與滿足兩性生命的欲念相提並論。針對這方面，靈修作家如十架約翰便長篇大論註釋雅歌。他們視救恩為一種神祕聯合，在不失掉個人身分的同時，人經歷與上帝之間的聯合和團契（《愛美善》〔*Philokalia*〕2.216）。克勒窩的伯納爾有優美的表達：

> 耶穌啊！我一想到祢，
> 心中就極其美，
> 將來見面同住一起，
> 必然更美百倍。
> （譯按：《救恩詩歌》第205首，中國神召會出版）

聖餐預示這個婚筵。擘餅和飲葡萄酒是將來與基督坐席的具體記號（路十四15）。為此，聖餐不應是沉痛哀悼，乃是一個慶典。東正教的禮儀便捕捉到這聖禮隱藏的歡慶精神：「讓我們歡欣快樂，將榮耀歸給祂，因為羔羊已來迎娶，祂的新婦預備好了。」[10] 這就是代贖真正的意義。**代贖**（atonement）一詞在新約英王欽定本（King James Version）只出現一次，它是一個古老的措辭，表示「在一的狀態」（at-one-ment），並且通常譯作「和好」（羅五11）。這詞論到上帝與人類的合一。由於神學把這詞與基督工作的理論連在一起，因而失掉一些原本的關係性含意。事實上，**代贖**一詞給我們說明那愛的關係，而聖靈正吸引人進入這關係當中。聖靈藉著聖子領我們進到與聖父甜蜜的關係中，聖子與我們分享祂的兒子身分。

聖靈召喚我們與聖子一起同作上帝的兒女，與祂一同把自己獻給聖父。聖子永遠是聖父愛的對象，祂總是在聖靈裏回報聖父。上帝邀請被造的參加這愛的團契的神聖舞蹈。祂不曾把我們摒諸祂的生命範圍之外。祂邀請我們在三位一體中與基督同作後嗣。當我們被引進這親子關係，並且得享上帝的生命，我們便藉著聖靈與聖子同喊「阿爸，父」。與上帝聯合就是那無法想像的被造生命的完滿，乃是聖靈在我們裏面成就的。當教父們說：「上帝成為人，好叫人能成為上帝」(愛任紐：《駁斥異端》3.19.1；亞他那修：《論道成肉身》〔*On the Incarnation*〕2.54)，正是這個意思。[11]

我們敬拜的上帝，祂從天而降，來到我們沉淪的深淵，為我們開拓一條向上走向聯合的路。我們被造就是要與上帝相交，與聖子同作祂的兒女。上帝為此差遣聖子，聖靈又把兒子的身分分給我們(加四4～7)。因為基督的兩性合一，我們得以恢復人的本質，得與上帝的性情有份。

我們所說的聯合(神化或神聖化)並非泛神主義；上帝不是要把人格吸收。因為上帝的恩典，並且**作為被造物**，我們加入在祂裏面。連於基督卻沒有變成基督，我們也連於上帝，卻沒有變成上帝。這是一個情格的聯合，但當中保留著創造主和被造者的分別。我們不是以平等身分加入這舞蹈，乃是被接納的舞伴。彼得說我們與上帝的性情有份，他並非指本體上的聯合，乃是各個復活身體的聯合。這是情格的聯合，而非本體的聯合。它沒有否定上帝與被造者之間的分別，或使上帝成為惟一的實相。三位一體的各個位格互相寓居在對方之中，同樣，我們既是照著上帝的形像造成，也就住在上帝裏面，且是與祂同住，分享三位一體的生命，經驗穿梭各位格之間的愛的種種活動。[12]

澄清我們這方面的思維後，並不等如可以就此作出結論，認為這就是東方宗教所指的被無限或神聖所吸攝。即使印度教——近似一神和非二元的——也是語帶辯證味道。一直以來非二元性便是個含糊的概念。有些時候，商羯羅(Sankara)的言論聽起來頗有點基督教味道。他體會到上帝乃是超越人的想像，救恩就是聯合。我們需要清楚自己的意圖，並且耐心聆聽別人要說的話。或者當我們歡慶與上帝聯合作為救恩的目的，那麼我們不單與東方教會，也跟其他非基督教的東方宗教有一些共通的地方，這方面的共通可能比我們想像的多。我們相信上帝預賜之恩(prevenient grace)，便會發現這是感恩的緣由，因為它叫我們在印度不同的民族中，與他們產生更有果效的對話，增強見證。[13]

與上帝聯合先在地上開始，卻不全屬未來的事。禱告中進入上帝的生命(我們仍是我們)，我們便經歷聯合。在聖靈幫助下禱告，我們開始加入三位一體的生命，藉著聖靈與基督聯合，在聖父面前站立。或者，正如保羅所言：「現在活著的不再是我，乃是基督在我裏面活著。」(加二20)信徒在基督裏藉著聖靈開始與上帝聯合，並且嘗到從聖父流到聖子的愛。沐浴在歡愉中，我們與聖子一起以愛回報，侍立上帝面前，並且有聖靈在我們裏面代求。我們今生便開始經歷與上帝聯合。我們在進入上帝的豐盛中（西二9～10）。[14]

與上帝聯合並不只限於諸靈。萬物未曾消失，大自然未曾隱退。創造的目標就是新創造，就是一個蛻變的天地，有義和平安居於其中。這是我們盼望的新耶路撒冷，是復活聖徒的居所，是一處不再勞苦歎息的天地（羅八23）。聯合不是一元向度的諸靈的聯合，乃是在上帝裏受造物的存在的多元向度終局。[15]

稱義與神化

與上帝聯合不是宗教改革家的中心思想。作為修士，馬丁路德害怕上帝的審判，也就祈求耶穌基督的赦宥。從此，新教便把稱義作為主要信條。換言之，法律含意便掌控了我們的救恩觀念。[16]得赦免、蒙稱義固然非常重要，不過，稱義只是救恩的一個關頭，不一定是中心主題。我們既蒙赦免，便應專注追求與上帝的愛聯合。基督徒的經驗不單單是一個解脫，不用面對上帝懲罰。稱義不過是救恩道路的一步，目的是走向改變和聯合。稱義並非馬丁路德所言而為所有基督教義的首要信條。它掌握了一個真理，就是上帝白白的恩典，但這不是救恩的整個模式。得救更像與上帝共墮愛河。[17]

事實就是這樣，法律概念和稱義教理於聖經的重要性只是給我們誇大了。上帝本來就不是一位盛怒的法官，秉公行事，祂是位熱情的戀人，索求成為一的狀態（at-one-ment）。稱義在羅馬書和加拉太書是保羅的概念，即使這樣，其在書信的地位也不及改革時期那麼吃重。即使在那些書信中，也不過是突出外邦與猶太律法爭議的主題。馬丁路德重新發現的稱義道理，對他本人和十六世紀的改革是重要的，但對於今日的我們並不然，即使對保羅神學有精闢的詮釋，也不以為然。保羅不像馬丁路德般心存罪疚，作為猶太人，他認為自己就律法來說，是無可指摘的(腓三6)。因信稱義於保羅來說並非主要因內疚的良心，更主要是因藉著耶穌復活，展開一個新的時代。[18]

對於保羅來說，上帝的公義不是要平息怒氣。於希羅的思想，公義是對錯分明、賞善罰惡。然而於希伯來的思想，**公義**一詞乃指上帝的拯救行動。上帝是「公義的」，因為祂保存萬有，使他們茂盛生長。公義的上帝為了醫治破裂的關係，走上第二里路。我們若降服於上帝拯救的義，便是因信稱義，得著保證最終無罪獲釋。上帝稱罪人為義，並非空談，乃是宣告他們已經與基督一同得勝。對於保羅，稱義告訴我們上帝如何悅納外邦人，祂接納他們如同接納猶太人一樣——因著信，本乎恩。上帝揀選以色列，目的是要賜福外邦人，祂藉著耶穌基督拯救行動的義，如願得償。可見救恩不是因為不被定罪而舒一口氣；它把我們吸進上帝的愛中，從而得著神聖的性情。[19]

關鍵是，救恩牽涉轉化。救恩不是廉價恩典，單單基於接納某些論點，或純粹是身分的改變。羅馬書六章聯合的應許是緊接五章因信稱義的道理的。這也不只是兩個觀念的彼此制衡；而是沒有聯合作為目的，便不構成稱義的事實。對於稱義的人，受洗是歸入耶穌基督的死和復活。若沒有新生的樣式，若沒有與基督聯合，若沒有脫離罪的權勢，那就根本沒有救恩。[20]

愛的醒悟

倘若救恩就是聯合，那麼悔改便是對愛的醒悟。聖父渴想子女回轉。祂呼喊，說：「你這睡著的人當醒過來，從死裏復活！基督就要光照你了。」(弗五14) 祂希望我們清醒過來，並且對愛醒悟過來；想起我們的命途，然後與耶穌這位真正的浪子，一起歸家。聖靈勸誘人類重返正確的人生路途，重投上帝的愛中。切勿棄絕上帝在自己身上的目的，倒要認罪，相信福音(可一15；路七30)。[21]

愛勸誘——它不是咄咄逼人的。悔改不是迫出來的。

我們得救是本乎恩，也因著信，當中涉及回應。創世記記錄亞伯蘭「信耶和華，耶和華就以此為他的義。」(創十五6) 信心得上帝的喜悅，祂便賞賜那尋求祂的人(來十一6)。上帝作出主動，但亞伯蘭作出回應。上帝因此歡喜，便讓他在拯救工作中同工。

上帝感動我們走向親密的關係。祂的話大有能力，只是人必須作出回應。上帝不是以力取勝的，乃要拯救聽從規勸的。上帝要得著人，罪人卻必須願意被上帝得著。他們必須願意讓上帝更新。像該隱，他成了罪權的獵物；我們別忘掉自己的自由。該隱可以自由地拒絕罪。「他必戀慕你，你卻要制伏他。」(創四7)[22]

我們實在無法滿足上帝所需要的。但惟獨一樣，祂想要從我們身上得著的，卻又非別人能給予的。我們不肯給祂，祂也就不能得著。我乃是指著我們人的愛。惟有我們決定給祂，祂才能得著。上帝創造我們來愛祂，問題是我們怎樣善用那自由。上帝賜人能力，卻不是施加壓力。上帝以大能作工，卻不是控制。上帝是慈祥的家長，不是暴君一名。人只能靠恩得救，人若不回應，恩典便不能進行拯救。[23]

上帝在歷史中的行動，乃是配合現世的條件和代理人的局限。我們可以與上帝合作，實行祂的旨意，也有可能摒棄祂的旨意。人為的因素，無論大小，都早在考慮之列。[24]即使耶穌的神蹟，也不能勉強固步自封的人生發信心。甚至目睹神蹟出現，人也不一定理解為神聖記號，甚至竟將之歸功於撒但，或索性不加理會（可三22）。缺乏開放的態度，神蹟異能便顯得含糊不清（約二23）。因為愛便是這樣，只會溫柔地勸說，絕不勉強。上帝賦予人類自由，也就尊重這自由。恩典已經賜下，只待人去接受。[25]

聖靈吸引人，只是人必須願意。聖靈幫助我們，不過我們也要與上帝同工（林後六1；腓一19）。上帝在我們裏面作工，我們便作成得救的工夫（腓二12～13）。在悔改的過程當中，恩典和接受相互影響。有人回轉歸向上帝，天上歡樂，因為這不是必然的結果。悔改不是預定的，純粹是出於自由的回應。因此，罪人回應恩典，天使一同歡欣。父親沒有阻止浪子離家，也沒有強迫他回頭。浪子的來去，他的自由是受到尊重的。

在天上的聖父待我們像兒女一般（來十二7）。好的父母不會轄制子女，反倒教導他們如何善用自由。家長有權約束子女，但不應蠻不講理。父母總是為子女展示可能的未來，卻不可、也不能強制他們選擇。他們可以定出指引，卻不能決定結果。上帝不是全權決定一切的，祂的恩典也非無可抗拒的。祂讓浪子離家，浪子回頭，卻又樂不可支。這正是耶穌對耶路撒冷一番說話的哲理：「我聚集你們，只是你們不願意。」(參太二十三37) 祂把自己獻給他們，豈料竟成了匠人所棄的石頭 (太二十一42)。

我們獲得邀請出席筵席，只是我們會否應約？兒子走上得救的路，我們是否願意加入其中？恩典已經發出，只是我們要回應。聖靈預備罪人的心以期建立關係，只是不能保證結果。人是可以拒絕上帝的提議。司提反歎道：「你們常時抗拒聖靈。」(徒七51) 上帝期望聽到的，乃是馬利亞和她兒子異口同聲發出的「我願意」。祂因彼得的願意快樂，為猶大的不願意而難過。恩典不會強人所難，乃是動人以情。上帝在我們裏面作工，我們卻可以謝絕邀請，把自己關諸門外。就如保羅所言：「然而，我今日成了何等人，是蒙上帝的恩纔成的，並且他所賜我的恩不是徒然的。我比眾使徒格外勞苦；這原不是我，乃是上帝的恩與我同在。」(林前十五10)

我們從馬利亞身上學會對上帝的主動作出回應。她肯敞開自己，聖靈便向她施恩。因此聖靈臨到她身上，至高者的能力蔭庇她 (路一35)。馬利亞憑信回應上帝的恩典。她順服聖靈的提醒，也就在婦女中成為有福的 (路一42)。[26]

敗壞與責任

有些神學家認為有罪的人不能回應上帝。他們既是在罪中死了，怎能回應呢？(弗二1)。因此，他們要回應，首先必須再被創造(re-created)。他們務要得著重生和有效的召喚，才能應允上帝。有人相信惟靠恩典(*sola gratia*)，就是認為人悔改乃是一項神聖的獨力行動：上帝一手包辦。奧古斯丁回應伯拉糾(Pelagius)，就是以此作結論，馬丁路德一脈相承，認定罪人被罪完全轄制，連向上天求救也無能為力。也就是說，人因為意志受捆綁，根本無能力相信。除非得著新的意志，罪人根本不能自由地去愛上帝。罪人便得重新被設定程式(reprogrammed)，變成可以回應的。但這樣一來，救恩便不再是藉恩典「因信」得著，救恩便好像毋須信心。罪人因不可抗拒的恩典，被迫要有信心。如此看來，罪人不是遇溺待援，他們實在已經死了，更遑論呼救。罪人不能積極向上帝作出反應，因為他們對任何神聖行動都沒有知覺。[27]

根本沒有完全的自由，罪肯定是意志的問題。這不等如因此需要不可抗拒的恩典，也未有因而消除人類的責任。保羅說得好：「我真是苦阿！誰能救我……呢？感謝上帝，靠著我們的主耶穌基督就能脫離了。」(羅七24～25)罪不錯是威力無窮，只是罪人是有能力回應恩典的。在婚筵的比喻中，獲邀的賓客拒絕應約，王便吩咐僕人，凡願意的就請來赴席(太二十二3、9)。顯然是相信這些人是可以作出回應的。尋珠比喻的商人不是死了，他乃是積極地尋找。他實在是鍥而不捨，絕不言棄。在另一個比喻裏，上帝是找願意的心，作為好土，來栽種祂的道。對保羅來說，上帝的恩典不是徒然的，因他回應了（林前十五10）。有人問加拉太人怎樣得著聖靈，答案就是他們因信受了聖靈（加三2）。[28]

那麼，罪人死在過犯中究竟是甚麼意思？他們當然不是死屍。因為保羅另外又說，罪人乃是隨從黑暗之子行事（弗二2），是可以運用信心並與基督一同活過來的（弗二8）。他們這種死亡的狀態不是無能力相信，乃是不能承受上帝的眷顧。保羅明確表示：「你們……因信上帝所運行的能力，與他一同復活了。」（聖經新譯本，西二12）歌羅西人透過洗禮顯示的信心，就是領受新生命的媒介。保羅不曾對腓立比的獄吏說：「得救後便相信」；他說：「當信主耶穌，你和你一家都必得救。」（徒十六31）聖經很多地方都鄭重宣告我們能夠呼求上帝，而且一再叫我們不能推卸責任。我們受著上帝、環境、本性和其他事物影響。很多因素使我們犯罪，只是我們最終無法推卸責任。

我們要承擔責任，這是照上帝樣式被造其中部分的含義。我們的構造使我們能向上帝作出回應。這是人類尊嚴的基礎，罪沒有把它毀掉。因為我們**能夠**回轉，上帝才邀請我們轉回。不然祂就是挖苦我們。祂向每個人發出邀請。耶穌不曾說：「蒙揀選的到我這裏來。」祂乃是說：「願意的都可以來。」我們裏面尚留有上帝樣式的餘燼，聖靈便向之吹氣。人有能力發出上帝期待的信心。聖靈柔聲勸誘我們，卻不會強迫我們就範。

東正教一直不接受任何否定自由的恩典教義，因為自由對於那在我們裏面的上帝形像很重要。我們需要恩典來與上帝相交，只是我們有一定責任。救恩需要恩典和人的意志同時運作。[29]

奧古斯丁以前的希臘教父，普遍採納這樣的觀點。教父面對異教世界的宿命論，捍衛了人類的自由。正如前述，奧古斯丁倡議罪人不能作出回應，馬丁路德在《基督徒的自由》(*Bondage of the Will*)一書將之發揚光大。他這樣申辯，既然上帝預知一切，一切發生的事便具必然性，包括人的回應。可幸信義宗的信條，以及馬丁路德的門生墨蘭頓(Philipp Melanchthon)都未有接受這極端的教義。[30]天特會議(Council of Trent)論到預賜之恩，是要幫助肯衷誠合作的罪人悔改。沒有恩典，人不能進入信心的層面；有恩典，人便能有信心(《天特會議法規及諭令》〔*Canons and Decrees of the Council of Trent*〕6.5)。恩典不是無可抗拒的。上帝發出救恩，其功效在乎我們作出的回應。上帝的恩典就像河水，一路席捲前面的物體，只是罪人卻可以抓緊岸邊，不讓河水把他沖走。[31]

罪人重演亞當的決定，認同墮落的亞當聯盟。他們因此是要承擔責任的。耶穌呼籲罪人與亞當絕交，並且與新人類一起效法祂的順服。顯然，作出決定的能力來自恩典，也是由於與恩典相遇，縱是這樣，拯救仍未強加諸人。拯救是有待人去接受的禮物。上帝並非不理會被造物，卻又不會推翻他們決定；雖然有點冒險，上帝仍重視賜給人類相對的自主權。[32]

沒有恩典便沒有信心，只是信心的而且確是人的回應和合作的行動。信心未有使恩典變得無用，恩典也不會使信心自動出現。恩典大有能力，卻因被人拒絕變得無效。信心是禮物，同時也是人的行動。即使在耶穌的事工中，恩典一樣可被人接受或拒絕。與此同時，我們的自由要被聖化。我們的意志深受罪的影響，必須在聖潔中完善。我們要在自由中長進，因我們還未按本分生出美善的念頭。自由需要操練，才能達到美善的地步(多二12)。[33]

雖然上帝通常不會以力制勝，我倒不否認有些時候祂似乎又會這樣做。上帝在大馬色的路上，把巨大的力量壓在掃羅身上，他就仆倒在地。這是個強烈的呼召。即使這樣，也同時有一個回應，因保羅指出，上帝的恩典不是「徒然的」，所以他「沒有違背」，並且「基督耶穌……以我有忠心。」(林前十五10；徒二十六29；提前一12)

那個格拉森人更加叫人感到驚訝，脱離眾污鬼之前，他根本不配求恩典。世上有些人真的沒有能力對上帝發出回應，例如那些精神大有問題的人。我們千萬不可武斷，認為在這些情況下，上帝為要顯明恩典，便隨意行事。祂沒有責任要尊重我們的自由，雖然祂通常會是這樣。

我要強調的是，上帝不願人無意識地愛祂。祂問我們說：「你愛我嗎？」我們整個的人生就是這個問題的答案。在旅程的任何時刻，總有機會説「是」或「不」的。上帝視我們為重要的代理人——這是為甚麼人的回應是悔改不可或缺的部分。地獄證明了這點：地獄存在惟一的理由是，上帝是那麼愛我們。祂縱是多麼不願意，也不肯推翻人的「不」。

聖靈事件

在創造和新創造中，聖靈是主和生命賜予者。聖靈賜我們生命氣息和復活的新樣式。聖靈內住是基督徒的記號(羅八9)。新生命就是分享聖靈(腓二1;來六4)。非被造的聖靈感動被造的靈，又引領被造的靈到永活的上帝那裏。「得著聖靈乃是基督徒生命的真正目標。」(薩諾夫的聖拉弗〔St. Seraphim of Sarov〕)就讓我們繼續視救恩為聖靈事件。[34]

我們受洗歸入基督的死和復活。我們洗於聖靈，便加入主的旅程，並且得著膏抹作祂的工。「……膏我們的就是上帝。他又用印印了我們，並賜聖靈在我們心裏作憑據。」(林後一21～22)事實上，當耶穌被聖靈膏抹成為基督，同樣情況出現我們身上。聽來有點奇怪，不過保羅卻暗示，我們跟耶穌一起，被膏抹作「小基督」。這樣膏抹的目的再明顯不過了：不是要挑起宗教情感，乃是給人力量，跟隨耶穌，走祂的道路。「父怎樣遣差了我，我也照樣差遣你們。」(約二十21)我們受膏作耶穌的門徒，聖靈挑旺在我們裏面對上帝的愛，為要叫我們效法耶穌，活出祂的樣式。

聖靈把愛燒旺，溫暖人心，使人發出光采。只是十架約翰口中的「屬靈美食」(spiritual delicacies)不是為滿足感官，乃是要結出果子，旨在叫我們火熱起來服事上帝。奧古斯丁說：「若有人告訴你上帝愛你，便不由得手舞足蹈，歡喜若狂，這又何妨！你若感到要這樣來稱頌祂的愛，那麼，當我告訴你愛必須是運行在你心裏的一個力量，叫你們彼此服事，你也應感到同樣興奮。」(《約翰壹書講道辭》〔*Homilies of the First Epistle of John*〕10篇)

悔改是賜生命的聖靈事件(林後三6)。這是在人裏面的活水，湧向永生(約四10、14，七37～39)。復活的主向使徒們吹氣，並說，「你們受聖靈」(約二十22)。這事令人聯想到上帝向亞當的鼻孔，以及谷中的枯骨吹氣。耶穌來是叫我們得生命(約十10)。為此祂把聖靈賜給我們。保羅的悔改被形容他是被聖靈充滿(徒九17)。聖靈落在哥尼流和他的家人身上，他們說方言，稱讚上帝為大，人便認為他們已被拯救(徒十44、46)。應許在末日要來的聖靈如今澆灌下來，人被領進彌賽亞救恩的時代。[35]

宣講上帝的道，聖靈就來了。這不單是個認知問題，且開創了權能接觸。保羅說：「我們的福音傳到你們那裏，不獨在乎言語，也在乎權能和聖靈，並充足的信心。」(帖前一5)同樣，他論到基督怎樣藉著他來完成在外邦人中的工作：「藉我言語作為，用神蹟奇事的能力，並上帝聖靈的能力。」(羅十五18～19)其影響並不止因為驚人的人類智慧。聖靈把帕子除掉(林後三16～18)。那時有聖靈和大能的明證(林前二4～5)。這是權能事工：「我也為此勞苦，照著他在我裏面運行的大能盡心竭力。」(西一29)話語(極可能是先知言語)中的能力就是聖靈手中的寶劍(弗六17)。帶著能力的話能刺透人心(來四12～13)，顯露人心裏的隱情(林前十四24～25)。縱然上帝的恩典是可以抗拒，卻是奔流的河水，把罪人也一起捲進去。[36]

彼得吩咐悔改的人受洗，好領受聖靈(徒二38)。保羅問以弗所那些人，信的時候受了聖靈沒有。得知他們還沒有，保羅便奉耶穌的名給他們施洗，並且按手在他們頭上，好叫聖靈降臨。藉著水洗禮，聖靈降臨，他們就說方言，又說預言(徒十九6)。保羅又問及加拉太人的聖靈經驗，他們是否受了聖靈，見過神蹟(加三2、4)。這些經文顯示，基督徒無可避免要與聖靈建立關係。信徒要不斷與聖靈有更新的接觸，這大大影響他們的生命。

由此可見，與上帝相遇，對獲取宗教的確實性來說是重要的。理性有其功用——那裏有很多證據支持信心。但說到底，這是心靈的問題。信心來自上帝的能力，非出自人的智慧。理性可以為信心營造氣氛，卻不能叫人跨前一步。經歷上帝便成了不可或缺的部分。作個真基督徒必須活在聖靈中，生命不住改變。

因此，屬靈氣質便是我們見證的重要部分。信徒必須專注上帝的大能在自己生命中的工作，期待上帝使他們成為天國的器皿。聖靈帶領教會宣教的同時，也帶領每個信徒。我們每天都要對神聖約會觸覺敏銳。我們活著是要讓上帝的愛藉著我們流出。聖靈不是應許種種持續得勝和興奮的狀態，乃是宣教所需的各樣恩賜。

我以為不是每個人都有清晰的概念，認為救恩就是聖靈事件。這點從談論悔改的語言可以看出來。通常人多以「接受基督」來表示信主，很少會說是領受聖靈。只是新約並不是這樣。究竟聖經有那些地方真正論及接受基督？我們求助於啟示錄三章20節，那裏提到基督叩門，祂盼望得著接待。不過從文理看來，祂不是叩個人的門，乃是叩教會的門。歌羅西書二章6節論到接受基督，卻用了接受和傳遞傳統有關的辭彙，而這不是神祕的接受。約翰的福音較為進取，那裏指出，縱然耶穌不為以色列人接受，祂卻可以被我們接受。約翰福音十四章23節更清楚指出，聖父和聖子住在愛耶穌的人裏面。因此，接受基督這種講法基礎薄弱，接受聖靈的講法在聖經中倒較常見。事實上，當我們接受聖靈，我們就歡迎基督。

說「接受基督」並不是錯，只是為何捨聖經的表達方式不用？新約聖經談及承認基督和接受聖靈。我們為何不敢把悔改當作聖靈事件？或許我們不想把悔改變成一種經驗，因經驗是起伏不定的。甚至我們會有點兒畏懼宗教感覺，寧願停留在知性的層面，只接受命題式真理。這些關注都是有根據的。不過，我的訴求是不要忽略了經驗的一面。彼得提到有說不出來、滿有榮光的大喜樂（彼前一8）。作基督徒就是被上帝崇高的愛包圍，亦因這緣故，首批門徒他們有力量傳福音。上帝改變了他們的生命，以致不能不說（徒四20）。[37]

我們偏愛用「新生」這類言詞，帶出同樣的信息。視悔改為聖靈事件，我們感到有點兒不安。我們不喜歡問某人接受了聖靈沒有，卻愛問「重生」了沒有。我再說，這是合法的，可惜有欠平衡。約輪福音論到重生，它憶述上帝把生氣吹進亞當裏面，重生乃是譬喻聖靈的救恩（約三5）。彼得提到重生叫我們有活潑的盼望（彼前一3）。然而，較諸接受聖靈，重生的意象不是經常出現的。

除了利用談及重生以規避得救就是接受聖靈，我們運用這種語言的**方式**也產生誤導。首先，我們漠視這詞實指整個天地的重生，硬把它說成是私下和個人的事（太十九28）。我們沒有理會聖經中新天新地的圖象。其次，論到重生，我們往往漏掉洗禮的向度。第三，我們單指為一次經驗，從而貶抑當中生命改變的含意。第四，我們忘記約翰福音三章7節的**你**是複數，因此，重生也就指加入一個羣體。顯然，我們捨用聖經用語，寧選其他，從而避免把悔改説成是聖靈事件。[38]

基督代表全人類走完代替性旅程，如今聖靈正在吸引人加入，透過將上帝的愛澆灌我們心中，使這位代表的使命在現實中展開（羅五5）。聖靈厚厚的澆灌在我們身上（多三6），叫我們得膏抹、受印記（林後一21；弗一13）。我們不再是屬血氣的；男的、女的，我們都是屬靈人（林前二14）。像耶穌在約但河那樣，我們得兒子名分，進入與聖父的親子關係中（羅八18；加四6）。耶穌信靠祂的聖父，經歷作兒子，並且得著聖靈，我們既認同耶穌的代表性旅程，便與聖子一起成為兒女。

聚合起來我們就是聖靈的殿（林前六19），我們每一人都有聖靈內住。聖靈把我們連於基督，又領我們與上帝親密相交。我們的聯合不是一種神祕莫測的關係，它讓我們洞察上帝的心。這個親密關係不會把宣教的關注置諸腦後，反倒渴望上帝的國度和旨意，在世上成就。[39]

聖靈本來就不是初期教會信徒的一種理性信念，乃是充滿活力的真實經驗。聖靈雖然指向基督，榮耀祂，卻不是像無名小卒般，呆立一旁。聖靈正在創造新的實在，使人成為繼往開來的宣教器皿。基督教信仰不是一種智力反省的宗教，少涉情感。我們乃是靠著聖靈的大能宣告國度來臨。[40]

領受與實現

那麼，悔改便是聖靈事件，關係信心與洗禮。彼得吩咐人接受水的洗禮，以便領受所賜的聖靈（徒二38）。耶穌也曾提及要從水和聖靈生（約三5）。祂吩咐門徒要奉聖父、聖子和聖靈的名給人施洗（太二十八19）。透過這樣的行動，信的人受洗加入基督的身體（林前十二13）。這是聖靈更新的沐浴和藉著道用水洗淨（多三6；弗五27）。

洗禮似乎是聖靈臨在的時機。水的洗禮和聖靈洗禮不是二分的。在水禮這聖禮當中，上帝賜福那些回應聖道的人。水禮不只是象徵或順服的行動，且具有屬靈的益處。洗禮時，人伸手，上帝賜下聖靈。這不是説之前聖靈並不存在，明顯地，聖靈先行工作，又在人聽道的時候作工。聖靈與水有關，不全在於水禮乃悔改事件的一部分，以致在當中接受聖靈。兩者之間的連接不是死板的。人悔改以後才準備洗禮。哥尼流戲劇性地悔改，又被聖靈充滿，之後才接受洗禮（徒十44～48）。無論如何，水禮和聖靈洗禮是有關聯的，並且在禮儀中應期待與聖靈相遇。[41]

洗禮同時又是靈恩經驗的時刻。以弗所人接受洗禮的時候，他們就説方言，又説預言（徒十九5～6）。哥尼流也是一樣，聖靈降臨，人們聽見他和他的家人一起説方言，稱讚上帝為大（徒十46）。鴿子落在耶穌身上，天上有聲音發出。洗禮和悔改同是聖靈事件，當賜恩者在場，恩賜便出現。我們要引導受洗的人期待被聖靈挑動。我們一旦忽略了洗禮當中的靈恩向度，這缺失日後仍得償還。今天人們渴望聖靈的第二次祝福，或聖靈的洗，主要是由於過去忽略了洗禮和堅振禮乃是靈恩事件。[42]

嬰兒洗禮是古老的習尚，為此我們理當尊重。當然，受洗的人若承認基督，並且接受聖靈，洗禮的意義便更加明確。關於嬰兒洗禮，最好視為恩典的確存在，同時卻有待日後在具有意識的情況下圓滿實現。嬰兒洗禮可視為日後實現的預期福氣。對任何一個人來說，包括悔改的成人，洗禮乃是未來的，它的福氣不是一下子全部出現，乃持續一生之久。

水的洗禮乃是象徵聖靈洗禮的聖禮，不管是始於嬰孩時期或較後期的人生，都需要一生來完成。因我們每個人都是上帝從母腹中帶出來的(詩七十一6)。更新不是剎那間成就，乃是漸進的：「榮上加榮」(林後三18)。人多少有點欣賞音樂的能力，卻有待以後慢慢培養才能得以增長。同樣，明白聖靈，並且得到聖靈洗禮帶來的豐盛應許，必須假以時日。

第二次祝福又是甚麼？有些基督徒很早便經歷五旬節，有些則稍晚。雖然每個基督徒皆奉主耶穌基督的名，並且在上帝的聖靈裏蒙潔淨，成聖和稱義，只是很少人知道這些都是同一時間經歷得著的。沒有一個接受洗禮的人完全明白箇中意義，就是洗禮所應許的恩典和自由、聖潔和能力。波提耶的希拉里(Hilary of Poitiers)提及上帝的恩典如毛毛細雨般臨到我們，慢慢地結出果子來。洗禮時領受的恩典不是全部在經驗中實現。我們最初經歷的恩典能為聖靈開啟更遼闊的空間。對於有些人，這會是開啟敬拜和見證的能力；別的或會得著釋放，在上帝面前歡樂和休息。例如我自己，是傾向學術研究的，便需要增強歡樂和頌讚的能力。我需要聖靈釋放我從洗禮當中領受的一些潛能。上帝用許多不同的方式在人當中工作，而聖靈也有一些不同的層面容或隱而未現，尚待實現。

新神學家西緬（Simeon the New Theologian，生於949年左右）相信基督徒通常在人生較後期才完全得著聖靈。雖然聖靈真實臨在每個受洗的基督徒，恩賜卻在被挑旺以後才讓我們發現。這有各種原因，可能因我們已經達到更大程度的開放或更完全捨己，又或是因社會環境改變。教會對聖靈的各種形式的彰顯抱懷疑態度，或認為某些恩賜已被收回，這樣便很難支取恩典。聖靈的能力向度在今天許多教會是模糊的。這樣的境況一天不改變，很多人肯定不會接觸到這些事情。因為教會中許多拙劣的教導和習尚，第二次祝福的教義已經逐漸沒落。能力的向度若被忽略（這是常常出現的），這缺失日後必須作出補償。[43]

實現的節奏因人而異，有些人的經歷頗為戲劇性，也有平平無奇的。人生旅途隨時是迂迴曲折的。經歷聖靈的更新和釋放乃平常事。上帝的恩賜或許需要重新被挑旺（提後一6）。我們與聖靈的關係必須日趨親密。因此，總有後繼事件，且是多著的呢。

西方文化偏重理性和科學知識，低貶宗教情操的能力。這是許多西方教會缺乏生氣的原因。我們的文化本質很容易消滅聖靈。我們的文化容許當球員擊出全壘打的球時，高聲喝彩，卻無法接受在教會中向主揚聲歡呼。一直以來，聖靈有意識地活動，但現實往往沒有被察覺，聖靈也就難以突破和釋放我們。我們也很難在上帝面前舞蹈，期待異能奇事出現。[44]

因為聖靈能力的向度一直以來被忽略，繼後跟聖靈接觸本質上也就很多時候是靈恩的。有效作見證的能力較遲出現，總好過永不出現。或以洗禮來譬喻，或只視之為入會禮。後者的好處在於不致給人一種印象，只有一些基督徒才有聖靈的洗。

用詞不是問題所在。不管用甚麼名稱，重要的就是洗禮的一切益處，無論怎樣，必須在我們裏面再現生機。五旬節的現實遠較措辭重要。把屬靈突破視作我們洗禮的實現也是不錯的。這便可以處理悔改並未帶來能力和生命改變的疑難。在這樣的情況，問題往往不在於第二次祝福事非尋常，乃是入會禮本身的缺憾。[45]

入會禮只是開始，不是結束。我們藉著信心和洗禮進到聖靈的領域，不過實在則隨著時間而以不同形式浮現。我們在聖靈裏的洗禮是不斷得著更新和實現的。水禮乃聖禮的表達，只是隨著時間，這些經驗上的實況便以不同的模式，進入我們的意識中。入會禮與實現其所指向的，當中往往可能存在一個時間的空隙。這樣的延誤是由於我們不願信靠上帝，降服自己的生命。順服上帝並不容易，只是聖靈會催逼我們一生要如此行。

我要提出警告，不要以為擁有形式的信仰便是基督徒。一個人可以受洗，卻未有深入進到基督裏面。最好還是把已經受洗的視作上帝的子女，因為他們帶著基督的記號，並且要鼓勵他們更豐盛地經歷自己已有的福分。

路加有時看來好像在時序上把悔改和聖靈洗禮分割。他描述在門徒的生活中有第二次的五旬節事件(徒四31)。他提及撒瑪利亞人接受上帝的道，幾天以後才領受聖靈(徒八14～15)。他又顯示保羅的悔改需時三天才完成。不過這幾處經文並不隱含後繼的教義，它們只是關注經驗和現實情況。我認為經文的意思是這樣：若是因某些原因聖靈未有帶著能力臨在人的生命中，這樣的情況便得改正。上帝賜下大能的聖靈，我們務要領受，並且活在其中。

這不是有關措辭的討論，問題也不是**何時**(when)，乃是人**有否**(whether)在經歷中接觸聖靈。我們試意譯耶穌的話：人若只有入會禮卻沒有能力，這有甚麼益處呢？現實情況而非用語，才是問題所在。相對於經歷上有缺欠的基督徒，就是那些不認識聖靈能力的，應否稱為聖靈洗禮已不再顯得重要。我們不能只靠認知來認識上帝，也必須透過經驗。我們需要得力傳道，不再害怕、放膽講道、充滿讚美。聖靈的領域有待我們突破，就是醒覺上帝的臨在和大能。我們需要釋放聖靈，在經驗中流出恩典，並且向一切恩賜敞開自己。

這一點五旬宗人士倒是優勝的。他們敢於承認需要更圓滿的實現，並且採取行動。他們正視那不尋常的經驗，並且尋求突破。或許有人會說他們擅於助跑，不知怎樣，竟把已失速的入會禮重新啟動。他們利用加能賜力的禮儀顯明聖靈的實相，他們提供一個社羣環境讓無數的信徒在其中突破障礙。我們可以對他們的神學有意見，不過沒有任何一個羣體像他們一樣，知道怎樣面對非真實(nonrealization)的問題。

更新是我們洗禮的實現，帶來對聖靈更大的開放。早已臨在信徒身上的聖靈，以新的形式臨在。上帝變得更為真實：更強烈地感受祂的臨在、見證能力擴大、對恩賜更大的開放和更願意彰顯。以往認知的變成經驗的。聖靈內住是可以有意識地感覺得到的(加五25；弗三16～17)。我們蒙光照，嘗到天恩和上帝善道的滋味，又體悟要來世代的權能(來六4～5)。

這就像婚姻生活一樣，新郎和新娘從開始就熱烈恩愛，白頭偕老，這是好得無比。不過這並非本質所在，事實乃是往往事與願違。人際關係有時會低沉，需要恢復活力。同樣，種種因素影響著復活人生。上帝明知，卻仍召喚我們要走得更高，更深入。祂不大擔心基督徒經驗的次序；其實這些次序因時而異。上帝所關注的是實際問題，不是人甚麼時候被聖靈充滿，乃是有否被聖靈充滿。湯姆・史密爾(Tom Smail)合宜地勸勉我們：「不管奉甚麼名，總要接受！」

渴慕與聖靈有更親密的關係不是自私的欲念，因為我們所追求的不是心情愉快。我們的目的是事奉和宣教。我們需要聖靈的能力作耶穌基督的門徒。我們蒙召不是要享福，乃是為服事，與上帝同工修補創造。為此我們需要充裕的能力和屬靈恩賜。目標並非經驗本身，而是為了宣教和結出果子。為了宣教，就必須有上帝的真實在我們裏頭。信心不應只是理論，或以歷史事實為基礎。與上帝相遇的神蹟是無可代替的。

按手是領受和重新挑旺恩賜的聖禮。耶穌在事奉中經常觸摸有病的人(路五13)，他們同樣伸手摸耶穌(可五

28）。彼得和約翰也按手在人身上，這些人便得著聖靈（徒八17）。保羅指出提摩太所得的恩賜，是藉著預言和按手而有（提前四14），也提及這些恩賜是藉他的按手傳給提摩太的（提後一6）。想要更多得著屬靈充滿的人，就當請已被充滿的人祈禱和按手。

方言（glossolalia）的意義

方言恩賜與更新有關，卻備受爭議。有些人誇大其重要性，認為是聖靈充滿的惟一的原先證據。另一些人回應的時候，不願嚴正考慮。很諷刺的，誇大恩賜竟然弄巧反拙。[46]

先此聲明，說方言不是必須的。新約並無方言的規定。彼得也沒有說信主的人會說方言，我們所知道的，五旬節那天信主的人未有說方言（參徒二37）。意思就是除了說方言，還有很多方法可以知道聖靈臨在。例如彼得便引述約珥，支持先知言語是一種重要的彰顯（徒二17）。怎樣回答別人的指控也是聖靈的一個記號（可十三11）。把自己的財富送贈給人，捨身殉道，都是憑據（林前十三3）。與其指方言是規範，倒不如指屬正常。使徒被聖靈充滿說出方言，但這不一定就是以後給予每個人的模式。我們可以說方言是正常的，卻不是規範性的。[47]

不過，說方言是尊貴和造就性的恩賜。「那說方言的，原不是對人說，乃是對上帝說，因為沒有人聽出來。然而，他在心靈裏卻是講說各樣的奧祕」（林前十四2），這樣他們便造就了自己（林前十四4）。這樣看來，方言似乎是一種不易理解的語言，是回應無法言喻的上帝的一個方式；是從心底向上帝呼求的方式，表達內心無以言宣的歎息。方言是沒有概念的祈禱，發自內心、非知性的層面。我們以方言禱告的時候，乃是向上帝降服，甚至我們的言語也由祂管理。方言祈禱就等如美術中的抽象畫法。[48]

我們偏愛理性，便抗拒方言。作為有教養的人，我們不願說出過分或考慮不周的言論。我們希望把一切控制掌握、保持平穩、事事通曉。我們甚至不大熱衷神祕事物；神學應儘量理性。進行學術研究的尤其謹慎言語，不輕易發表一些不肯定的意見。這些人很難接受方言。這種恩賜將我們放在陌生的地域，要求我們像小孩般禱告。然而，這或許就是方言的重要性。這是上帝用來對付控制策略的手段。這是卑下的恩賜，也是叫人謙卑的恩賜，我們應開放自己。[49]

洗禮時賜下聖靈，此後窮一生在經驗中認識。經驗枯竭，又不明白恩賜的信徒，他們應追求更新。更新不會除掉人的軟弱，也不保證永遠在屬靈的高峯，卻能幫助我們為上帝而活。每個人都從聖靈獲得特殊的恩賜，這樣便確定我們服事主的途徑。「各人領受上帝的恩賜，一個是這樣，一個是那樣。」(林前七7) 就像遺傳因子(DNA脫氧核糖核酸) 和指紋，都是各人不同的。因為恩賜，我們便必須成為結果子的基督徒。因此，我們千萬不可不按本分生活，讓上帝在我們裏面所造的又成形的獨特恩賜，得以表露彰顯。

從形像到樣式

聖靈使我們甦醒過來懂得愛，又把我們連於聖子，叫我們得著釋放，好能像祂。保羅寫道：「因為他豫先所知道的人，就豫先定下效法他兒子的模樣，使他兒子在許多弟兄中作長子。」(羅八29) 上帝正在組成一個新的羣體，預示將來的國度。聖靈就是那粉碎罪惡權勢的能力；這力量使我們更無私地去愛上帝和鄰舍。我們與聖靈同行，建立更密切的關係，就是要效法基督。這也是上帝給全人類的目標——叫他們效法耶穌基督的樣式，上帝那真正立約的伙伴。

從復活的基督身上，我們可以窺見自己的潛能和未來。上帝在祂裏面使我們與祂立約，我們不再被遺棄，在罪中生活。作為上帝真正立約伙伴，我們的代表耶穌提早達到目標，並且為我們打開通道，讓我們能跟隨祂，參與祂的旅程。然而這樣的釋放需要時日來完成。聖靈洗禮，正如路加所言，不只是為了得力宣教，也如保羅所強調，得力過成聖生活，效法基督的樣式。[50]

創世記指出，人是照著上帝的**形像**和**樣式**被造的(創一26～27)。在原文這是兩個同義詞，東正教卻辨別出兩者的不同：一個是創造的形像，一個是培養出來的樣式(acquired likeness)。前者是指創造的規定，後者乃是隱藏的未來。這叫我們明白，聖靈是把人類從創造的形像，帶到活出基督的樣式。如此一來，人類目前的境況尚待發展，並非最終的模樣，人類需要朝向成熟和完全進發。我們現在還未完全擁有上帝形像的兩方面；只有將來與上帝聯合，我們與上帝和與其他人的關係得以完全的時候，才能活出上帝的樣式。[51]

我們照著上帝的形像被造，也就注定要變成基督的樣式，在新天新地中同享榮耀。這裏有個目的，就是要被造的作為媒介，透過與上帝和鄰舍的友愛關係，培養基督的樣式。保羅甚至繪形繪聲地描述這事怎樣成就。我們注目主的榮光，就漸漸變成祂的形狀。事實上，我們漸漸變成所見到的那個樣式(林後三18)。[52]

形像是與生俱來的，樣式卻是後天培養，指導創造過程的聖靈，如今使擁有形像的人漸漸活出那樣式。人如今在被造領域中代表上帝，雖然管治世界，但他們的性格發展，可以像上帝，也可以不像。他們可以與上帝聯合，也可以掉頭不顧。

把形像和樣式區分，我們便能分辨目前的境況乃是活出上帝的形像；將來不同，我們要反映基督。我們擁有形像，卻未有樣式，後者乃是潛能，需要我們與聖靈合作來發展。這樣的意念與人性發展觀念吻合，又有助了解神義論。有些罪惡未必是犯罪的結果，它們的存在，是用作塑造心靈的工具。[53]

強調形像乃創造的規定，就讓人認識墮落以後人的尊嚴。罪敗壞人類，並且影響我們所擁有的上帝樣式，卻未有破壞罪人那擁有形像的身分。墮落並未有使人徹底失掉尊嚴或自由。東正教體會形像和樣式的分別，正部分解釋了為何原罪觀念在東正教中，不如在西方教會那麼根深蒂固。

人生的目標就是在上帝面前效法基督。聖靈把我們從屬地的生活帶到屬天的，正如魯益師所言，從「生物」(bios) 到「生命」(zoë)。亞當失敗令事情複雜起來，卻不

致令上帝的心意沒法實現，保羅就曾這樣說：「只是罪在那裏顯多，恩典就更顯多了。」(羅五20)

效法基督自然生發某種生活形態。在愛子裏被接納，我們同樣在軟弱中被揀選和得恩，好讓我們能開始基督的旅程，成為給世界的恩賜。在施予的過程中，我們所得的是被壓碎和踐踏，我們在享受施予的喜樂之餘，便像餅一樣的增多。我們祈求：「使我作祢和平的工具。」我們在給予和接受的關係中實現人類的命途。[54]

一個充滿活力的進程

活出基督的樣式就像活在聖靈中，這是一個漸進卻充滿動感的進程。我們既從聖靈得生，便應慢慢結出果子來。嬰孩甫生下來便準備成長：器官開始活動、眼睛見到亮光。這個嬰孩開始呼吸，並且感受母體的溫暖。活出基督的樣式並非一蹴而就，跟生命成長一樣，需經歷一段漫長的時間。脫離罪的種種捆綁頗費時日。不再只顧自己，被敦促跟從憂患之子，這是痛苦的歷程。完全悔改，又讓聖靈引導，愛上帝和鄰舍更多，這是需要時間的。洗禮入會以後，還得用工夫活出聖潔生活。

我們卻有這樣的信心：「外體雖然毀壞，內心卻一天新似一天。」(林後四16) 我們跟保羅一樣相信，基督像嬰孩在母腹中，祂成形在我們心裏(加四19)。我們歌唱，

耶穌基督啊！活著在我裏面
萬事都要消失；

逐日遠離罪惡，

我心歸祢，更親近祢。

我們對上帝說「是」，聖靈便在我們裏面生下基督，轉化從此出現。受洗歸入基督，我們奉主耶穌基督的名，並藉著聖靈，已經洗淨，成聖、稱義了(林前六11)。在愛中紮根，我們便展開效法之旅。我們與基督同死同復活，藉著恩，也因著信，我們便走向兒子的地位和像基督的地步。[55]

基督徒生命是與上帝的恩典合作的成果。保羅比眾使徒格外勞苦，他這樣說：「這原不是我，乃是上帝的恩與我同在。」(林前十五10)他打了仗、跑了路、守了道(提後四6)。信徒既靠聖靈得生，也就靠聖靈行事，遵循福音度日(加五25)。我們在聖靈裏與基督聯合的結果，就是更新的道德生活。我們順服上帝的旨意，這樣便實現我們與基督的聯合，作上帝施恩的器皿。我們正與內心的黑暗和破碎奮力作戰，因為聖靈和情欲相爭(加五17)。肉體的工作與聖靈果子誓不兩立(加五19～21)。我們要把一切的污穢從身子和靈魂除掉(林後七1)。總要披戴基督(羅十三14)。通往基督樣式的路是漫長、循序漸進的旅程。[56]

雖然爭戰是實在的，聖潔和歡樂卻是並肩而行。不作門徒是有代價的。不願作基督的門徒，拒絕活出祂的樣式，不單損失慘重，並且浪費上帝給予我們的機會，實現祂的期望。抗拒更新等如抗拒在今生和來世得豐盛生命。不願效法基督的樣式就是棄絕上帝創造我們的目的。這樣便傷了上帝的心，且令渴望我們改變的聖靈擔憂(弗四30)。

指引

效法基督的指引並沒有列於法例和典章，清晰詳細，乃是頗為籠統的。一言以蔽之，就是「基督的心」(腓二5)。當聖靈把我們引進參與基督的旅程中，祂的旅程便成了我們的旅程，聖靈便在我們裏面產生改變，救贖便漸漸完成。與基督聯合，聖靈用上帝的愛澆灌我們(羅五5)。這不是模仿基督那麼簡單，藉著聖靈，我的生命成了實現和流露祂的愛的所在。我們的枝子開始結出果子，容或不是出於我們，我們卻要渴望和讓果子生出來。

這個命定的樣式在聖子身上顯明，藉著道成肉身，祂顯明聖父和我們的目標。耶穌一方面是上帝本體的真像，和祂榮耀的光輝(來一3)。上帝本性一切的豐盛，都有形有體地居住在祂裏面(西一19，二9)。因此，祂把聖父顯明出來。另一方面，祂是那展示真人樣式的新亞當。這要以基督的行動來衡量：「你們知道我們主耶穌基督的恩典：他本來富足，卻為你們成了貧窮，叫你們因他的貧窮，可以成為富足。」(林後八9)約翰補充，說：「主為我們捨命，我們從此就知道何為愛；我們也當為弟兄捨命。」(約壹三16)拯救的目的包括效法這個人類的新形像，是聖子在聖靈裏作成的，我們藉著聖靈也可以得著。

聖子取了肉身，祂把豐富的恩典放入我們的本性中，把它從罪和死亡中釋放出來。原則上人類已經與基督一同復活，一同得榮耀。我們悔改的時候，乃是憑信加入祂那代替性的人類，得著指引，朝著與上帝聯合和活出基督樣式的方向進發。我們成了上帝立約的伙伴，祂的接納使我們安穩，我們便開始活出新生的樣式，並且結出果子。信心讓上帝自由在我們身上工作，使我們活出祂一直期望受造物所能活出的生命。

耶穌總括目標，就是盡心的愛上帝和愛人如己。這正是祂自己所作的。這是一條毫無保留的捨己道路，擁抱那不可愛的。保羅則用誦詩綜合：「愛是恆久忍耐，又有恩慈；愛是不嫉妒；愛是不自誇，不張狂，不作害羞的事，不求自己的益處，不輕易發怒，不計算人的惡，不喜歡不義，只喜歡真理；凡事包容，凡事相信，凡事盼望，凡事忍耐。愛是永不止息。」(林前十三4～8)

因世人的抗拒和敵對，效法基督便得忍受各樣苦難。這是一條在墮落世界中尋愛的路。聖子既然顯明聖父，這便不只是像基督，乃是像聖父。目標不再單是變得像基督，同時也要像聖父：像祂一樣，有憐憫、愛、施恩不望報，像祂那樣接待罪人，甚至愛仇敵。我們白白得來，也應白白送出去。[57]

耶穌基督的樣式有別於祂在文化包裝底下的樣式。各個社會有自己的圖騰、神祇，它們代表了人們所寶貝的。在北美洲的社會，耶穌往往很容易被人從一個為上帝國家捨己的那一位，轉化為成功和權力的象徵。啟示中的耶穌才是明確的中心，而不是文化的基督(Christ of culture)。聖靈把我們指向拿撒勒的耶穌，並且在我們裏面生發活潑的盼望，等候上帝國度的新秩序。

耶利米為了說明耶路撒冷在審判後振興，他買了一塊田。如此推論，基督徒的生活就是新天新地的預先演出。我們的一舉一動，理應像耶穌的人生，就是預示上帝國度的降臨。

無可否認，到死的那天我們仍未能完全像基督。那時將會怎樣？在活出像基督中的缺憾會否神奇地補足，或是死後會否有機會繼續完成成聖和長進的工夫？天主教傳統教導後者的說法，也是不無道理的。更新在今生不是立時蛻變，乃是日漸轉化的，效法基督既是一個旅程，也許會持續至來世。人生果真是一個教育過程，在天上有訓練的地方便不足為奇了。天主教神學稱之為煉獄，它在進入天堂前提供機會，繼續成聖。《天主教教理》有這樣的話：「凡在天主的恩寵和情愛中離世的，若尚未完全聖潔，仍可在死後經歷煉獄，獲取進入永福天堂所需的聖潔，從而得享永生。」(第1030段)

約翰・衛斯理(John Wesley)一度有這樣的想法，有些人或許在天堂等候末日來到的時候，繼續成長。例如約伯，他生前在未有聖經和聖禮的情況下，回應上帝，他在死亡中遇見基督，且要在祂裏面用工夫成聖。那些在基督以前的舊約信徒將會落在同一境況。他們在世上作出回應，卻需要機會在恩典中成長。說真的，基督徒與他們比較，又有甚麼分別呢？[58]

屬靈行程

十架約翰把基督徒步向與上帝聯合的旅程喻為登迦密山。他描繪這是一條艱險的窄路。精煉者的火是苦樂參雜；我們與聖靈的關係也非一帆風順。因為我們有份於十架和復活，也就苦樂參半。在人生的歷煉中，十架不單是一樁過去的事件，也是當下經歷的因素。「我們這有聖靈初結果子的，也是自己心裏歎息，等候得著兒子的名分，乃是我們的身體得贖。」(羅八23) 被擄的人得窺自由，他們便開始感到捆鎖的刺痛。我們一旦得著盼望，對未有擦乾的眼淚和仍待醫治的創傷，尤覺切膚之痛。

悔改的時候(雖不單是那個時候)，我們因上帝的臨在，有説不出來的大喜樂(彼前一8)。我們惶亂尋找一段時期，上帝才賜平安和喜樂。不久我們便發現，復活的同時竟也有死亡。我們便會有短暫的心靈黑暗時刻，上帝彷彿離開了我們，這些時候我們投向祂，在痛苦中哀號。耶穌一生都知道上帝是慈父般與祂同在，死時卻呼喊：「我的上帝！我的上帝！為甚麼離開我？」效法耶穌的人理應在飽嘗同在滋味的同時，也要預備經歷上帝棄絕。[59]

這些叫人不安的經歷——就我們能辨認的——是要叫我們切勿妄想上帝是姑息的，乃要把我們帶到真實的上帝面前，祂是我們的磐石和保障。我們為要走向屬靈更高處，便放棄基督徒經驗的喜樂。貪求屬靈和屬物質的事物， 同樣可以犯罪。我們可以只顧靈裏舒暢，卻非真心追求德行。我們會淪為貪愛屬靈美食。務要遠離這些，更毋懼黑夜降臨。上帝不會常常在咫尺眼前，祂也會在黑夜的靜寂中完成美意。對於成長，離開屬靈的甜蜜、退隱曠野是必須的。我們千萬不要逃避，上帝在我們的生命中有深邃的工作。我們豈不是經常清理垃圾嗎？這是一項愉快的工作嗎？我們必須堅持喝盡作門徒的苦杯。我們切勿退縮，抗拒讓上帝改變我們。更新若因屬靈美食而停頓下來，便前功盡廢。[60]

上帝是否只更新基督徒？不是的，正如約翰：「凡有愛心的，都是由上帝而生，並且認識上帝。」(約壹四7)信仰不是擁有。約翰只是說人若真有愛心的，那是恩典在他心中工作，雖然那人或許不曉得。上帝預賜和潔淨的恩典，在教會以外的世界作工，我們應察覺它們的果子。彼得說：「原來，在各國中那敬畏主、行義的人都為主所悅納。」(徒十35)相反地，約翰卻直言，不管他們擁有甚麼教條，沒有愛的，便不是從上帝生的。人若與上帝相交，便不能仍行在黑暗裏；這是不容狡辯的(約壹一6)。敬虔和聖潔以及教義，乃是宗教真理和實相的準則。[61]

朽壞的變成不朽壞的

救恩的目標是與基督在神聖榮耀中聯合。在地上開始的效法進程，有待於在新創造裏完成。那時死了的人要復活，成為不朽的，生命將完全得著更新。今生和來世為鴻溝阻隔，只有上帝親自行動才能把它填平。聖靈正在裝備我們躍進這個終局，那時生命才真正開始。那是一個絕對嶄新的局面，不再有罪和死亡。受造之物脫離敗壞的轄制，得享上帝兒女自由的榮耀(羅八21)。那時新天新地出現，上帝要在其中與人同住(啟二十一1)。萬國要作祂的子民，祂要永遠作他們的上帝（啟二十一3）。上帝便全然臨在和讓人認識。人類終能與上帝聯合，一個無瑕疵的羣體隨之出現，愛統領一切關係。那時我們便得分享上帝的榮耀、在神聖環境中生活。

耶穌的禱告將要應驗：「父阿，我在那裏，願你所賜給我的人也同我在那裏，叫他們看見你所賜給我的榮耀；因為創立世界以前，你已經愛我了。」（約十七24）聯合、團契和參與的目標將要實現：「使你所愛我的愛在他們裏面，我也在他們裏面。」（約十七26）韓德加・卜卡夫註釋：「上帝把祂所造的人類抽離這個暫時和疏離的生活形態，然後帶他們回到家中，進到祂面前，然後生命才真正開始。」[62]

我們從亞當承襲的不是罪疚（乃是咎由自取），倒是朽壞和死亡。因此，我們需要從基督得到的是復活多於清償。我們的確是因祂的生得拯救（羅五10）。復活的時候，生命克勝死亡，並將不能壞的生命彰顯出來（提後一10）。與祂一同受苦的也必與祂一同得榮耀（羅八16～17）。他們必要像祂，且得見祂的真體（約壹三1～2）。聖靈叫必死的身體活過來，祂要將我們卑賤的身體改變形狀，和祂榮耀的身體相似（羅八9～11；腓三21）。

讓我再次強調，與上帝聯合不是泛神論——受造的永遠都是受造的。這並非本體上的聯合。我們倒是被捲進那三位一體的愛的關係中。透過復活，我們恢復本性，能夠有份屬天的生命。效法基督，我們得著上帝的榮耀，並且進入聖父、聖子和聖靈的團契中（約壹1～3）。

死亡是我們回歸上帝的時刻，是旅程的盡頭，以及我們首肯的高峯。死亡是永遠生命的序幕，這永遠的生命在我們與基督聯合的時候已經開始。那麼，死亡並非是受挫，而是最後的首肯，且是應驗的時刻。上帝呼召我們進入最終的安息，就是祂永遠的懷抱。盧雲(Henri Nouwen)説：「對於上帝所愛的兒女，死亡是通往完全經歷蒙愛的大道。對於那些知道自己是蒙揀選、賜福和被破碎以施予他人的，死亡便是成為純潔禮物的途徑。」[63]

上帝的美麗無與倫比，祂住在人不能靠近的光中(提前六16)。這光已經照在耶穌基督的臉上，祂落到破傷的深淵中，沒有佳形美容。如今基督已經復活和改變形像，我們藉著信見到上帝的榮耀。我們等待基督末時來到的時候，聖靈使我們渴望來臨中的榮耀，期待基督把國獻給聖父的那天來臨(林前十五28)。靠著聖靈，我們等候所盼望的義(加五5)，那時聖靈帶受造的回家到創造者面前來。讓我們向世人宣告，不單要逃避上帝的忿怒，更要踏上走向聖父家中的旅程。在那裏我們將要見到那位真上帝，和祂所差遣的耶穌基督，並且永遠被愛所籠罩。[64]

這目標就是安息和永不終斷的團契。「所以，我們務必竭力進入那安息。」(來四11)作為上帝的殿、羣體和個體，讓我們料理那在壇上點著的火(林前三16，六19)。聖靈置放我們裏面的目標，就是跟全人類與上帝一起居於永恒(啟二十一3)。新耶路撒冷沒有聖殿，因為上主要住在其中(啟二十一22)。我們靜待結局，那麼便要發展與上帝的關係，默想與上帝聯合的生活。讓我們持定這奧祕，就是「基督在你們心裏成了有榮耀的盼望。」(西一27) 讓我們給聖靈完全敞開自己，並且祈求實現上帝賜予我們的恩賜。讓我們用盡方法以愛和聖潔、能力和自由，使洗禮具體化。上帝與我們同在，也住在我們裏面。因此，我們也要活在祂的臨在中，沐浴祂的愛裏。讓我們成長，進到與上帝聯合，與羣體中其他人聯結在一起，熱切等待羔羊婚宴。

> 萬軍之耶和華阿，
> 你的居所何等可愛！
> 我羨慕渴想耶和華的院宇；
> 我的心腸，我的肉體
> 向永生上帝歡呼。 (詩八十四1～2)

這便解決了我們的種種疑惑，以及那影響現代人的「大量和過多」(muchness and manyness) 的問題。毋忘在我們裏面有座聖所，我們需要不時退隱其中。「永恆就在我們心內，催逼著我們這個被時間摧殘的生命，以一個令人震驚的結局來溫暖我們，召喚我們歸回它的身邊。」[65]

註釋：

1 Bernard of Clairvaux, *On the Song of Songs* 1 (Kalamazoo, Mich.: Cistercian Publications, 1976), pp. 45～52. S. Mark Heim指出基督教和世上各種宗教的救恩並非只有一種模式，乃是多元的。見氏著 *Salvations: Truth and Difference in Religion* (Maryknoll, N.Y.: Orbis, 1995); J. A. DiNoia, *The Diversity of Religions: A Christian Perspective*

(Washington, D. C.: Catholic University of America Press, 1992); Harold A. Netland, *Dissonant Voices: Religious Pluralism and the Question of Truth* (Grand Rapids, Mich.: Eerdmans, 1991)。

2 Gordon D. Fee, *God's Empowering Presence: The Holy Spirit in the Letters of Paul* (Peabody, Mass.: Hendrickson, 1994), pp. 362～365, 693～697.

3 T. F. Torrance 在*Theology in Reconstruction* (London: SCN Press, 1965), p. 243 要求恢復theosis的想法。

4 A. M. Allchin, *Participation in God: A Forgotten Strand in Anglican Tradition* (Wilton, Conn.: Morehouse-Barlow, 1988); Robert V. Rakestraw, "Becoming like God: An Evangelical Doctrine of Theosis"，載 *Journal of the Evangelical Theological Society*，行將出版；Philip E. Hughes, "The Deification of Man in Christ"，收於*The True Image: The Origin and Destiny of Man in Christ* (Grand Rapids, Mich.: Eerdmans, 1989), chap. 24; Daniel B. Clendenin, "The Deification of Humanity: Theosis"，收於*Eastern Orthodox Christianity: A Western Perspective* (Grand Rapids, Mich.: Baker Book House, 1994), chap. 6。宗教改革時也未有消失，Tuomo Mannermaa, "Theosis as a Subject of Finnish Luther Research"，載 *Pro Ecclesia* 4(1995): 37～ 48。 Leanne Van Dyk 在 *The Desire of Divine Love: John McLeod Campbell's Doctrine of the Atonement* (New York: Peter Lang, 1995), p. 151引述很多學者著作來支持，指出這是加爾文的主要觀點。

5 Al Wolters, "Partners of the Deity: A Covenantal Reading of 2 Peter 1: 4"，載 *Calvin Theological Journal* 25 (1990): 28～44。

6 Neil Q. Hamilton, *The Holy Spirit and Eschatology in Paul* (Edinburgh: Oliver and Boyd, 1957)；按 Richard N. Longeneck, *Paul, Apostle of Liberty* (New York: Harper & Row, 1964), pp. 160～170，保羅用詞「在基督裏」支持救恩是聯合和團契的觀念。Hans Urs von Balthasar, *The Glory of the Lord*, vol. 1 (Edinburgh: T & T Clark, 1982); Francis K. Nemick and Marie T. Coombs, *The Way of Spiritual Direction* (Collegeville, Minn.: Liturgical, 1985)。

7 Pope John Paul II, *The Gospel of Life* (New York, Random House, 1995), p. 4; John J. O'Donnell, *The Mystery of the Triune God* (New York: Paulist, 1989), pp. 163～167.

8 Fee在一本有關保羅神學的書中承認在使徒的意念中，羣體是先於個人的(p. 846)，然而在該書仍舊以相反次序排列各章。參*God's Empowering Presence*, chaps. 14～15。

9 東正教對這主題的觀點，參Christoforos Stravropoulos, *Partakers of Divine Nature* (Minneapolis: Light and Life, 1976)。

10 Ernst Benz, "Liturgy and Sacraments"，收於*The Eastern Orthodox Church, Its Thought and Life* (New York: Doubleday, 1963), chap. 2。

11 Vladimir Lossky, "Redemption and Deification"，收於*The Image and*

Likeness of God (London: Mowbrays, 1975), chap. 5。

12 Timothy Ware, *The Orthodox Church* (London: Penguin, 1963), pp. 236～242。與Stace相反的，Nelson Pike聲稱基督教的神祕主義人士，在討論聯合時，從來無意抹殺創造主與被造物的分別。見氏著*Mystic Union: An Essay on the Phenomenology of Mysticism* (Ithaca, N. Y.: Cornell University Press, 1992), pp. 208～213。

13 Keith Ward, *Religion and Revelation: A Theology of Revelation in the World's Religions* (Oxford: Clarendon, 1994), pp. 134～156.

14 C. S. Lewis, *Mere Christianity* (London: Collins, 1952), p. 138; Georgios I. Mantzaridis, "The Mystical Experience of Deification"，收於*The Deification of Man: St Gregory Palamas and the Orthodox Tradition* (Crestwood, N. Y.: St. Vladimir's Seminary Press, 1984), chap. 4。

15 這是H. Paul Santmire的主題，見氏著 *The Travail of Nature: The Ambiguous Ecological Promise of Christian Theology* (Philadelphia: Fortress, 1985), pp. 217～218。

16 Millard J. Erickson認為這是救恩的主要意義，*Christian Theology* (Grand Rapids, Mich.: Baker Book House, 1983), pp. 904～905。

17 Thomas N. Finger 再思稱義，見氏著*Christian Theology: An Eschatological Approach*, vol 2 (Scottdale, Penn.: Herald, 1987), chap. 7; Ronald J. Sider對福音派就這點誇大其詞，表示不滿，見氏著*One-Sided Christianity? Uniting the Church to Heal a Lost and Broken World* (Grand Rapids, Mich.: Zondervan, 1993), p. 222。Alister McGrath抱怨天主教的信仰問答未有處理十六世紀對稱義的爭論，我卻以為那是明智的；參*First Things* 51 (March 1995): 68～69。

18 Krister Stendahl, *Paul Among Jews and Gentiles* (Philadelphia: Fortress, 1976).

19 James D. G. Dunn and Alan M. Suggate, *The Justice of God: A Fresh Look at the Old Doctrinc of Justification by Faith* (Grand Rapids, Mich.: Eerdmans, 1993), pt. 1。東正教的因信稱義，詳見Clendenin, *Eastern Orthodox Christianity*, pp. 120～125。Donald G. Bloesch 也平衡稱義和神化：*God the Almighty: Power, Wisdom, Holiness, Love* (Downers Grove, Ill.: InterVarsity Press, 1995), pp. 234～236。天主教和新教之間的分歧不單只是教義的議題，見Charles Colson and Richard Neuhaus, *Evangelicals and Catholics Together: Toward a Common Mission* (Dallas: Word, 1995), pp. 168～169, 199～200。

20 新教質疑羅馬教廷是否最終正確掌握稱義的信條，在這一點上，他們便顯得過分自義。我們需要自問：**我們**已經正確掌握了嗎？羅馬已經承認馬丁路德的長處，何時我們會承認馬丁路德的不足？R. C. Sproul, *Faith Alone: The Evangelical Doctrine of Justification* (Grand Rapids, Mich.: Baker Book House, 1995)是一本叫人難過的書；難過是因為它否定天主教和新教在宗教改革以後的發展，或提供任何基督教合一的希望。

21 Stanley J. Grenz, "The Dynamic of Conversion"，收於*Theology for the Community of God*（Nashville: Broadman & Holman, 1994), chap. 15。

22 John Paul II, *Gospel of Life*, p. 15.

23 關於Wesley的預賜之恩和恢復之恩，參Randy L. Maddox, *Responsible Grace: John Wesley's Practical Theology*（Nashville: Kingswood, 1994), pp. 83～93。Hans Urs von Balthasar 從「神的戲劇」(theo-drama)的角度了解有限和無限的自由，參Edward T. Oakes, *Pattern of Redemption: The Theology of Hans Urs von Balthasar*（New York: Continuum, 1995), chap. 8。

24 關於上帝在世界的行事模式，參E. Frank Tupper, *A Scandalous Providence: The Jesus Story of the Compassion of God*（Macon, Ga.: Mercer University Press, 1995), pp. 30～38。

25 Rene Latourelle, *The Miracles of Jesus and the Theology of Miracles*（New York: Paulist, 1988), pp. 316～318.

26 Leon Joseph Suenens, "The Holy Spirit and Mary"，收於*A New Pentecost?*（London: Darton, Longman & Todd, 1975), chap. 11。

27 John Murray, *Redemption Accomplished and Applied*（Grand Rapids, Mich.: Eerdmans, 1955), pp. 109～129; Michael Norton, *Putting Amazing Back into Grace* (Grand Rapids, Mich.: Baker Book House, 1994); Wayne Grudem, *Systematic Theology: An Introduction to Biblical Doctrine*（Grand Rapids, Mich. Zondervan, 1994), chaps. 32～35.

28 在*God's Empowering Presence*, p. 853, Fee 似像在顧左右而言他。

29 Harry R. Boer, "The Responding Imago"，收於*An Ember Still Glowing*（Grand Rapids, Mich.: Eerdmans,1990), chap. 5; Ware, *Orthodox Church*, pp. 226～230。

30 Harry J. McSorley, *Luther Right or Wrong: An Ecumenical-Theological Study of Luther's Major Work*（New York: Newman, 1969), pp. 359～366.

31 Vincent Brummer, "Can We Resist the Grace of God?"，收於*Speaking of a Personal God*（Cambridge: Cambridge University Press, 1992), chap. 3; H. Orton Wiley, *Christian Theology*（Kansas City, Mo.: Beacon Hill, 1952), 2: 356～357。

32 C. Stephen Evans, "Salvation, Sin and Human Freedom in Kierkegaard"，收於*The Grace of God, the Will of Man,* ed. Clark H. Pinnock（Grand Rapids, Mich.: Zondervan, 1989), pp. 181～189; Wolfhart Pannenberg, *Systematic Theology*（Grand Rapids, Mich.: Eerdmans, 1991), 2: 48, 52。

33 *Catechism of the Catholic Church*，第41～42段。

34 Ware引用這話和教父其他的話，參氏著 *Orthodox Church*, pp. 234～236。

35 Fee, "The Spirit as Eschatological Fulfillment", *God's Empowering Presence,* chap. 12.

36 受聖靈是Grudem拯救論的一個題目，見氏著*Systematic Theology*, chap. 39; Erickson並不是這樣，見氏著*Christian Theology*, pt. 10。

37 Jonathan Edwards討論上帝如何影響我們，見Jonathan Edwards, *Religious Affections,* ed. John E. Smith (New Haven, Conn.: Yale University Press, 1959), pp. 91～124。

38 Jürgen Moltmann, "Rebirth to Life"，收於*The Spirit of Life: A Universal Affirmation* (Minneapolis: Fortress, 1992), chap. 7; Beverly R. Gaventa, "Imagery of New Birth and New Life"，收於*From Darkness to Light: Aspects of Conversion in the New Testament* (Philadelphia: Fortress, 1986), chap. 4。

39 Michael Welker, *God the Spirit,* trans. John F. Hoffmeyer (Minneapolis: Fortress, 1994), pp. 331～341; James D. G. Dunn, *Baptism in the Holy Spirit* (London: SCN Press, 1970), pp. 225～226; Fee, "The Soteriological Spirit", *God's Empowering Presence,* chap. 14; Steven J. Land, *Pentecostal Spirituality: A Passion for the Kingdom* (Sheffield, U. K.: Sheffield Academic Press, 1993).

40 Jon Ruthven, *On the Cessation of the Charismata: The Protestant Polemic on Postbiblical Miracles* (Sheffield, U. K.: Sheffield Academic Press, 1993), pp. 195～205.

41 Frederick D. Bruner and William Hordern, "Of Water and Spirit"，收於*The Holy Spirit－Shy Member of the Trinity* (Minneapolis: Augsburg, 1984), chap. 2; Jack W. Cottrell, *Baptism, A Biblical Study* (Joplin, Mo.: College, 1989); George T. Montague, *The Spirit and His Gifts* (New York: Paulist, 1974), pp. 10～14。Dunn指洗禮不是恩典的管子(channel of grace)令人費解，他先前認為洗禮是「信心的表現，上帝因而賜聖靈」。(*Baptism in the Holy Spirit,* pp. 227～228)。Fee也淡化水和聖靈洗的關係(*God's Empowering Presence,* pp .860～864)。

42 初期教會乃是禮儀和靈恩的，參Kilian McDonnell and George T. Montague, *Christian Initiation and Baptism in the Holy Spirit: Evidence from the First Eight Centuries* (Collegeville, Minn.: Liturgical, 1991), pp. 76～80, 308～310, 316～342。

43 Stanley N. Burgess, *The Holy Spirit: Eastern Christian Traditions* (Peabody, Mass.: Hendrickson, 1989), pp. 58～61, 197。Roger Stronstad留意到路加有別於保羅，乃是著重得能力事奉，並且定論領受能力極可能就是使徒行傳和今天的第二次祝福(*The Charismatic Theology of St. Luke* [Peabody, Mass.: Hendrickson, 1984])。Frederick D. Bruner 對牧養的現實觸覺遲鈍，因此不單未有嘉許五旬宗人士關注牧養，反倒借題發揮，見氏著*A Theology of the Holy Spirit: The Pentecostal Experience and the New Testament Witness* (Grand Rapids, Mich.: Eerdmans, 1970)。

44 再沒有人表達比Charles H. Kraft更好，見氏著*Christianity with Power* (Ann Arbor, Mich.: Servant, 1989)。

45 H. I. Lederle, *Treasures Old and New: Interpretation of Spirit-Baptism in the Charismatic Renewal Movement* (Peabody, Mass. Hendrickson,

1988), pp. 66～73, 238～239; Gordon D. Fee, "Baptism in the Holy Spirit: The Issue of Separability and Subsequence"，收於*Gospel and Spirit: Issues in New Testament Hermeneutics* (Peabody, Mass.: Hendrickson, 1991), chap. 7。Fee雖然批評五旬宗的繼後教義，卻贊許這運動呼召教會重新經歷五旬節。

46 Gordon D. Fee, "Toward a Pauline Theology of Glossolaliax"，載 *Crux* 31 (1995): 22～31.

47 Larry W. Hurtado, "Normal but Not a Norm: Initial Evidence and the New Testament"，收於 *Initial Evidence: Historical and Biblical Perspectives on the Pentecostal Doctrine of Spirit Baptism,* ed. Gary B. McGee (Peabody, Mass.: Hendrickson, 1991), pp. 189～201。 Thomas A. Smail 意見一樣，其著*Reflected Glory: The Spirit in Christ and Christians* (Grand Rapids, Mich.: Eerdmans, 1975), p. 43。

48 Montague, *The Spirit and His Gifts,* chap. 2.

49 Frank D. Macchia, "Tongues as a Sign: Towards a Sacramental Understanding of Pentecostal Experience"，載 *Pneuma* 15 (1993): 61～76。

50 J. I. Packer, *Keep in Step with the Spirit* (Old Tappan, N. J.: Revell, 1984).

51 Vladimir Lossky, *Orthodox Theology: An Introduction* (Crestwood, N. Y.: St. Vladimir's Seminary Press, 1978), pp. 119～137，及*In the Image and Likeness of God* (London: Mowbrays, 1975); Jürgen Moltmann, "God's Image in Creation"，收於*God in Creation: A New Theology of Creation and the Spirit of God* (San Francisco: Harper & Row, 1985), chap. 9。

52 Smail, "Into His Likeness", *Reflected Glory,* chap. 2.

53 Richard Swinburne, *The Existence of God* (Oxford: Clarendon, 1979), chap. 11; John Hick, *Evil and the God of Love* (New York: Harper & Row, 1966), pts. 3～4.

54 沒有人比Nouwen更能描述基督徒生活的本質，參*Life of the Beloved* (New York: Crossroad, 1995)。

55 Clendenin, *Eastern Orthodox Christianity,* pp. 133～134.

56 教宗若望保祿二世通諭〈論聖靈〉("On the Holy Spirit")，尤其著重聖靈使人成聖的工作，那叫我們脫離罪的轄制。Wesley的重點卻是成長，不是完全，詳Maddox, *Responsible Grace,* pp. 177～190。

57 基督的樣式包括祂靠著聖靈，把上帝和人類的事業置於生命首位：Hans Küng, *On Being a Christian* (London: Collins, 1974), pp. 214～277。

58 有關Wesley，參Maddox, *Responsible Grace,* p. 191。至於這個觀點，參Hendrikus Berkhof, *Christian Faith: An Introduction to the Study of the Faith,* trans. Sierd Woudstra (Grand Rapids, Mich.: Eerdmans, 1986), pp. 482～490; C. S. Lewis, *Letters to Malcolm: Chiefly on Prayer* (San Diego, Calif.: Harcourt Brace Jovanovich, 1973), pp. 108～109; Clark H. Pinnock, "The Conditional View"，收於 *Four Views of Hell,* ed. William Crockett

(Grand Rapids, Mich.: Zondervan, 1992), pp. 129～131; Hick, *Evil and the God of Love*, pp. 381～385。

59 Moltmann, *Spirit of Life*, pp. 73～77.

60 對罪束手無策，參Cornelius Plantinga Jr., *Not the Way It's Supposed to Be: A Breviary of Sin* (Grand Rapids, Mich.: Eerdmans, 1995)，以及 Ted Peters, *Sin: Radical Evil in Soul and Society* (Grand Rapids, Mich.: Eerdmans, 1994)。五旬節的經歷因其不固定的出神狀態，有時會是偏重神祕感覺：Jean-Jacques Suurmond, *Word and Spirit at Play: Towards a Charismatic Theology* (Grand Rapids, Mich.: Eerdmans, 1995), pp. 151～160; Donald L. Gelpi, "The Theological Challenge of Charismatic Spirituality"，載 *Pneuma* 14 (1992): 185～197。

61 John Paul II, *Crossing the Threshold of Hope* (New York: Alfred A. Knopf, 1994), p. 194; John Hick, *An Interpretation of Religion* (New Haven, Conn.: Yale University Press, 1989), pt. 5. (希望Hick沒有把它作為惟一準則)

62 Berkhof, *Christian Faith*, p. 540.

63 Nouwen, *Life of the Beloved*, p. 92.

64 John J. O'Donnell, "Faith as an Aesthetic Act"，收於*Hans Urs von Balthasar* (Collegeville, Minn. Liturgical, 1992), chap. 3。

65 Thomas R. Kelly, *A Testament of Devotion* (San Francisco: HarperCollins, 1992), p. 9.

第六章

聖靈與普遍性

這一章要討論我們在耶穌基督裏得著上帝的恩典的議題，聖靈對此會投下怎樣的亮光。我們知道愛全人類的上帝，祂盼望人人得救(提前二4)。祂向一個失喪叛逆的族類伸開雙手。惟願反對耶穌的人的話是真實的：「看哪……世人都隨從他去了。」(約十二19) 上帝向罪人示愛，只要他們肯來。耶穌說：「我若從地上被舉起來，就要吸引萬人來歸我。」(約十二32)

聖經給世人的盼望就是：「耶和華必作全地的王。那日耶和華必為獨一無二的，他的名也是獨一無二的。」(亞十四9) 以賽亞這樣預言，

在這山上，萬軍之耶和華
必為萬民用肥甘設擺筵席，
用陳酒和滿髓的肥甘，並澄清的陳酒，
設擺筵席。
他又必在這山上
除滅遮蓋萬民之物
和遮蔽萬國蒙臉的帕子。
他已經吞滅死亡直到永遠。

(賽二十五6～8)

福音帶有普世性：耶穌來到，把公義帶給**萬國**(賽四十二1)。詩人這樣賦詠，

願上帝憐憫我們，賜福與我們，
用臉光照我們，

好叫世界得知你的道路，

萬國得知你的救恩。　　　　(詩六十七1～2)

然而，不認識基督名字的那些羣體，怎能聽到上帝的聲音？若有人不知道上帝的愛，上帝的心豈不傷透嗎？神學處理聖經的普世性，一直以來都頗感為難。神學過分強調基督獨特的工作，以致帶出一個信息，就是大部分的人類是沒有得救希望的。許多人認為，人雖無過犯，若非成為基督徒和教會會友，仍難逃地獄劫數。這樣的觀點與上帝的願望根本背道而馳；上帝的心意乃是人人都能接受祂的愛，從而得救。然而，這卻是千百年來人所接受的理念。甚至今天，雖然情況有所改善，但大多數教會仍堅持這種我稱之為限制性思維。

上帝雖然因罪和悖逆感到忿怒，祂仍不願意發出怒氣：

我回心轉意，

我的憐愛大大發動。

我必不發猛烈的怒氣。　　　　(何十一8～9)

道成了肉身，不單只有真理，乃是充充滿滿的有恩典、有真理(約一14)。真理本身可以是無情和殘酷的。它可以使人變得無能為力，心腸剛硬，更可以用來壓碎別人。但上帝的真理卻是滿有恩典，是溫柔體貼的。

反對限制主義，不單由於上帝具有聖父的本性，和基督代贖的普遍性，更因為永在的聖靈，祂可以隨時隨地促進與上帝不住更新的友誼。[1]在這個美好和歧異的世界中，聖靈無遠弗屆。聖靈是主和生命賜予者，祂運行於創造的深淵，更新大地。聖靈無處不在，祂超越一切的同時又擁抱著他們，聖靈存在於宇宙間無數的事件中，並且不停工作。

聖靈隨處與人相遇，並不限於宗教範疇內：在大自然中、在施與受的關係中、在構成人類生命的各個體系中。上帝的指頭連最隱蔽的地方也能觸及。祂暖和的氣息為人帶來活力和生命。

平根的希爾迦德（Hildegard of Bingen）利用大量的意象，美妙地把聖靈描繪：作為活物的生命，是點燃、灼熱、激動和暖和我們心房的烈火。對於希爾迦德，聖靈又是濃霧中的嚮導、塗抹傷患的膏油、遍照大地的和煦太陽、湧溢四瀉的水泉。聖靈是生命、動作、色彩、光芒和寧謐，能利用生命的汁液，復甦枯萎的杖和靈魂。聖靈潔淨、赦免、加力、醫治、招聚困惑的、尋找失喪的、使剛硬的心悔改，並且在人心中作樂，歡欣讚頌和歌唱。聖靈在創造中喚起莫大盼望，到處吹起更新的風。[2]

聖靈在天地間的活動氣息，有助我們明白上帝恩典的普遍性。創造主對世人的愛，乃基督教信息的中心，由聖靈來落實。祂本是「一切地極和海上遠處的人所倚靠的。」（詩六十五5）祂是叫世人與自己和好的（林後五19）。祂的寶座有恩典如虹般圍著（啟四2～3）。上帝的恩典永不失落，祂的慷慨決不衰竭。人不可限制祂的自由，或對所涵蓋的範圍抱怨（太二十15）。上帝不停地藉著聖靈接觸罪人。沒有一般啟示或與生俱來對上帝的知識，便沒有恩慈的啟示和潛在的救恩知識。所有啟示和接觸都根植在上帝的恩典中，旨在引領罪人歸家。[3]

只要從聖靈的角度考慮，獲取恩典對於神學來説便不是一個太大的難題。因為耶穌表明特殊性，聖靈卻預示普遍性。道成肉身出現於巴勒斯坦這小片土地，其意義卻遠及天邊。聖靈幫助神學脱離消滅恩典和製造絕望的理論。一度被視為正確的口號，日後可能變得不再真確。「教會之外無救恩」，[4]這句古老的諺語使人變得目光如豆。這話原是警告離教叛道的人，實無意作為得著恩典的陳述。不管它的原意是甚麼，但現正散播著這個信息，就是無數的人要在毫無盼望中度過一生。換言之，在基督教信仰以外，別無救恩。

今天很多人因這傳統感到為難。這種觀念在過去或甚具影響力，只是今天不論在教會裏外，很多人都心內對比存疑。對於一位寧捨九十九隻羊去尋找一隻迷羊的牧人，我們主耶穌基督的上帝和聖父，豈會這樣對待我們？這確實令人難以置信。出現這樣的疑惑，不單是現代文化的影響。很多信徒早有這樣的感覺，關於這課題，神學未有妥善處理那位耶穌所啟示的上帝，肯定還有一個更好的解釋。[5]

確認聖靈在天地間的活動和氣息，也就有助我們了解神聖普遍性，因上帝的氣息遍達全地、召喚和感動人。三位一體的愛的聯合，正是上帝在世界的能力，不住的把愛澆灌下來和生發希望。聖靈有數不盡的方法來接觸和恩澤萬民。藉著聖靈的能力，我們對人類大有盼望；聖靈在我們裏面生出盼望，不只是為了我們自己的將來，更是為著全世界的未來，以及上帝要審判的那個叛逆的世界(羅十五13)。基督為眾人的工作已經完成：「因一次的義行，眾人也就被稱義得生命了。」(羅五18)除此別無救法：我們必須期盼上帝的救恩臨到各處的人。若是這樣，豈不更需要聖靈普遍臨在的活動嗎？

聖經是一本充滿希望的書。上帝透過先見宣告：「我將一切都更新了。」(啟二十一5)上帝要釋放受造物脫離轄制，給予作上帝兒女的自由(羅八21)。上帝要救拔人類與祂聯合，又要住在我們中間。一切混沌，連同所有的破壞和毀滅都要過去。新耶路撒冷，就是基督的新婦，將要從天而降，這是好得無比的盼望。甚至連逼迫教會的列邦都在新城出現，他們沒有被毀滅，乃是得救的。基督要作他們的王，萬國的財寶全歸那城。

有一道河水在這城中間流過，有生命樹可醫治萬民，或許是長久以來因敵擋上帝所受的傷吧。再沒有咒詛，防衛著樂園的利劍被撤走了。聖靈和新娘催促眾人來加入舞蹈。出乎我們意料，他們不是說「主耶穌啊！我願祢來。」他們竟是邀請罪人都來，同喝上帝的生命活水(啟二十二17)。這是何等美妙的一幅圖畫，上帝因著愛擁抱全人類和萬物。[6]

展視未來有助探討獲得救恩的途徑和宗教多元論。上帝對列國有祂的一套心意，我們應從未來而不是從現在來找尋線索，因為現在上帝的旨意尚未實現。目前以色列或許還是棄絕基督，不過上帝要同時向猶太人和外邦人施憐憫（羅十一32）。上帝要招聚列國，那日，亞述和埃及將與以色列並列，同作上帝的子民（賽十九25）。現在，不同的宗教在競爭與共存、對話與辯解之中膠纏著。不過，這種情況將要改變。我們期待那天來臨，那時，地上君王都要把自己的榮耀歸給新耶路撒冷（啟二十一24、26）。

基督教的信息就是好消息，不只是給那些品行良好和虔誠的人，也非單為猶太人和基督徒，更非只給蒙召的少數人。這是給普世的好消息，絕不偏袒的給予所有罪人，所有絕望的、被遺忘的、被邊緣化的。末後的亞當代表全人類，上帝乃是藉著祂拯救全世界。上帝盼望祂迷路的子女回轉，使祂的家經常賓客滿堂（路十四23）。比喻中有人不肯赴席，王便吩咐僕人往岔路口上去，凡遇見的，都召來赴席（太二十二8～9）。

我們不要忘記希望：愛是「凡事包容，凡事相信，凡事盼望，凡事忍耐。」（林前十三7）讓我們對教會以外的人存忍耐和恩慈，不要論斷。上帝的愛是恆久忍耐的，讓我們在無盼望中盼望，切勿氣餒，愛是沒有絕望的個案。

我們不要過分肯定某人稱義、某人被定罪。沒有人是自動地被摒諸天堂門外的。我們把所有的人都安置在上帝的恩慈中。我們是帶著好消息的人，消極心態與這個身分不符。尼爾・潘德（Neal Punt）指出，消極態度「誘人遠離上帝在基督裏為人類所預備積極的、給全世界的、令人振奮的好消息。」[7]

避免兩項錯謬

思考福音的普遍性，我們要留意，不要陷入兩項錯謬當中：一是切勿斷言人人必定得救，另一方面，是認為只有少數人蒙恩。第一項錯謬散佈於主流教會中的普救主義(universalism)，另外是折磨傳統主義者的有限拯救主義(restrictivism)。[8]普救主義不足以構成危險，因為聖經多處顯示人可自由接受或拒絕救恩。有些經文一旦獨立處理，容或含有普救意思，不過在同一書卷中出現的警告，又會影響這些經文的詮釋。上帝雖能拯救每一個人，這又是祂的心願，聖經卻無意讓我們以為人人都會接受上帝的愛，或者上帝會用祂的無比力量，消弭人的抗拒。拯救的範圍是覆天蓋地的，只是聖經指出，人可以至死不肯悔改，以致被拒諸國度之外(啟二十一8、27)。[9]

上帝不抵消人拒絕的可能性，歸根究柢，乃是祂重視自由。上帝希望人自願愛祂，也就甘冒人會拒絕的危險。上帝高度重視受造界的公平交換，便無意加以推翻。既然創造了有意義的宇宙，便定意不把意義抹殺。上帝願意冒這個險，就是創造人的時候，讓他們可以拒絕愛和置身恩典之外。[10]

與此同時，我們千萬不要過分強調自我定罪(self-damnation)。耶穌來不是要定世界的罪，乃是宣講好消息(約三18)。祂不是一位疾言厲色的傳道人，雖然祂也提及地獄。像祂一樣，我們重視的，乃是上帝向人發出的無盡的愛，並非祂的震怒(多三4)。[11]

有限拯救主義是流傳較廣的錯謬觀念，尤其在福音派人士當中。這詞的含意是：只要是非基督徒，不管他們有否聽聞福音，必被定罪。拯救方舟若未能接近他們，也就別無救法，他們惟有坐以待斃。只有那些聽聞福音，又接受其中信息的才能得救。既然只有為數很少的人有幸生逢其時，得聞福音，並且接受福音信息，那麼，天堂將會門庭疏落，地獄則客似雲來。大部分的人將難逃地獄劫數。不知哥林多人是否有感於先人的命運，便始創為死人洗禮(林前十五29)。[12]

為有限拯救辯護並不容易。按雙重預定論(double predestination)，上帝沒有理會一些人，亦不憐憫他們。「按著上帝的諭旨，為要彰顯祂的榮耀，有些人和天使預定得永生，又有些是預定得永死。」(〈威斯敏斯特信條〉〔Westminster Confession〕3.3)按這樣的觀點，上帝對獲救人數稀少，或不公平的拯救安排，好像無動於衷。上帝認可當前的境況，喜愛誰便喜愛誰，恨惡誰便恨惡誰。上帝既然決定一切，那麼，那些沒有聽聞福音未信主的人，簡而言之，根本就未打算讓他們聽到。這樣便賦予敬畏上帝一個新的意義、祂的公義新的詮釋。但按這理論，上帝是何等可怕的暴君，祂彰顯的公義叫人不寒而慄。[13]

對好些人來說，有限拯救是沉重的擔子。神聖的計劃竟叫這麼多人絕望，這是令人難以置信的。捨九十九隻而去尋找一隻迷路的羊的牧人，豈會想出這麼局限和無情的計劃？真的沒有更恰當的解釋說明上帝對列國的愛嗎？

主張有限拯救的人反問，你所堅持的普遍性是來自聖經，還是基於你本身的文化，以及憐憫的心腸，以致漠視上帝的道？這是個好問題，任何議題，站在任何一邊的神學家都要回答，然後讀者們則要自行決定，是否已經產生具有聖經和神學理據的答案，為更多人帶來希望。

普遍性和特殊性

基督教信仰本身便蘊含普遍恩典和特殊神恩的張力。一方面相信上帝愛整個世界（普遍性），另方面又相信耶穌是通往上帝的惟一道路（特殊性）。這個張力挑戰神學詮釋的技巧，如何說明兩者同樣真確。上帝是否愛整個世界？上帝渴望人人得救，卻難以想像怎可以成就。怎能有這麼多人可以符合相信福音的要求？似乎這是不可能的。若真的必須清楚聽聞福音才能得救，那麼，上帝便不欲人人得救。這難題不是由懷疑論者發明的，雖然他們常藉此來攻擊我們。基本上這是質疑神學對普遍性和特殊性兩者關係的闡釋。

我們若承認聖子和聖靈兩者的孿生關係，是互相依附的，或許有助我們理解。如此便紓緩普遍性和特殊性兩者間的張力，同時意識到它們實非對立，乃是互補不足。這兩極不是二取其一，乃是兩者兼容的。

情形是這樣。基督那惟一的中保，維持特殊性，另一方面，聖靈上帝隨處的臨在則捍衛著普遍性。基督既是上帝和人中間的唯一中保，祂便代表特殊性（提前二5～6）；至於聖靈則維護普遍性，因為沒有靈魂在聖靈運行的範圍之外。聖靈是無處不在的，並不受限在教會之內。祂賜生命和創立羣體。聖靈運行在創造的水面上，同時又追尋意義，並與罪和死亡搏鬥。因為默示無處不在，隱密行事，聖靈便可以向每個人施恩。因為聖靈在教會宣教以前，便到處工作，為基督預備道路，上帝的旨意也就毫無疑問是普遍的。14

聖父吹出賜生命的聖靈，祂在世上和整個歷史中工作。聖靈更新大地，賜生命給被造的，又賜下知識。論及這方面的經文，也同時描繪上帝的智慧，是與聖靈聯在一起的。箴言有以下的話：

智慧豈不呼叫？
聰明豈不發聲？
他在道旁高處的頂上，
在十字路口站立，
在城門旁，在城門口，
在城門洞，大聲說：
「眾人哪，我呼叫你們，
我向世人發聲。」 (箴八1～4)

上帝的智慧遍佈創造中；上帝藉此向各處的人呼叫。智慧在妥拉(Torah)和特殊啟示以外，在人類本身的經驗之內發言。我們要留心世界的秩序，並且在各樣東西的結構中觀察所顯示的智慧。上帝在基督未曾被認識以前便已發言；上帝為自己未嘗不顯出證據來(徒十四17)。

箴言跟著指出，

沒有深淵，
沒有大水的泉源，我已生出。

那時，我在他(上主)那裏為工師，
日日為他所喜愛，
常常在他面前踴躍，
踴躍在他為人豫備可住之地，
也喜悅住在世人之間。　(箴八24，30～31)

世界不是一片混亂，乃是美善和有意義的。聖靈在其上運行，呼喚我們思想在世上的責任，且要擇善棄惡。愛上帝，行善事，不要走上引向死亡的道路：這些真理不只是屬於普通恩典和社會公義的範疇，它們還蘊含更廣闊的意義。它們表明上天關注眾人，並且無人遠離上帝的臨在。上帝「離我們各人不遠。」(徒十七27)

上帝的聖靈和智慧無處不在，祂們的工作活動從太初便開始，並且穿越歷史，直到如今，仍未停止。約翰・戴樂(John V. Taylor)稱聖靈為「穿針引線的上帝」(Go-between God)，因為祂不停地在三位一體之間，在上帝與人類之間促進關係。想像歷史若是齣舞台劇，聖靈便是導演，透過暗地裏的影響，感動世人，指引拯救的活動。聖靈慷慨地遍施恩賜，連教會以外的世人也蒙受其惠。舉一例子，布伯(Martin Buber)便不是基督徒，卻顯然厚得上帝恩典。承認聖靈這些普遍性的活動，聖靈在創造物中的活動便成為宣教的基礎，並且維持聖靈的普遍性。我們因此不要眼光狹窄短淺，要對仍未承認耶穌是主的人，抱存希望。[15]

聖靈所到之處便有恩典，並不局限在基督教處境中。普遍啟示和特殊啟示都有恩典在其中，且在耶穌基督裏實現了。上帝用許多方法接觸罪人，這得歸功預賜恩典的聖靈。上帝愛罪人，聖靈在他們心裏工作，好叫他們最終順服耶穌基督。只是，達到這樣的目標頗費時日。然而，與其説教會以外無救恩，我們倒不如説恩典以外無救恩，或最終乃是基督在以外無救恩。

我們正確地理解聖子和聖靈如影隨形的任務，才會紓緩普遍性和特殊性兩者間的張力。道成肉身的真理不會掩蓋有關聖靈的真理，聖靈先於基督在世上工作，如今在不認識基督的地方，聖靈仍然工作。聖子的工作不會威脅聖靈的工作，反之亦然。一方面，聖子的差使以聖靈的工作為前提：耶穌從聖靈感孕和得力。另一方面，聖靈的任務卻以道成肉身為目標定向。聖靈的任務是在基督裏完成和實現歷史。由此可見，聖子和聖靈的雙重使命，能為我們提供所需的觀念來處理普遍性和特殊性之間的張力。[16]

上帝帶著能力臨在恩澤全球，賜下生命和盼望。這是在世界中的活動的源頭，只要現實世界尋求上帝，祂便臨在。聖靈不是神祕的「鬼怪」，而是可經驗的能力(empirical power)，以可見的方式突然出現。這是從無呼召出生命的大能，吸引人類親近上帝的力量。聖靈與叫我們沉淪的邪惡勢力搏鬥，竭力帶領萬物在上帝裏臻至完全(奧古斯丁：《懺悔錄》13.7.8)。

聖靈不住勸服人類相信，並且向愛開放自己。有眼可看的，必能察覺聖靈在人類文化和宗教中的活動，就是上帝到處吸引人與祂建立友誼。人只要尋求便能找著上帝，「其實他離我們各人不遠。」(徒十七27) 人可以對上帝掩耳不聞，但他們也能回應那位賞賜凡努力尋求祂的人的上帝(來十一6)。[17]

聖靈的工作並非局限於猶太人和基督徒。上帝的而且確是「萬人的救主，更是信徒的救主。」(提前四10) 彼得說：「上帝是不偏待人。原來，各國中那敬畏主、行義的人都為主所悅納。」(徒十34～35) 這些說話顯示信心不只是認同一些神學命題。它涉及與上帝建立信靠的關係，活出敬虔生活。

有些信徒不屬於任何教會。耶穌在羊圈以外另外有羊：「我必須領他們來，他們也要聽我的聲音，並且要合成一羣，歸一個牧人了。」(約十16) 人類被造為要與上帝相交，聖靈也就到處招引人回家。

道成肉身不應被視為與普遍性對立，乃是成全聖靈一直以來所作的工。耶穌藉聖靈誕生便是一系列普世活動之高峯。聖靈臨到馬利亞，就是要從事新創造。道成肉身標誌聖靈普世活動的新里程。聖靈在歷史的各個時刻工作，如今又在耶穌身上工作，使祂成為新人類的頭。在歷史中，聖靈一直試圖在人類當中締造上帝這個真實本相，好聽到叫上帝賞心的回應。這便是聖靈在耶穌身上所做的，那不能見的變為能見的，祂並且代表這族類答應上帝。耶穌成了上帝自我溝通的容器，並且在祂裏面，上帝接收一切的接納。因此，聖靈無限量的充滿耶穌，給我們開啟機會分享這豐盛。恩典的防洪閘從此為世人打開。[18]

「和子」

和子(*filioque*，「從子而出」)一詞是西方教會加入

〈尼西亞信經〉的。因此，第三段是這樣：「我信賜生命的主聖靈，從父、子而出。」西方教會未有理會東方教會的反對，單方面插入這詞，因而導致教會首次分裂。加入這詞表示權力誤用。不過這問題還有另外值得思考的一面。

從神學角度來看，加入**和子**並無不可。復活的主的確把聖靈澆灌教會。只是信經中這片語可能引起誤會。它影響我們理解聖靈的普遍性。對於敬拜者，或許以為聖靈不是聖父給所有人的禮物，乃是局限於聖子領域的，甚至是規限於教會範圍內。這又會予人印象，聖靈不是臨在全世界，只局限於基督教的領域。理應不是這樣，但事實就是**和子**會威脅普遍性的原理——即聖靈是普遍地臨在的真理，聖靈落實聖父和聖子的普遍拯救旨意。可以這樣說，**和子**促進基督一元論（Christomonism）。[19]

本人以為**和子**這個片語削弱聖靈的角色，給人一個印象，以為聖靈沒有自己的任務。它不會叫我們想到聖靈在宇宙中的活動範圍寬廣，且把聖靈局限在教堂內，聖靈的臨在與外間的人無關。這片語使我們不敢想像這神聖使命是先於聖子的，且在地域上遠較聖子的遼闊。這可能局限聖靈只具有認識功能，只關乎基督的，就是聖靈讓人信靠基督，只此而已。它破壞了這樣的觀念，就是聖靈在基督尚未被認識前已經活動，又支持「教會以外無救恩」這規限性的原則。

我主要反對的不是**和子**的真實意義。首先，加入這片語乃是濫權的舉措。羅馬教廷不應在未有徵詢更廣大的教會前，便先行改動為全教會接受的信經（ecumenical creed)。其次，這樣的加插產生排斥神學。本來的措辭並沒有提出聖靈的限制，反強調聖靈的自由，隨處運行。

希臘東正教主教嘉理士多斯・華爾(Kallistos Ware)表示，「好些東正教人士認為，**和子**導致西方教會認為，聖靈是從屬聖子，言論縱非如此，行動卻是這樣。西方教會沒有正視聖靈在世界、在教會、在人日常生活中的工作。」[20] 沒有加入這詞的信經較好，因它承認聖靈的能力滲透天地，並且使整個歷史充滿動感。聖靈的任務並非從屬聖子的，乃是彼此同等，互為補足。**和子**在不恰當的情況下加入信經，大大影響我們對救恩的理解。[21]

關於這一點，天主教的《天主教教理》承認東方教會的意見在神學上是合法合理的(第248段)，只是未有進一步撤銷這字句，或早前里昂會議(公元1274年)對東方教會的譴責。若取消和子，肯定為分裂的教會帶來醫治，明亮對救恩的視野。伊凡・康卡(Yves Congar)評論：「羅馬天主教會可以……把和子從信經中廢除，它未有按照教規程序被加入的。那將會是一項謙卑和團結的合一行動，若東方教會看到其誠意而接納，定會締造一個新處境有利重建全面的團契。」[22] 阿們！

更大的架構

視聖子道成肉身為聖靈歷史中的一樁事件，我們需要從普遍性入手來處理特殊性。耶穌史無前例地啟示上帝的奧祕(特殊性)，不過這卻要依賴聖靈的幫助，聖靈在這之前便一直在創造和歷史中工作(普遍性)。及至「時候滿足」，上帝便差祂的兒子降生於這個聖靈所預備的世界（加四4）。上帝要在耶穌身上顯出的啟示，早已準備就緒，而耶穌來世是要成全這個過程，聖靈在其中早已扮演核心的角色。

聖靈給我們提供線索，幫助我們了解上帝計劃的普遍性，就是上帝尋找和招聚世人的愛，預備世人得救。這樣，我們便見到賜下恩典的幅度，就像歷史一樣的遼闊。耶穌不是代表上帝首次賜下的恩典——反而，恩典在祂裏面來到終局和高峯。因藉著耶穌的參與性救贖，恩典是如此莫大無比，並且改變世界，聖靈便能在五旬節大能中來到。

那麼，創造和拯救之間是沒有間斷的。創世並非一項欠缺恩典的作為，乃是神聖之愛的恩賜。馬吉安（Marcion）不以為創造是出於恩典，創造和拯救也就沒有關係。他甚至認為創造的上帝是另一位神祇。雖然這樣的觀點不被接受，今日的新馬吉安主義者作出類似的區分，他們一方面否定創造是恩典的作為，另一方面又聲稱上帝四出尋找世人。[23]

問題的徵結就是盼望，以及我們是否有資格得著。我們若承認聖靈的慈愛和普遍性的活動，救恩便是普遍可能的。上帝一直以來盼望與罪人復和，建立友誼。而耶穌顯明並且實行的又是絕對真確；拯救的啟示是川流不息的。希伯來書有這樣的話：「上帝既在古時藉著眾先知多次多方的曉諭列祖，就在這末世藉著他兒子曉諭我們。」（來一1～2）人的神學概念容或並不全面，仍可以將自己投身上帝的恩典中。上帝是個位格，人雖然不曉得賜恩者是誰，又不知道恩典何等貴重，卻仍可以得著愛的恩賜。這就是那些聖潔的異教徒以諾、麥基洗德和約伯得救的途徑。[24]

慈運理便掌握這方面的意義：「從世界的開始直到末了，你會發現在上帝面前，世上從沒有一個義人，沒有一顆虔誠或相信的心。」[25]這樣的盼望使我們察覺聖靈在世上到處運行。梵蒂岡第二次會議表達同樣的盼望：「人雖不認識基督或基督教會的福音，若沒有過錯，並且誠心尋找上帝，被恩典感動，竭力按照良心感動行善，仍可以獲得永遠救恩。」(《教會》〔*Church*〕，第16段)

「預賜之恩」是約翰．衛斯理用來指到聖靈普世和恩慈的運行。他的原意是要解釋罪人可以運用信心，卻非因此得救。他的解答乃是恩典先於(預賜)回應，就是先於人任何親近上帝的行動。它使罪人能夠回應聖靈，聖靈溫柔地吸引他們就光，絕不施壓。[26]衛斯理在思考我們現在所討論的問題時，也會用普遍性這詞彙。聖靈先於傳福音，祂不單賜力量給見證人來宣講和醫治，甚至在他們還未到達那些地方前，聖靈已經臨在。對於衛斯理，這樣的理解紓緩對未信者的命運的質疑，使他可以說，人乃要按他們已有的亮光以及他們的回應來接受審判。

上帝希望與罪人相交，我們若接受預賜之恩，我們便承認上帝把自己獻給被造的萬物。聖靈在各人內心深處說話，催逼他們切勿遠離上帝，應要向上開放自己。因為聖靈的緣故，每個人都有遇見上帝的可能；即使那些未聽聞基督的，也可以藉預賜之恩與上帝建立關係。[27]

卡爾·拉納用稍稍不同的語言來辯解聖靈所運行的預賜之恩和普遍性。他看到上帝向每一個人顯示自己，似乎這是祂創造人類的原意。這是祂創造的目的，不是出於對人類的責任。上帝希望人人可以得著救恩的機會。這並非提出普救主義，因為人可以開放或封閉自己的。這不過是基於恩典，給每個人與上帝相遇的機會和顯示上帝的拯救旨意確是普遍性的。人若迎向這個神聖的奧祕，便開始一個關係。隨之而來的，是漸漸與上帝聯合，不管需時久暫。[28]

改革宗神學認為聖靈是在普通恩典的範疇中進行普世活動。不過，用上**普通**而非**特殊**的字眼，也就削弱這恩典的意義。按改革宗的觀點，普通恩典乃是上帝給罪人的恩賜，而這恩賜卻只在非拯救的事上幫助罪人。人若沒有普通恩典，單靠自己，行事為人會更為敗壞鄙劣。這似乎解釋了為何罪人沒有如改革宗教義所想當然的敗壞。以普通恩典來解說可能是其中的一個方法，這樣不必修改其神學便能認同人不是完全敗壞的。稱恩典為「普通」是有點怪怪的，不過這樣至少承認聖靈是在整個世界作工。[29]

上帝的臨在充滿全地，並且感動每顆心靈。我們不應把聖靈局限在歷史某時段中，或現實世界的某些範圍。聖靈無處不在，超越教會的界限。聖靈的事工是全球性的，不只在國內、本體的，也非純粹知性的。我們可以在生活的每個領域中與聖靈相遇，因為祂永遠臨在全世界，甚至在歎息勞苦的萬物中，預備他們得新生(羅八23)。世界歷史與救恩歷史共存。回想一下，上帝曾經提醒猶大：

「我豈不看你們如古實人麼？」(摩九7) 不要忘記耶穌在羊圈以外，另外有羊，祂必領他們回來(約十16)。[30]

聖靈在別的宗教中？

預賜之恩在人類宗教生活和傳統中有沒有果效？聖靈若恩澤全世，祂的恩典也臨到不同的宗教嗎？上帝的恩賜有否成為非基督教宗教的神話、教義或禮儀的主題？

我們在本章首先要跨越有限救恩的高欄。我們本可就此停下，因為主要乃是讓本來是絕望的得著盼望。不過，在上帝的護理之下，其他宗教的功能與角色，卻是另一個不能輕易迴避的議題。人很想知道神學是否容許聖靈在其他信仰中作工。

看來答案有可能是肯定的。[31] 聖靈既然賜生命給被造的，並且向萬物施恩，人自然期望祂也(最低限度偶然地) 在文化生活的宗教領域中顯明自己。聖靈為何在此之外竟在其他範疇活動？上帝為自己未嘗不顯出證據來，祂乃是不住向萬國招手(徒十四17)。這樣的證據豈不偶爾在宗教領域中出現嗎？似乎哥尼流便是這樣。這位非基督徒未悔改前，根據聖經記載，他的道德和靈性生活是備受讚賞的(徒十2)。顯然在他未信主前聖靈已經在他的生命中動工。人透過各個宗教尋找上帝；雖然，每個宗教的世界觀皆有其不足和扭曲，然而我們能因此就說這些人決不會遇見上帝嗎？[32]

啟示向世人發出，並且在人類的歷史進程中作出表達。這就是所謂普通啟示。正如藝術家透過作品表現自己，創造主上帝則在世界發展的美麗和秩序中顯現。上帝吸引萬民，宗教便為人作出回應營造時機。上帝與祂所造的萬物溝通，他們有能力與祂對話。保羅在雅典的經歷，再清楚不過了。他把希臘的崇拜與真上帝的知識相提並論（徒十七22～31）。雅典人的神學當然是扭曲的，是不完全的，卻包含某些有關上帝旨意的領會。

既然各宗教傳統也蘊藏真理，我們便理當尋求與其他傳統建立拯救的橋樑，並且探討他們的徒眾是否有聽聞上帝的道。我們須以同理的心(empathic understanding)了解別的傳統，又以批判的態度審視自己的宗教。這樣，我們的眼光或許會更遠大，不致閉門造車，局處「基督徒街」(Christian ghetto)來做神學。[33]

我們應貫徹始終。過去我們以為柏拉圖(Plato)和亞里士多德能帶來真理，便聆聽這些非基督徒。我們以為且的確從他們身上得益。我們利用典型的希臘智慧處理比較神學，雖然結果不一定常有益處，我們還是作了。為何就此放棄？或許還有別的人已得著一些真理吧。這樣探索未必減低我們對基督的信心，反倒顯示我們在等候基督末後來到之餘，盼望明白更多真理。神學不應在狹隘和局限的空間進行，應與其他宗教哲學互相接觸，才能相得益彰。這種對話還有一個益處，就是乘機宣揚基督是上帝成為肉身，在人的生命中啟示自己。

讓我們效法愛任紐的精神，他說：「只有一位上帝，祂是眾人的上帝。祂自古至今用不同的方法拯救人類。」(《駁斥異端》3.12.13)對其他宗教存開放態度，不等如暗示他們準確地聽到上帝的聲音，明白未經摻雜的真理。我們在神學上是會有錯謬的，因為上帝不以高壓手段行事，真理又會因不義受壓抑。我們卻千萬不可預先判定這些事。聖靈無處不在，上帝的真理可能在某個時候已經滲入一些既有的宗教和文化。我們應願意尋找，這樣便大開宣教的門。[34]

對其他宗教我們是愛恨交織。我們一方面得接受它們存在某些屬靈的深度和真理。另一方面，我們必須拒絕幽暗和謬誤，至少可以看到別的信仰其實是有其不足的，惟有在基督裏才有滿足。重要的是要堅持兩項真理：恩典的普世運作和惟獨耶穌基督顯出恩典。

使徒行傳便有這樣靈活的態度：彼得對異教徒的接納（徒十35），保羅在路司得顯出的寬宏大量（徒十四17）和在雅典的辯解（徒十七22～31）。聖經發出不同的聲音，羅馬書若是語帶消沉，那麼路加福音的語調則較為開朗。後者指出各個宗教形態可以在基督裏得著應驗，又同時延伸耶穌的族譜，追溯至亞當，從而顯明耶穌是要實現上帝對人類的計劃。恩典從未在歷史中消失，一直以來就是為基督的來臨鋪路（路三38）。耶穌就是上帝一切護理作為的高峯，不單是在以色列中如此。[35]

這點聽起來似有道理，只是經常不為神學接受。基督教傳統很少對其他傳統抱如此肯定的態度，尤其新教神學，更難接受聖靈以任何正面的方式在人類各種宗教生活中活動。[36]其中一個原因是憂慮，若聖靈果真在福音和教會以外活動，那麼基督道成肉身的獨特性便備受威脅。真假宗教的分野變得模糊不清，從而引來各種形式的同化或宗教混合。[37]

不過，很難想像聖靈會從人類此追尋意義的文化舞台中抽身出來。上帝倘若向罪人招手，卻偏不在宗教範圍中進行，也是匪夷所思的。這點在聖經中有迹可尋。聖經雖然責難非猶太教或非基督教的謬誤和罪惡，有時對這些宗教的徒眾卻又另眼相看。

例如亞伯蘭與麥基洗德的相遇，這便顯示上帝在迦南文化中活動。這位族長接受異教祭司麥基洗德的祝福，並且給他納上十一奉獻。亞伯蘭似乎肯定他們同是敬奉獨一的上帝，並且認識到自己蒙召不等如獨佔上帝。從這次的相遇，他明白自己要成為列國的祝福，與此同時，上帝也在列國當中行事(創十四17～24)。不久以後，亞伯蘭遇見亞比米勒王，他因這人比自己更敬虔和正直而感到詫異(創二十章)。

正如早前所指出的，新約也有類似事例，聖經形容哥尼流是個虔誠人，上帝早已在他的宗教生活中動工，在他還未聽聞福音，上帝已經聽了他的禱告(徒十1～8)。這樣的人其實是另一種安排的信徒，他們在等待彌賽亞的救恩。正如衞斯理所表達的，他們是命定要作兒女的僕人。[38]

宗教是文化重要的一環，上帝不住與它接觸。宗教在人類生活中地位重要，因為我們被造是要與上帝團契，找到上帝，我們的心才得安寧。人們透過宗教解答深奧的問題。上帝不住工作來吸引他們。聖靈隨處工作，在宗教的歷史中工作。正當聖靈把世界向上帝的國度推進，宗教則在恩典的歷史中扮演一個角色。當拯救的橋樑已在人類文化中被築起，便是給世界作好準備來接受福音。無怪在世界各個宗教，我們可找到品德高尚的人和真理的徵兆。它們給機會予聖靈接觸罪人，又不致削弱耶穌的重要性，耶穌乃是這一切盼望的實現。[39]

梵蒂岡第二次會議提出，別的宗教也有其真實和神聖的部分，我們不可一概棄絕。它提及上帝之道的種籽反射出祂的亮光。這次會議力勸我們找出人回應上帝呼召的方式(《教會與非基督教宗教關係宣言》[*Declaration on the Relationship of the Church to Non-Christian Religions*]，第2段)。約翰・戴樂表示：「永活的靈在歷代和一切文化中作工，使人醒覺，又召喚他們回應；祂總是指向並且為道(Logos)作見證，這道是建立世界以前那被殺的羔羊。」[40]就基督徒對別的宗教的態度，若望保祿二世有近似的言論，並且指出與聖靈有關。在較早的通諭(《人類的救主》〔*Redemptor Hominis*〕，1979)，他提及聖靈在非基督教宗教中出現。

雖然別的宗教未有點名提及耶穌，聖靈倒是出現的，並且被體驗。上帝可以透過聖靈在人的內心說話。「聖靈能以只為上帝知道的方式，讓每個人都有可能接觸復活的奧祕。」因為到處活動的聖靈，人可以不受時空限制，接受上帝所賜的恩典。[41]

魯益師的《那裏亞童話集》(*Chronicles of Narnia*)末卷《最後一戰》(*The Last Battle*)感動了很多人。名叫艾美斯(Emeth)的異教戰士意外地發現，阿司能(Aslan)認為他敬奉泰西(Tash)是受感的。艾美斯說道：

我心想這一下真到了我的末日了，因為獅王知道，雖然他當得上一切的榮耀，但我一生事奉的是泰西而不是他。說也奇怪，我就寧願見了獅王而死，也不願活著作世界的王而見不到他。我雖然有死的決心，可是他卻彎下他金色的巨頭，用舌頭舔舔我的前額說：「孩子，你是受歡迎的。」我就說：「哦，主啊，我不是你的孩子，只不過是泰西的奴隸罷了。」他回答說：「孩子，所有你對泰西的一切奉獻，我都把它當為是你為我做的。」我因為非常盼望得到智慧的認識，便克服了恐懼，問他說：「主啊，那麼如這猿猴說的，你真的跟泰西是兩位一體嗎？」獅王一聽，地動山搖的咆哮了一聲，說道：「那是假的。不僅他和我不是一體，而且我們還是敵對的哩。我把你為他而作的奉獻收過來，是因為我和他不同類，凡是罪惡的奉獻不能對我做，做了我也不收；凡是不罪惡的奉獻不能對他做，做了他也不收。因此，如果任何人以泰西的名起誓，又能照誓言所說的行，就由我來判別他是真的發誓，而且由我來賞賜給他(雖然他不知道)。又如果任何人以我的名做壞事，那麼儘管他口口聲聲說的是阿司能，實際上他的奉獻歸於泰西，也由泰西來接受他的所作所為。孩子，你現在懂了嗎？」我就說：「主啊，你知道我懂了很多很多。」由於真理的驅使，我又說：「我還一直不斷的在尋求泰西哩。」他又對我說：「我喜愛的孩子，如果你所盼望的不是我，那你就不會這麼真切，這麼有恆心的追求。因為真心尋求的終尋著。」[42]

上述的節錄顯示，魯益師領悟上帝是在人類宗教生活中作工。

由於聖靈那遍處皆是的靈感，我們對別的信仰的人便當抱開放的態度。我們應留意聖靈可能在他們當中的教導和作為，這樣便創造一種對話關係的可能。我們可以進入別人的信仰，承認在其中也有真理和價值。他們跟我們一樣，都是尋求真理的人。上帝向人招手，人又向祂回應。讓我們留心去發現溝通的接觸點和橋樑。上帝在創造和歷史中向萬民啟示自己。宗教間的對話絕不可怕。能夠與別人分享他們最關心的事，這是莫大榮幸。我們不必怯於解説基督的主張，卻要聆聽和從別人的心得中獲益。確信基督的終極性不表示我們可心高氣傲，或否定恩典不會在別人身上作工。

中世紀的神學家們便曾探討教會以外的人蒙恩的問題。為解決這問題，他們提到對上帝的「渴慕」(*votum*)和聖禮。正如耶穌誕生以前，相信上帝便能得救，如今，他們猜測，人信靠上帝，就表達了對基督的渴慕。在某些情況下，含蓄地渴慕救恩便意味信心和愛，這便足夠了。上帝會接納這樣的意向，視為走向基督的行動。梵蒂岡第二次會議便學會這方面的教導。[43]

指向聖靈便可以避免一面倒的基督觀念，聖靈是叫基督使命生效的，又讓上帝的管治臨到萬方。別的宗教傳統也有恩典的成分，或許這樣會給人引介上帝的臨在。[44]

這不是個瑣屑的議題。鑒於多個世紀以來，人類未有聽聞福音，這便茲事體大。這理論指出，上帝既定意拯救世人，更差遣聖子來世代他們死，那麼，人若心儀上帝，祂(像阿司能)是應該知道的。這樣渴慕上帝並不等如人可以隨心所欲；這不過是個薄弱的開始，並缺少教會培育的環境。不過這倒容許人決定離開自我中心，把自己獻給上帝和鄰舍。這包含一種向自己死，為生存而復活。這不是甚麼叫人感到自豪的成就，乃是恩典的結果；這是一種叫人感到蒙受上帝恩典和豐盛的感覺。[45]

同時我要聲明，我們千萬別尊崇宗教或漠視謬誤。雖然多數宗教都蘊含一些真理，他們卻有很多幽暗和壓迫的東西。我們從基督教中也有這樣的經驗，基督教歷史中不乏惡名昭彰的事例。我們透過其他宗教來聆聽聖靈，便得準備會碰到謬誤和傷害。若望保祿二世對其他宗教雖抱積極態度，對佛教(看空一切和遁世)和回教(視上帝是威嚴而非恩慈的)仍然作出批判。當然，不管非基督教宗教有多麼積極的元素，它們還是缺少上帝在耶穌基督裏的復和行動的知識。[46]

把各個宗教視作恩具當然不智。卡爾・拉納認為有所謂「合法」(lawful)宗教，這就言過其實。雖然跟我一樣，他同意聖靈可能向別的宗教人士說話，但走得太遠，聲稱人在得聞福音以前，宗教實為暫時的得救方法。留心聖靈在別的宗教中活動，以及因某一宗教導人向善，心存恩感，那是一回事。但指別的宗教為恩典和得救的工具，又是另一回事。佛教提供的(涅槃)不等如基督教的(與上帝聯合)。不同的宗教有不同的人生觀。佛教並不指向基督，基督教信仰也不嚮往達摩法規。人可以敏感於聖靈在別人的宗教裏活動，而又不致減低彼此之間真實與關鍵的歧異。[47]

在基督的特殊性的基礎上，提出一個全球性神學，是有可能的。上帝雖然明確地透過一位特殊人物的生命啟示自己，卻不等如沒有留下其他的見證。在別的信仰中可以找到道德和屬靈價值，只是上帝在基督裏的啟示乃是無與倫比的，乃一般啟示的基準，有普遍性的含義。耶穌是上帝成為肉身，只是聖靈仍維繫上帝與人類的關係。基於這點，我們期望聖靈吸引各處的人進入基督拯救工作的範圍中。[48]

臨在全世界又在全人類中間工作的聖靈，祂正在各宗教生活範疇中活動，因此，宗教經驗可以作為基督來臨的準備。聖靈先於宣教活動，也就為耶穌預備道路。這樣審慎的提議只是聲稱上帝到處作工，包括各宗教領域，並且會向願意聆聽的人說話。我們不敢肯定聖靈如何在非基督徒中間工作，我們只能說祂是活躍其中。這便給予我們盼望，從而開放自己與其他信仰建立仁愛的關係。[49]

關於其他宗教的啟示問題，我們必須謹慎處理。一方面，只有耶穌基督才是上帝的決定性自我啟示。別的宗教並未另有啟示別的神祇。獨一的上帝是三位一體的上帝。另一方面，上帝不是我們擁有的資產和財富，祂是活躍於整個創造和歷史中。正如以色列的歷史便引致耶穌的來臨。在這事上，上帝離開耶穌基督作工，但又漸漸把注意集中到祂身上。按以色列的個案推論，我們期待其他信仰也在基督裏實現期望。我們並不是吝惜地說我們不肯定上帝在基督教以外啟示自己的可能性——我們倒是歡迎！這樣的可能性不只為宣教而與別的文化建立關係，更讓我們從別人身上聽到上帝的聲音，從而深化我們對啟示的了解。[50]

準則

要在各宗教的含混中聆聽聖靈的聲音，關鍵在乎辨別。正如有關上帝的護理，我們會求問上帝在哪裏作工，同樣，我們要尋找，聖靈在哪些人類經驗範疇中工作。設定準則便急不容緩：我們要如何判別這些事情？

顯然需要有一種法規或量尺。一九九二年在澳洲坎培拉(Canberra)召開的普世基督教協進會會議中有明確宣示。一位韓裔神學家以全球角度的名義，把好些異教信仰和習尚加諸聖靈。同類事件出現於一九九四年在明尼阿波利斯市(Minneapolis)舉行的「重整形像」(re-imaging)會議中，人奉聖靈之名祈求女神和廢棄歷史神學。

很多類似的問題相繼出現。我們如何了解傳說中那位喝奶的印度教的神？上帝有否出現在共產主義崩潰和種族隔離政策的事件中？「多倫多祝福」(Toronto Blessing)中所經驗的能力是否來自上帝，或出於假冒？我們需要可以辨別聖靈活動的準則。

世上有好些事情是不能歸因上帝的。上帝管治全地，然而戰禍和敵對又是那麼真實。上帝並非是世上的惟一勢力，祂更不是單方面控制一切。歷史上善惡一直對立，而神聖凱旋屬於未來。聖靈雖然是無處不在，卻不等同萬物，又肯定與迷惑和毀壞無關。我們務要辨別和反抗敵視真理和危害生命的勢力。

例如在一九三〇年代，許多美洲和歐洲的才智之士，周遊柏林和莫斯科的時候，便被矇騙，同樣事情也發生在一九六〇年代的中國。這些天真的遊客經驗到清新的氣象，帶著對這些政權的憧憬回國，豈料日後竟變成迫害、甚至殺戮。他們原以為見到了人類生活的新希望，可惜他們竟受了迷惑和欺騙。

使徒約翰提醒我們一切的靈不可都信，因為有假先知和假基督出現（約壹四1）。保羅論到撒但裝作光明的天使（林後十一14），說：「因我們並不是與屬血氣的爭戰，乃是與那些執政的、掌權的、管轄這幽暗世界的，以及天空屬靈氣的惡魔爭戰。」（弗六12）我們理當向在世界裏頭的聖靈敞開自己，卻「要凡事察驗；善美的要持守，各樣的惡事要禁戒不作。」（帖前五21～22）[51]

我們怎樣知道聖靈超越教會在世上作工？答案一再繫於聖子和聖靈的雙重使命，以及祂們兩者的關係。真理成為肉身正是試驗諸靈的準則，要問的是基督論的問題（約壹四2～3）。聖靈贊同聖子，並且認同祂的言論和工作。耶穌告訴我們，保惠師使我們記起祂說的話；祂不是憑自己說的，乃是把所聽見的都說出來。「他要將受於我的告訴你們。」（約十六13～14，十四26）聖靈也就指向智慧成為肉身的準則。聖靈的言行不能違背在基督裏的啟示，因為聖靈受制於上帝的道。相互關係至為明顯

——聖靈在馬利亞腹中孕育聖子，聖子認同聖靈的方法。從聖靈的果子和耶穌基督的方法，我們便辨明預賜之恩。

福音故事有助我們辨認聖靈的各樣活動。從這故事我們明白上帝行事的模式。因此，只要我們見到耶穌在世上的足迹，以及人接受祂的理想，我們便知道我們是在聖靈的臨在中。例如在那裏見到捨己的愛、關心社羣、渴慕公義；在那裏有人彼此相愛、憐恤病人、愛好和平；在那裏有美善與和睦、好施和饒恕、一杯涼水，我們便知道那裏有耶穌的聖靈臨在。別的靈不會引發心靈破碎和痛悔。這些事讓我們知道有耶穌聖靈內住的弟兄姊妹在那裏。

耶穌用這樣的準則來辨認自己的羊：「因為我餓了，你們給我喫，渴了，你們給我喝。」(太二十五35) 為何祂認為這些是祂的羊？單單因為他們正像慈愛天父的兒女。顯然他們是屬於天國的，他們的行為展現了他們的信心。他們藉著上帝的恩典作天國的事。這些都不是撒但要作的事(可三23)。

聖靈的果子不單是認知性的。我們查問它們，不應只探求命題性的真理。天國的記號與生命改變有關。行善不能賺取恩典，卻展示對恩典的回應。[52]

我們不想有任何事情影響基督救恩的獨特性。人必須透過耶穌才能進入上帝的國度。祂不是眾多先知中的一位、許多道路中的一條。不過，在祂身體中的肢體數目卻是沒有定額的，教會也並不等同上帝的國。耶穌告訴我們，很多人要從四方八面湧進上帝的國，又有好些人以為自己是被選上的，卻竟然落空(太八11～12)。只是，怎樣才知道他們是屬於基督？其中一個要素就是有符合上帝心意的行為。末日來到，有些承認基督的人卻被棄絕，因他們不肯行出國度的善事(太七21～23)。

耶穌清楚讀出八福的時候，祂不像我們，因祂並未修飾自己的陳述。我們認為祂的意思是「虛心的人有福了，他們是在全盤接受神學的人。」耶穌沒有把這樣的禁制加諸八福。祂說：「虛心的人有福了」，然後是句號。

潘寧博這樣評註：

> 其他的人……甚至不知道這回事，更不認識耶穌，卻透過他們善待有需要的人榮耀了耶穌和祂的教訓，將來要加入上帝的國。耶穌和祂的教訓是人類能否有份救恩的終極審判準則。分別的決定不在乎人是否認識耶穌，並且在生時加入祂的教會。反之，是在乎人類的行為是否符合天國的要求，而這些要求都體現在耶穌的教訓和工作中。

對於那些從未認識耶穌，或聽聞祂的信息的人，耶穌乃是救恩的準則。教會以外的人並非無可能得著救恩。行為加上認知，是其中的要素。[53]

無可否認，上帝的方法難以追尋，只是聖靈在歷史中的活動卻可以眼見，因為那是耶穌之聖靈的活動。因著祂，至少在廣義上而言，我們知道所盼望的。耶穌為世界的光，乃是辨別聖靈的準則。聖靈的歷史在祂裏面達到高峯，因此便為祂所認出。正如先前所提及的，我對和子的一些事情感到困擾。其真理正正就是關乎基督作為聖靈活動的準則這一點。

聖靈指向基督，這並非指著某些陳腐的基督的詮釋，或聖化教會傳統有關祂的所有論述。聖靈同時責備教會的錯謬，並且幫助我們以新的方式體會好些古舊的真理。聖靈幫助我們認清時代的標記，在不住改變的境況中運用耶穌的話。這個準則並不等同我們一直所思考的，因為我們思考的時候未必忠於福音。我們或需作出修訂。限制主義便是一個好的例子。因此讓我們留心耶穌的聖靈對教會說的話(啟二7)。耶穌的準則使我們不致偏差，不過聖靈又保守我們不致陷入不能榮耀基督的行徑。我們要運用新意來協定準則和法規。[54]

聖靈與普遍性

上帝的普遍拯救旨意是廣泛和慷慨的，然而那些未曾聽聞福音的人，他們怎能清晰地或得著力量來接觸福音？聖靈便是我們得著普遍救恩的關鍵，藉此獲得特殊神恩。那裏有聖靈，那裏便有恩典。雖然人有取捨的自由，基於上帝寬宏和不計較的愛(reckless love)，人人仍有得救的可能。人生充滿接受和拒絕上帝的機會。[55]

當然，人有可能拒絕恩典。若望保祿二世在他那本關於盼望的書中堅持，地獄是人生的一個可能的結局，雖然無人得知誰人，或多少人會落入地獄。他是對的，地獄可以成為不肯悔改的罪人的最後歸宿，他們堅持不信和不肯愛。人有可能永遠墮落，這又再一次證明人類的自由意義何等重大。[56]

我希望透過這一章來孕育希望，並且減弱長久以來影響著傳統的悲觀救恩主義。上帝是位認真的愛人，祂不甘心讓人未曾回應祂的愛便歸於無有。我們不知道如何能出現這樣的機會，卻知道因為上帝的愛心，機會必然出現。

有人會認為我錯在期望過高。我是真的一廂情願嗎？質疑一個神學立場的背景，以及不同觀點背後的動機，是很恰當的。我不以為自己是一廂情願地空存希望，我倒是正視問題的。

既然涉及動機，我便會猜疑有限主義背後的動機。傳統為何規限了神聖恩慈的範圍？這畢竟是令人希奇的。是否在神學思考以外還有別的事情？聖經便提出這樣的一件事。約拿為何因上帝善待尼尼微而感不快，法利賽人又為何埋怨耶穌接待罪人？他們為何反對耶穌的寬宏大量？或許這些人缺少某程度絕不計較的神聖慷慨，這份慷慨的高峯便是上帝為世人的緣故，獻出祂的愛子。有人會覺得，那些應邀出席上帝宴會的人，確比別的人實至名歸。

父親歡迎浪子回頭，兄長惱怒。我想像他會這樣對自己說：**我才配參加這宴會，不是這個無用的人**。浪子比喻中，其實有兩名浪子，其中一位至死不肯回頭。長子雖然一直與父親同住，卻未曾真正認識他。最低限度他未具有父親的胸襟，也就不能享受浪子回頭的喜悅，只是怨忿填膺。他滿胸怒氣，不肯赴宴。「我一切所有的都是你的。來吧！」(路十五25～32)，故事就在父親向他呼求下結束。不知他有否改變主意赴席。

人很容易因為普遍恩典感到不滿。我們以為：我們豈不已經履行責任了嗎？我們豈不是一直忠心耿耿嗎？為何不配的局外人那麼輕易便入來了？教會以外的人若在救恩之外，豈不更加公平？我們心中豈不是說，非國度中人，又未配戴有合宜證章的，實不應進天國。

我喜見基督徒的觀念更趨積極，日漸放棄有限恩典的觀念。這不是由於當代文化壓力的結果，乃是由於多了解上帝的本質，以及——我以為——聖靈的普遍臨在。結果，上帝普遍拯救的旨意，在神學系統的地位中較前提高了。相信上帝是一位認真的愛人，永不言棄，這點日形重要，它給我們更大的自由去盼望和相信一切(林前十三7)。

很多基督徒對救恩變得更加樂觀。上帝的恩慈無限——人皆是上帝所愛、被聖靈觸摸。與其認為別人無可救藥，我們倒不如視他們為上帝所愛的、是未濟的基督徒(not-yet-Christians)。碰到未悔改的大數的掃羅，我們會認為這個逼迫教會的人必是無可救藥。只是我們錯了。帶著盼望、倚靠早在作工的上帝，這樣進行宣教豈不更聰明？希望只會促進福音工作，絕不妨礙。它會促進良好關係，促成接觸點。上帝不會讓我們知道每個靈魂的結局，才差遣我們宣教，我們的責任不是審判世界，或找出被揀選的。耶穌便不是這樣，祂並且警告這樣做的人必大感意外。祂指出在前的將要在後，在後的將要在前。

我們千萬不要放棄尚未相信的人。首先，誰能解釋一個「不」字的意思？福音出自酒醉的水手之口又如何？

被歪曲的信息會怎樣？熱心的有限拯救分子會否描繪上帝是器量極小的？這樣，「不」字又將會是甚麼意思？「不」的回應會否在末日變成「是」呢？我們是否知道要未濟的基督徒擺脱他們的文化語言羣體，成為受洗的基督徒是多麼困難？我們當中多少人需要作出如此重大的決定？讓我們滿是同情而非定罪，甚至對那些似乎到如今仍拒絕接受耶穌的人，也是如此。

我們宣教，不是出於對地獄的恐懼。上帝差遣我們靠著聖靈的大能去宣揚祂的國度降臨，為上帝的管治使人作門徒。我們出去不是單單因一度命令或因著恐懼，乃是因為上帝的聖靈把我們捲入上帝的宣教中，聖靈使我們成為見證人，並且能夠説話。讓全地知道耶穌基督為他們死，與他們和好。讓萬民回家，與上帝坐席。

註釋：

1 Richard H. Drummond在所著*Toward a New Age in Christian Theology*(Maryknoll, N. Y.: Orbis, 1985)追溯對這看來日漸增大的普遍性的看法。梵蒂岡第二次會議最突出的地方，就是具有一個更新世界的遠見：George A. Lindbeck, *The Future of Roman Catholic Theology* (London: SPCK, 1970), chap. 1。

2 片語引自Elizabeth A. Johnson, *She Who Is: The Mystery of God in Feminist Theological Discourse* (New York: Crossroad, 1992), p. 128; Barbara Newman, *Sister of Wisdom: St. Hildegaard's Theology of the Feminine* (Berkeley: University of California Press, 1987)。

3 本書其中一個主題就是顯明上帝所有工作的統一性。恩典出現非因陷入罪中。創造本身就是一種恩賜；各樣美善的恩賜，和全備的賞賜，皆來自上帝(雅一17)。

4 這是在佛羅倫斯會議(Council of Florence，1438～1445)中制訂的，卻可見諸下列各人的著作：安提阿的依格那修(Ignatius of Antioch)、愛任紐(Irenaeus)、亞歷山太的革利免(Clement of Alexandria)、俄利根(Origen),居普良(Cyprian)和奧古斯丁(Augustine)。奧古斯丁的一位門生富爾根狄(Fulgentius)提出激烈的講法:「這點你可以肯定,毋庸置疑:不只所有的異教徒,就是猶太人、異端分子和分裂教會的,只要死於現今的大公教會以外,必要進到為魔鬼和他的使者預備的永不熄滅的火中。」龔漢思(Hans Küng)列明出處,參*The Church* (New York: Sheed and Ward, 1967), pp. 313~314。 Francis A. Sullivan考證這觀念的發展和解釋,見*Salvation Outside the Church? Tracing the History of the Catholic Response* (New York: Paulist, 1992)。

5 有關這一類議題的著述,與日俱增;參 Dennis L. Okholm and Timothy R. Phillips, eds., *More Than One Way? Four Views on Salvation in a Pluralistic World* (Grand Rapids, Mich.: Zondervan, 1995)。

6 出人意表的,約翰的啟示錄雖然在盼望和普世性中結束,仍往往被視為沮喪絕望的文獻。比較G. B. Caird 充滿盼望的解讀,"The Theology of the Book of Revelation" ,收於 *A Commentary on the Revelation of St. John the Divine* (London: Adam & Charles Black, 1966)。

7 Neal Punt, *Unconditional Good News* (Grand Rapids, Mich.: Eerdmans, 1980), p. 5;同樣地,Clark H. Pinnock, "Optimism of Salvation",收於*A Wideness in God's Mercy* (Grand Rapids, Mich.: Zondervan, 1992), chap. 1。

8 William G. T. Shedd, *Dogmatic Theology* (1899; reprint: Grand Rapids, Mich.: Zondervan, 1969), 2: 712.

9 E. P. Sanders論及保羅斷然否定普救主義,他提到那些在主的日子滅亡和遭毀滅的人。參*Paul and Palestinian Judaism: A Comparison of Patterns of Religion* (Minneapolis: Fortress, 1977), p. 473。

10 Karl Barth, *Church Dogmatics* 2/2, trans. G.W. Bromiley (Edinburgh: T & T Clark, 1957), pp. 417~418. 有關普救主義參John Sanders, *No Other Name? An Investigation into the Destiny of the Unevangelized* (Grand Rapids, Mich.: Eerdmans, 1992), pp. 81~115。試圖根據聖經來辯解普世主義,見W. Sibley Towner, *How God Deals with Evil* (Philadelphia: Westminster Press, 1976),以及 Thomas Talbott, "The New Testament and Universal Reconciliation" ,載*Christian Scholar's Review* 21 (1992): 376~394。I. Howard Marshall在*Christ in Our Place*, ed. Trevor A. Hart and Daniel P. Thimell (Exeter, U. K.: Paternoster, 1989), pp. 313~328中給這個問題 "Does the New Testament Teach Universal Salvation?" 乾脆回答「不是」。

11 東正教應記一功,就是未有像西方教會一樣專注毀滅。見Ernst Benz, *The Eastern Orthodox Church, Its Thought and Life* (New York: Doubleday, 1963), pp. 43~53。

12 就有限拯救的討論,參Sanders, *No Other Name?* pp. 37~79。該書作者雖然不同意有限拯救,他的討論卻是最有力的。似乎支持者不願提出個人的觀點,以及有關後果。

13 Wayne Grudem, *Systematic Theology: An Introduction to Biblical Doctrine* (Grand Rapids, Mich.: Zondervan, 1994), pp. 684～685. William W. Klein 質疑這樣的思維方式：*The New Chosen People: A Corporate View of Election* (Grand Rapids, Mich.: Zondervan, 1990)。

14 關於這個三位一體的處理方法，參Gavin D'Costa ed., *Christian Uniqueness Reconsidered* (Maryknoll, N. Y.: Orbis, 1990), chap. 2; 同樣，Raimundo Panikkar, "The Jordan, the Tiber and the Ganges" ，收於*The Myth of Christian Uniqueness*, ed. John Hick and Paul F. Knitter (Maryknoll, N.Y.: Orbis, 1987), pp. 109～110。 Panikkar不像是宗教多元主義者，雖在該書他與這樣的人並列。

15 John V. Taylor, "The Universal Spirit and the Meeting of Faiths "，收於*The Go-Between God: The Holy Spirit and the Christian Mission* (London: SCM Press, 1972), chap. 9。給恩賜教會以外的人，見Abraham Kuyper, *The Work of the Holy Spirit* (Grand Rapids, Mich.: Eerdmans, 1973), pp. 38～42。

16 有人期望五旬宗人士會發展出一套以聖靈為中心的宣教和宗教神學，因為五旬宗人士對宗教經驗的開放，對第三世界被欺壓的觸覺(他們在那裏經歷成長)，以及他們對聖靈活動的方式和教義的領悟。

17 從英國聖公會的信條委員會(Doctrine Commission of the Church of England)出版的正式報告*The Mystery of Salvation: The Story of God's Gift* (London: Church House, 1995)可以發現對非基督徒人士如此開放的態度。該委員會由 Alec Graham擔任主席。

18 聖靈和聖子的雙重使命，參Walter Kasper, *The God of Jesus Christ* (New York: Crossroad, 1986), pp. 198～229，以及 *Jesus the Christ*, trans. V. Green (New York: Paulist, 1976), pp. 266～268。

19 Yves Congar, "Christomonism and the *Filioque*"，收於*The Word and the Spirit* (London: Geoffrey Chapman, 1986), chap. 7。

20 Timothy Ware, *The Orthodox Church* (London: Penguin, 1963), p. 222.

21 Jürgen Moltmann認為**和子**是不必要的：*The Spirit of Life: A Universal Affirmation*(Minneapolis: Fortress, 1992), pp. 306～309，按 Randy L. Maddox的見解，John Wesley也是一樣；參氏著*Responsible Grace: John Wesley's Practical Theology* (Nashville: Kingswood, 1994), p. 137。

22 Yves Congar, *I Believe in the Holy Spirit* (New York: Seabury, 1983), 3: 214.

23 Jack W. Cottrell, *What the Bible Says About God the Creator* (Joplin, Mo.: College Press, 1983), pp. 340～347; Bruce C. Demarest, *General Revelation* (Grand Rapids, Mich.: Zondervan, 1982), pp. 44, 54, 56, 69.

24 Demarest 同意上帝透過一般啟示顯明祂的愛(*General Revelation*, p. 250)，並且有些異教徒會接受上帝的恩典(p. 260)，就像舊約時代一樣(p. 261)，並且得救。不過他補充說是「在特殊的情況下」(p.260)。他把機會之門打開一線，只要他確認未聞福音的人都包括在這特殊的情況中，那門會更大敞開。比較John Sanders, *No Other Name?* pp. 224～236。

25 原文載於*Zwingli and Bullinger*, trans. Geoffrey W. Bromiley (Philadelphia: Westminster Press, 1953), pp. 275～276。

26 H. Ray Dunning, *Grace, Faith and Holiness: A Wesleyan Systematic Theology* (Kansas City, Mo.: Beacon Hill, 1988), pp. 158, 338, 431～436.

27 有關Wesley對非基督徒的得救看法，參Maddox, *Responsible Grace*, pp. 32～34和Randy L. Maddox, "Wesley and the Question of Truth or Salvation Through Other Religions"，載 *Wesleyan Theological Journal* 27 (1992): 7～29。

28 Karl Rahner, *Foundations of Christian Faith* (New York: Seabury, 1978), pp. 126～137, 147, 176.

29 有關完全敗壞和普通恩典範疇的出現，參Harry R. Boer, *An Ember Still Glowing* (Grand Rapids, Mich.: Eerdmans, 1990), chaps. 3～4。

30 批評者同意上帝的恩典在這方面可能是包容的，不過卻不接受聖經支持這麼具有盼望的解釋。見R. Douglas Geivett and W. Gary Phillips, *More Than One Way? Four Views on Salvation in a Pluralistic World,* ed. Dennis L. Okholm and Timothy R. Phillips (Grand Rapids, Mich.: Zondervan, 1995), pp. 133～140。本人難以贊同，請諒。

31 梵蒂岡第二次會議發表的 "Declaration on the Relationship of the Church to Non-Christian Religions"便表現這樣的積極態度。

32 Dunn 似乎言過其實，他說：「羅馬書八章9節排除非基督徒有聖靈的可能。」(*Baptism in the Holy Spirit* [London: SCM Press, 1970], pp. 95)我們得要假設聖靈在哥尼流生命中作工，為他的悔改作準備。

33 Wolfhart Pannenberg, "The Religions from the Perspective of Christian Theology and the Self-Interpretation of Christianity in Relation to the Non-Christian Religions"，載 *Modern Theology* 11 (1995): 285～297。我以為George Lindbeck 或會同意，我相信，基督徒會受到不同的人激發，只是他更著重如何保持個人的身分。我則較集中於如何透過開放和互相交換意見的對話中獲益。參Lindbeck, *The Nature of Doctrine: Religion and Theology in a Postliberal Age* (Philadelphia: Westminster Press, 1984), chap. 3。

34 這是Keith Ward在*Religion and Revelation: A Theology of Revelation in the World's Religions* (Oxford: Clarendon, 1994)的主題。

35 按羅馬書五章17節和十一章32節，我不敢苟同羅馬書是悲觀的。見John Sanders, "Mercy to All: Romans 1-3 and the Destiny of the Unevangelized"，收於 *The Challenge of Religious Pluralism: An Evangelical Analysis and Response* (Wheaton, Ill.: Wheaton Theology Conference, 1992), pp. 216～228 。

36 有關文件，見Francis A. Sullivan, *Salvation Outside the Church: Tracing the History of the Catholic Response* (New York: Paulist, 1992)。關於新派主流模式，見Paul F. Knitter, *No Other Name? A Critical Survey of Christian Attitudes Toward the World Religions* (Maryknoll, N. Y.: Orbis, 1985), pp. 97～119。

37 Karl Barth 在 "The Revelation of God as the Abolition of Religion"，收於 *Church Dogmatics* 1/2, trans. G. T. Thompson (Edinburgh: T & T Clark, 1956), pp. 280～361 便表達這樣的憂慮。以後評論在教會外的「較弱的光」(lesser light)也未有改變他對其他宗教的消極態度(*Church Dogmatics* 4/3, trans. G.W. Bromiley [Edinburgh: T & T Clark, 1961], pp. 3～367)。

38 更詳細的討論，參Pinnock, *Wideness in God's Mercy*, chap. 3，以及 Kenneth Cracknell, *Towards a New Relationship: Christians and People of Other Faith* (London: Epworth, 1986), chaps. 2～3, 5。

39 Thomas F. O'Meara, "A History of Grace"，收於 *A World of Grace: An Introduction to the Themes and Foundations of Karl Rahner's Theology*, ed. Leo J. O'Donovan(New York: Seabury, 1980)。有關拯救橋樑，參Don Richardson, *Eternity in Their Hearts* (Ventura, Calif.: Regal, 1984)。

40 Taylor, *Go-Between God*, p. 191.

41 Pope John Paul II, "On the Holy Spirit"，出版資料從闕。關於梵二以後類似的教皇通諭，見Sullivan, *Salvation Outside the Church*, chap. 11; Jacques Dupuis, *Jesus Christ at the Encounter of World Religions* (Maryknoll, N. Y.: Orbis, 1991), chap. 7 便以聖靈的包容性(pneumatological inclusivism)為進路。

42 C. S. Lewis, *The Last Battle* (London: Penguin, 1956), p. 149.

43 關於渴慕的洗禮，參*Sacramentum Mundi: An Encyclopedia of Theology* (New York: Herder and Herder, 1968)1: 144～146。

44 Jacques Dupuis, *Jesus Christ at the Encounter of World Religions* (Maryknoll, N. Y.: Orbis, 1991)，尤其chap. 7 "Economy of the Spirit" (pp. 152～177)。

45 Lucas Lamadrid, "Anonymous or Analogous Christians? Rahner and von Balthasar on Naming the Non-Christian"，載 *Modern Theology* 11 (1995): 363～384。

46 Pope John Paul II, *Crossing the Threshold of Hopc* (New York: Alfred A. Knopf, 1994), pp. 77～117.

47 J. A. DiNoia, *The Diversity of Religions: A Christian Perspective* (Washington, D. C.: Catholic University of America Press, 1992); Mark S. Heim, *Salvations: Truth and Difference in Religion* (Maryknoll, N. Y.: Orbis, 1995).

48 Stuart C. Hackett, *The Reconstruction of the Christian Truth Claim: A Philosophical and Critical Apologetic* (Grand Rapids, Mich.: Baker Book House, 1984), pp. 249～253.

49 Paul J. Griffiths, "Modalizing the Theology of Religions"，載 *Journal of Religion* 73 (1993): 382～389。就本人對現代兼容主義 (inclusivism) 的討論，參Clark H. Pinnock, "An Inclusivist View"，收於 *More Than One Way: Four Views on Salvation in a Pluralistic World*, ed. Dennis L. Okholm and Timothy R. Phillips (Grand Rapids, Mich.: Zondervan,

1995)。Paul F. Knitter在他漫長的探索過程中多次超越這點：*One Earth, Many Religions: Multifaith Dialogue and Global Responsibility* (Maryknoll, N. Y.: Orbis, 1995), chap. 1。

50 Gavin D'Costa, "Revelation and Revelations: Discerning God in Other Religions-Beyond a Static Valuation"，載 *Modern Theology* 10 (1994): 165～183。

51 靈恩人士對這些較為敏感，因為他們對恩賜和屬靈戰爭十分嚴肅。參H. I. Lederle , "Life in the Spirit and World View"，收於 *Spirit and Renewal: Essays in Honor of J. Rodman Williams*, ed. Mark W. Wilson (Sheffield, U. K.: Sheffield Academic Press, 1994), pp. 22～33。

52 T. J. Gorringe, "The Criterion"，收於*Discerning Spirit: A Theology of Revelation* (London: SCM Press, 1990), chap. 3; Christopher Morse, *Not Every Spirit: A Dogmatics of Christian Disbelief* (Valley Forge, Penn.: Trinity Press International, 1994), pp. 179～180, 196。

53 Pannenberg, "Religions from the Perspective of Christian Theology", p. 293。以教義展開對話不會有太大幫助，以上帝用其他形式臨在作開始則大有裨益。讓我們謹慎處理上帝的臨在和美善，然後才轉向概念性議題。佛教人士Thich Nhat Hanh的講法不無道理，*Living Buddha, Living Christ* (New York: Riverhead, 1995)。

54 Küng, *The Church*, pp. 191～209.

55 Robert F. Capon, *The Parables of Grace* (Grand Rapids, Mich.: Eerdmans, 1988)便奏起不顧後果的恩典(reckless grace)的音調。

56 John Paul II, *Crossing the Threshold of Hope*, pp. 185～187; Clark H. Pinnock, "The Destruction of the Finally Impenitent Wicked"，載 *Criswell Theological Review* 4 (1990): 243～259。

第七章

聖靈與真理

最後一章，我們要思考真理與啟示、亮光與光照的問題，這都涉及真理的聖靈；聖靈要引導羣體進入真理（約十六13）。我們要探究聖靈怎樣揭示上帝的身分，又如何使啟示開花結果。

在此我要提出一個關於教義忠誠但常被忽略的問題：適時性的律令（the imperative of timeliness）。神學務要忠於啟示，卻又論及關乎當前處境的事。上帝想要的乃是在聖靈和真理中的敬拜，就是建基於耶穌的真理，並且給聖靈開放，祂領我們進深的敬拜（約四24～25）。神學若不尋求上帝於當下的旨意，這樣的神學容或正統，卻未有真正聆聽上帝。教義並非不受時間限制的抽象概念，應是適時的見證。神學家們應為著重要的事等候上帝。忠誠和創意兩者是不可或缺的。[1]

上一章的主題不就是一個實例嗎？人們急欲知道基督教對其他宗教的看法。這只是眾多議題中我們需要亮光的一個。還有婦女職事、信仰與近代科學的整合和怎樣才能向聖靈恩賜開放等。神學必須讀經，又肯聆聽聖靈的聲音。這樣我們便因聽從上帝的話語而成長。

面對種種挑戰，我們要尋求基督的心思。透過面對困難和回應，我們可以得著新鮮的亮光。我們必須費勁地進行神學反省。今天我們需要以基督的意念來面對很多問題。明白上帝行事的方法，以及基督在歷史事件中的地位，這是非常重要的。這不是智力訓練那麼簡單，它要求全人的靈命塑造。本書乃是嘗試從嶄新的角度和處境來理解古舊的真理，好從上主那裏聽到切合時弊的聲音。若是這樣，便算是成功了。[2]

上帝引領人進入真理變成獨享的利益(parochial interest)，這是我不願見到的。這應放於一個全球性的場景，因為上帝所關注的，遠遠超越教會。上帝在創造和歷史中自我啟示外，也透過以色列人的經驗和耶穌的事迹發出。上帝在萬民中不是無迹可尋的。雅典人應該認識上帝，因為離他們不遠(徒十四17，十七27)。聖靈不住引導、吸引、勸誘、影響、招聚全人類，並不只局限於教會。祂盼望人人明白真理，好藉著基督稱義和得生命(羅五18；提前二4)。雖然不是人人愛聽，上帝卻向所有人說話。

上帝不是獨享益處的。祂極盼招聚萬民。祂因人類離棄心裏傷痛，祂向世人張開雙手。祂渴望人類認識祂，使生命日趨崇高和深化。惟願世人都肯投入聖父懷中！上帝在萬民中作工，萬民是屬於祂的(耶十八7)。上帝除了給以色列啟示，祂還透過耶穌基督啟示和啟迪，帶領和引導。阿摩司指出上帝領非利士人出迦斐托，領亞蘭人出吉珥，像祂領以色列人出埃及地(摩九7)。拯救活動範圍廣闊，應置放在普世佈道的背景中。

歷史發展到如今，世上的人有自己的傳統和資源，只是上帝要領他們進到天上的耶路撒冷。以賽亞預見日後以色列要成為萬國敬拜羣體的一分子：「埃及——我的百姓，亞述——我手的工作……都是有福的。」(賽十九25)聖經的盼望就是有一天列國要敬畏主(詩一〇二15、22)。

地的四極都要想念耶和華，

並且要歸順他；

列國的萬族都要在你面前敬拜。

因為國權是耶和華的；

他是管理萬國的。　　　　(詩二十二27～28)

目前列國正經歷啟示活動，乃是要準備成為上帝子民的一分子。地上列國要因亞伯拉罕的忠信蒙福，成為上帝的子民(啟二十一3，留意複數)。[3]

上帝不是只帶給基督徒統一的關乎聖子的信仰和知識，祂有意賜救恩給萬民，也就帶領他們和我們一起進入真理。合一運動不單單是新教信徒和睦相處，天主教和新教復和，東方教會與西方教會互相承認。上帝所盼望的是帶領所有人類在耶穌基督裏合而為一(弗二15)。我們要以宏觀的角度來看上帝的引導。列國既被吸引，他們便當擁有一些亮光明白上帝的心意。這些亮光出現的形式總是差強人意，解釋更是拙劣，只是真理仍是照射每一個人。藉著對話，我們盼望在不同傳統中出現發展，從而帶來更豐富的理解。我們視別的信仰有可能是真理的來源，雖然他們(我們也是)會出錯，或受文化影響。[4]

聽道成長

我的目的不是突出聖靈的全球性工作，乃是強調基督徒需要聽從上帝的道，藉此成長。在悟性上成長是必須的。我們總需要對所信的有更好的理解。我們的信仰也尋求了解。我們有誰不需要認識上帝和更清楚辨明祂的旨意？環境不住改變需要合時的應用。

就聖靈與真理的關係，我已提及某些方面。例如我留意到聖靈賦予真理生命，又在信徒心裏提供見證(林前二4；約壹二27)。現在讓我們探討聖靈帶領教會進入真理這課題。作為走向天城的朝聖者，我們需要清晰指引。我們需要聖靈幫助我們恢復和睦相處，維持合一(弗四3)。教會不合一令聖靈擔憂、妨礙宣教，並且使教會難以執行紀律。分裂的教會需要**在真理中**(in truth)重新聯合，以致我們可走在一起，好叫世人相信。[5]

成聖的其中一面是聽從上帝的道，不斷成長。我們得向著聖經的各個向度見證開放自己。這樣做不是孤軍作戰，乃是作為羣體的一員。上帝吩咐我們聆聽別人的詮釋，從而經歷更深層的理解。透過上帝的道，聖靈不住的改變我們的生命，使我們更強烈的愛上帝和鄰舍。正如聖靈日漸潔淨個別的人，祂也同樣引領教會，不斷有更深層的領悟。

問題在於使用上帝的道。一方面，正如保羅指出，永生上帝的教會是真理的柱石和根基(提前三15)。教會領受了一個寶藏，給福音作見證，並且把這信息傳遞出去。另一方面，這個羣體需要上帝所應許的不住帶領：「我要教導你，指示你當行的路。」(詩三十二8)我們需要那柔聲召喚和勸誘，讓我們生發更明智的回應。上帝的引領通常是溫柔和絕不施壓的，祂只會尊重人類的創意，甚至是愚行。

聖靈所關注的乃是以基督身體為定點的真理，並且生發追求真理的行動，縱然我們會有犯錯和謬誤。因此，我們一方面盼望領受新的亮光，又當警覺會有出錯的可能。因為所有的教會都經歷上帝的帶領，任何可供學習的，我們都當樂意接受。[6]

聽道成長非常重要，因為深奧事物的真理不易掌握，意義不能一朝一夕可能明白。關於終極問題，人發現的是一個無法全部擁有的寶藏。不斷增強領悟力，往往是可能和值得嚮往的，因為我們有種種局限和短處。因此，我們便不住的追求，要更透徹地鑽研真理。

洞悉屬靈事物，尤如種籽必須萌芽生長，以致綠葉成蔭。對於真理，個人和羣體都需要不住的花心思反複思考，也要尊重人家的思想。教會默想救恩的奧祕，領悟便深入。「縱然啟示已經結束，卻未有完全解釋；基督教信仰仍需假以時日，才能逐漸掌握它的全部意義。」(《天主教教理》，第66段)

馬利亞是我們的榜樣，她寶貝所經驗的事，都存在心裏(路二51)。她需要時間思考所見所聞，探究其意義。羣體也是一樣。一次交付聖徒的真道能滿足每個世代，我們若想明白更多，便得花時間思考。鑒於人本性的局限和墮落，詳盡的知識不是唾手可得的。我們要花工夫來鑽研深奧事物，才可以據為己有。

探求真理是令人興奮，且是有指望的。上帝還有很多話要對我們說；謙卑是今天的主菜。我們便是這樣學習和成長。讓我們放棄僵化和通天曉的態度，敞開自己，讓上帝更清楚的顯明祂的話語和顯示人類的處境。[7]

作為一個福音派的人，對於聖靈怎樣領人進入真理或對於教義發展的相關議題，我承認很少進行反省。福音派強調命題性真理，以致全力專注釋經，卻忽略解經所牽涉的其他動力。那些自稱為高舉聖經的基督徒(biblical Christians)，他們很多時候以為可以免疫，不會被影響著別人的各個歷史進程所影響。我們被幼稚的惟實論(realism)所害，以為解經毋須默想聖經，以為歷史因素對解經毫無幫助。事實並非這樣。

對於傳統可能侵奪聖經權威，使真理因而改變，我感到某程度的困擾，這是我忽略教義發展的另一個原因。為這緣故，我只注意傳統消極的一面，並未留意積極的一面。一直以來在教會歷史中，若天主教徒對教義發展是過度肯定，那麼，福音派人士就是企圖忘記在傳統中，上帝的引導叫他們如何受惠。我們需要在盼望與惟實論之間作更好的平衡。讓我們因著聖靈的帶領常存盼望，又因我們的不可靠和犯錯傾向，接受現實。在我們的理解進展過程中，進步和退步會同時出現。[8]

發展並非只關注與過去的詮釋對話，同時又是定向未來。教會若要進行宣教，便必須開放給聖靈引導。教會戀棧過去便變得僵化，宣教便受到妨礙。這種姿態侵蝕教會的效能。我們的傳統雖然是豐富和具有歷史價值，我們卻要克服試探，切勿緬懷過去，無視今日的問題。我們務要忠於原來的啟示，也要跟上帝同步向前；要聆聽聖靈現在對教會所說的話。

我們是個朝聖羣體，向未來進發。很多信仰的形式和意象，隨著年日已有改變，而且會不停的變下去。我們對教義和習尚的想法，總要再行思考。現在出現了新的思想和行為模式。雖然我們認為這些模式必須出於原來的啟示，又要以聖經作根據，但我們同時也需顧及新意和應用，切合時宜。[9]

聖靈在救恩歷史中作工，祂要幫助教會明白並且接受神聖啟示。聖靈保守教會在真理之中，並且引領教會有進一步的洞察。聖靈是耶穌誕生的能力，也是引導祂一生的大能，如今澆灌下來，催生信仰羣體，引導羣體前進。聖靈住在基督的身體中，讓這身體朝著真理開放，從而日漸對真理有更完備的了解。上帝應許領導百姓：「耶和華也必時常引導你，在乾旱之地使你心滿意足。」(賽五十八11) 詩人說：「因為這上帝……他必作我們引路的，直到死時。」(詩四十八14) 上帝說：「我要教導你，指示你當行的路；我要定睛在你身上勸戒你。」(詩三十二8) 耶穌也應許：「只等真理的聖靈來了，他要引導你們明白一切的真理。」(約十六13) [10]

聖靈幫助我們發展悟性。保惠師，那真理的聖靈，祂在我們身旁作帶領(約十四16～17)。「那裏有教會，那裏便有上帝的聖靈；那裏有上帝的聖靈，那裏便有教會和各樣的恩典——聖靈就是真理。」(愛任紐：《駁斥異端》3.24.1) 因為聖靈住在教會中，教會便持續住在真理之中。容會犯錯，教會深知不會被上帝棄絕。教會因聖靈的臨在，得以靠恩典持守真理。[11]

掌握上帝之道對今天的意義，這點相當重要。宣教的時候，便得從新的處境去解釋信息，羣眾才能明白

不等如採用超出啟示的方式，乃是以深入啟示的方式；不是違背福音的新啟示，卻是在各樣新環境中理解上帝的道。耶穌的話就量而言，已經完全，毋用增添，

可惜卻未有實質地被人掌握，仍有待思考。上帝的道在每一個世代都是歷久常新的。啟示不是一個封閉的命題式真理系統，乃是神聖的自我揭示，是不住的開放和發出挑戰的。龔漢思有這樣的話：「聖靈不能賜下新的啟示，卻能透過見證人的宣講，使耶穌的一切言行，以新的亮光顯示。」[12]

聖靈照亮宣教路徑，幫助教會以適時的方式回應各種挑戰。只是認識寫下的文字是不夠的，還得領會聖道的**意義**。單單背誦經文，我們不能針對當前的處境發言。聖靈使我們警覺上帝現在要說的話。耶穌警告，不可只注重小事，卻忽略了大事（太二十三23）。保羅作為佈道者，進入不同的文化處境，他力求切合時弊。為了無論如何總要救些人，他盡力要向猶太人便作猶太人，向希臘人又能作希臘人（林前九19～23）。他不以為盯著聖經經文便得償所願，乃是藉著思考和禱告尋求答案。[13]

教會要不斷成長和經驗改革。要隨時糾正錯誤，又接納可以促進宣教的新方向。上帝應許帶領我們，祂決不撇下我們，這樣的應許很寶貴，因為我們很易迷失方向。朝聖者會走錯路和跌倒，就像耶穌比喻中的那個旅客一樣，整個羣體可以陷在強盜手中，被遺棄路旁。這事一旦發生，上帝要把油倒在我們的傷處，使之復原。

「我信一聖而公並使徒統緒的教會」（I believe in one holy catholic and apostolic church），這樣的認信不是宣告教會已經完全。這是信心的表白，不管發生何事，我們仍是基督的教會，是陰間的權柄不能勝過的。個別的教會容或衰敗式微，普世教會卻是永存的(〈奧斯堡信條〉〔Augsburg Confession〕，第7條)。我們在地上不住的鬥爭中，並非孤立無援，乃是藉著聖靈得享堅忍的恩賜。

我們雖然擁有一次過傳給我們的信仰，卻未有完全領悟其意義，我們至死也不能夠。啟示本身只是局部，還有不少亮光隱蔽其中啊！我們正走在真理的路上，還未抵達終點。人尚未通曉上帝的道，實在並不可能。然而在真理的知識上長進卻是可能的。再者，我們仍會犯錯。因此，我們切勿急於定別人的罪，總要對改進了的見識，存開放的態度。作為聽道的人，謙卑是成長的基礎。千萬不可自滿，不肯改變主意，不要以為改變主意是軟弱的表現。紐曼樞機主教(John Henry Cardinal Newman)說得對：活著就是改變，要完全便要不住改變。[14]

我們既有上帝帶領的應許，那麼縱會犯錯，增進悟性仍是可能的。神學是可以不斷完善的，應用也可以更加適切。啟示本身不會增多，我們透過行動和反省，可以得著更精確和詳盡的理解。闡明真理會使人成長，解開真理不會改變真理，清楚表達真理會幫助了解。真理的含意會愈來愈清晰，讓我們更好地了解。相對正統的呆滯死板，我們乃是自由和坦誠地宣認耶穌的信仰。我們的掌握並不完全，也不是絕對。雖然這是給每個時代的絕對真理，我們仍會從中找出給這個時代的具體真理。這就是上帝永活的道，首次發出的時候大有能力，並且在以後各個不同的時空，別具意義。上帝的道是超越的，卻可以豐富地被詮釋。[15]

進展不單單關乎思想概念。我們所理解的真理，並非只是(或主要)一些抽象的概念。真理關注羣體的生命和作門徒的指引。真理關乎運用上帝之道，例如幫助被壓制和沒有權力的人。真理又關注怎樣標示基督勝過現今世代的權勢。耶穌的道必須藉著聖靈在具體的境況中發生效用。[16]

這並不是暗示進展是必然的。早期的一些想法，可能尤勝近代。我們可能是退步而非進步。現代神學的某些方面確是這樣。因此，聖靈要領我們進到更深的理解，這樣的承諾不會轉化成進步的保證。因此，我們有這樣的禱文：

> 最慈悲之天父，我等為主之教會，謙恭懇求。求主使其充滿真理與和平；若有腐化，求主更新；若有錯誤，求主糾正；若有過失，求主改善；若有缺乏，求主補足；若有分離，求主聯合；若有正義，求主鞏固；皆賴死而復活，永遠常存，為我等代求之聖子，我們主耶穌基督之功勞而求。阿們。(譯按：《公禱書》，頁61，中華聖公會港澳教區編訂，1984年10月)

甚麼是啟示？

沒有啟示，便無好信息可以透露。惟有上帝自行打破緘默，自我啟示，我們才得領悟上帝三位一體的本質和慈悲的旨意。啟示是一種情格之間溝通的行動。上帝在歷史中行動，拯救人類，祂揭開了神祕的面紗，稍稍讓人知道祂是誰。上帝的知識來自救恩敘述對祂身分的表達。神學的責任就是反省這段歷史的意義，在沒有取代這故事的情況下，把真理顯露出來。我們必須明白啟示的本質，才能知道它如何隨著時間漸漸展露和豐富起來。啟示若是沒有內容，或內容是不受時間影響的命題，那麼神學發展不是變得過分主觀，就是淹沒水中。[17]

另一方面，自由神學認為啟示乃與人類經驗有關，而非關乎歷史和認知。啟示因此絕不受內容束縛，乃是使人得釋放的生命改變事件(transforming event)。例如哈納克(Adolf von Harnack)，他認為啟示就是針對道德更新的倫理企劃。[18]如此一來，乃是從社會學角度了解教義，正如基督徒在任何既定的時代所想的。教義不是真的被視為信仰的要素。教義是不固定的(fluid)，並不依賴聖經或過去確認的傳統。按這樣的思維，信仰的要素不是一套書本中的真理，或是教條，乃是以耶穌的人生為基礎的新生活模式。眾人都在猜測，那些的信仰會變成教義。信仰的發展是不受限制的，從改變的發展理論來看，精神一致較教義的連貫更重要。[19]

這不是健全的啟示觀或啟示發展的一個可靠理論。上帝的自我啟示固然影響靈魂，卻更應注重生命改變事件所蘊含的真理。福音能使人生命改變，這是因為三位一體的上帝在歷史中自我啟示。自由主義過分強調經驗，不大注重認知。在啟示中，上帝使光在黑暗中照明，賜我們不全面卻是真實的知識，就是三位一體的關係性和拯救。[20]

另一方面，福音派神學卻又犯了另一種錯誤，常把啟示當作不受時間限制和命題式的。這種思維在新教和天主教中，歷史悠久，代表著第一次梵蒂岡會議和今天很多福音派支流的想法。按此理念，啟示就是真理傳播，否則是不可知的。因這緣故，神學的任務就是把這些真理組合，像砌拼圖一樣，把它們組織成一個系統。查理斯・賀慈(Charles Hodge)比喻這個過程，像自然學家把植物分門別類。這是有力的概念—口語啟示觀(revelation as conceptual-verbal)，賦予歷史和文化因素很少空間。神學淪為一種總結性的活動，包括批判聖經確是宏大敘事。想像一下，上帝給我們的聖經，不過是數以千計的零散材料，和無數未成概念的故事。[21]

按此觀點，神學發展的可能性備受局限。他們也只能屬於一種邏輯或釋經。神學要藉著收窄其所理解某些聖經真理的範圍，才可以成長發展。要更好的搜集和綜合啟示的事實。例如賀慈，他認為〈韋敏斯特信條〉是最優秀的教義系統，這是由於他相信這些信條是啟示事實最佳的綜合。〈韋敏斯特信條〉基本上是一個經文概要，代表了進步，因為在搜集、界說和組織數據時不斷完善。這看法只留下少許空間讓聖靈打開啟示，也嚴重影響啟示的適時性。像賀慈這樣的人把數據組合以後，接著下來的神學家便沒有太多可做的事。或許上帝就是以正典和文本評鑒法的異常行動，迫使我們根據聖經的啟示來倚靠祂，而非倚靠聖經本身。[22]

這不是一個健全的啟示觀，也不是叫人滿意的發展理論。啟示基本上不是要傳播無法可知的永恆真理。啟示就在報道上帝大能的記敘中被傳送，根本沒有神學砌圖方塊這回事。聖經表達的真理，鮮會是抽象或脫離現實的。聖經不會為每一個處境提供仔細的法規。舉一個例，保羅甚至不願列出律法，因為他認為基督徒乃是子女，不是奴僕(加四1～6，五1)。再者，聖經論題繁多，處理方式各有不同，多樣中卻有合一，神性和人性結合，以及透過聖經不同的文學類型編織歷史。聖經作者並非如想像般作書記，記錄口述的永恆真理。聖經出於上帝的感動，又是人對啟示的見證。上帝的聲音，在史實和人類的軟弱中讓人聽見。龔漢思寫道：「從所有人類的脆弱和歷史的相對性，以及聖經作者們的局限——往往只能結結巴巴的、辭不達意地說話，上帝在耶穌裏最終要發出的呼召才真實地被人聽到、相信和實現。」[23]

明白啟示和教義發展，還有一個更好的方法。啟示並非沒有內容的經驗(自由主義)，或不受時間限制的命題(保守主義)。啟示乃是上帝充滿活力的自我顯露，祂透過拯救歷史，透過以耶穌基督為高峯的啟示過程，顯明自己的恩慈。啟示基本上不是實存性的影響，或無謬誤的真理，乃是神聖的自我顯露，旨在影響和教導。啟示的模式是自我顯露，以及情格間的溝通。正因如此，啟示應包藏著意義和發展的可能。[24]

啟示透過歷史所發生的事件傳遞給我們，尤其在耶穌基督裏，祂是使人見到上帝的那位。耶穌基督本身就是不可見的上帝的自我啟示和真像(約一18；西一15)。梵蒂岡二次會議申明：「耶穌藉祂的工作臨在和彰顯自己，便完善了啟示：就是透過祂的言行、神蹟和異能、尤其是藉著從死裏榮耀復活和最後差遣真理的聖靈。」(《教義規章：論啟示》〔*Dogmatic Constitution on Divine Revelation*〕，第4段)

啟示並非單單人類的轉化，或一套主題眾多的命題。啟示乃是為我們引介一個位格。耶穌說：「人看見了我，就是看見了父。」(約十四9) 啟示不單向理智說話，也向全人說話。真理有明確的和含蓄的，卻都指向有位格的中心。

啟示是有活力、歷史性和情格間的，因此所謂忠心就是指忠於那自我顯露的上帝。這就是忠於聖經所見證的，上帝拯救行動的故事。神學是一補助語言，把故事中的大能活現的補助語，向不住前進的上帝子民解釋故事的意義。它配合羣體的環境解說聖經的故事，說明人生的意義，使人因此接觸神聖的奧祕。啟示乃是自我顯露的行動，顯明終極真理。啟示無與倫比，不過我們對其意義的理解，卻可以不住豐富的。[25]

自我啟示的這種啟示模式容許展現和發展的可能。啟示不只是命題性和經驗性。它讓我們認識也塑造、改變和教導我們。我們可以漸漸活出啟示的真理，正如我們可以漸漸活出基督一樣。因為啟示滿有活力，聖靈便能藉此帶領羣體。當我們回應，啟示的意義便能向更完全的意識展現。聖靈能使人不住加深對神聖啟示的理解，並且(我們雖然會出錯)帶領教會進入真理。因為發動啟示的大能正在教會中作工，啟示的意義和重要性便能漸漸展現。[26]

靈感（inspiration）與光照

靈感是聖靈的活動，保守教會的聖經，也為教會保守聖經。這是上帝的行動，要保存拯救萬民所發出的啟示。靈感使故事的真理能完整地保留，並且萬世傳誦。為這緣故，便以文字來確證這樣的神聖自我啟示。**靈感**一詞也就指神聖的活動，把上帝想要以文字確認的啟示部分，立字為據。梵蒂岡二次會議聲明：

> 上帝揀選人來編製聖書，上帝使用人的同時，卻未抹殺他們的能力和才幹，上帝乃是在人裏面動工，透過他們活動；作為真正的作者，上帝指定人只可寫下祂想要寫下的。因此，受靈感的作者，或是神聖的記錄者所確認的，也必然是聖靈所斷言的。同一道理，聖經的書卷乃是上帝為我們的救恩而發出的堅定的、忠實的，並且是無謬誤的真理。　　(《教義規章：論啟示》，第2章)

聖靈有更大的活動，就是組成和維持羣體，靈感只是這活動的其中一部分。一羣子民能剛強有力，聖經功不可沒。聖經的見證是要讓這好消息活生生的記錄下來，要為上帝的子民締造未來。聖靈便把這些眾多的見證集合起來，指向拯救的實相。聖經的豐富與形式提供了一個標準，可以指引教會向前邁進的每一步。靈感是形成和更新羣體的行動。聖靈的引導感染與人的文字寫作活動在羣體中並行，以保守正典，這就是上帝招聚和塑造其約民這更宏大工作的一個主要部分。[27]

聖經是上帝自我啟示的主要見證，也叫教會走在軌道上。它為啟示作見證，保存拯救事件的知識及解釋。聖經是啟示的文件，讓那些未能親眼見到耶穌的人，也可以接近祂。這見證以文字形式出現，確保如實傳遞。[28]

靈感是聖靈實現上帝計劃另一面向的工作。聖靈使文字出現，啟示才能在以後的世代產生效力。靈感確立一種標準的文本讓聖靈可以繼續說話，予文本生命，幫助我們領悟其中的意義。聖經乃是聖靈在羣體中工作的成果，以支撐這個羣體。

聖經正典支撐人，也釋放人。它眾多的聲音保存深睿的意義和說明羣體活動的範圍。聖經是耶穌基督的原始見證，永遠有效；這見證不會被後來的權威取代或抵銷。它給辨別諸靈和評鑒啟示構成一個標準。教會要確保本身的真實性，便要不住反省這些起初的見證。這些見證使我們植根於和忠於原始啟示。它們表明我們居住的範圍。[29]

作為聖靈的文本，聖經享有特殊地位。我們全然接受其內容，又誓言遵行其真理。任何別的啟示和教義發展，均得通過聖經驗證，且要證明是被聖經所涵蓋的。有關的字義和真理，應從聖經中探求。聖靈的目的並不止於受靈感作者所明白的，更是他們的見證所指向的真理。因此，我們不單關心聖經的原來意義，也要注意此後從反省而有的理解。上帝正在救恩歷史中作工，祂光照，也同時感動。

正典的形成，顯出指引的需要。教會怎樣被引導收集這些文本？單憑歷史研究無法解說正典，根本沒有啟示任何編成聖經書卷的清單。正典不是主教權威所作出的決定，乃是聖靈在不同的信仰羣體中工作的成果，是客觀和主觀因素互動的產品。在羣體的經驗裏來，書卷得以匯集，並且透過局部可見的過程，正典才獲得一致承認。

沒錯，基督徒一方面是「聖經的子民」(people of the Book)，另一方面，聖經是一本子民的經書 (book of the people) 也是真的。這是聖靈給他們全體的禮物。眾教會聽從聖靈，正典也就由他們定出。既是這樣，我們若尊重傳統中的智慧為我們帶來正典，我們豈不也當以別的形式來尊重這智慧，例如有關詮釋的事？

確定正典文本所需要的指引，於詮釋的範圍也同樣需要；詮釋是沒有窮盡的，乃是在羣體中透過不停對話來持續下去。不住進行詮釋，我們便需要**光照**。正如信徒讀經時候的互動，帶來新的領悟和應用。我們尋求明白，上帝的啟示便揭開。若是靈感確立聖經，光照便是在讓讀者能夠體會聖經那適切時代的意義。聖靈叫人聽聞上帝的道，又展現真理，並且幫助讀者經驗和傳遞真理。聖靈幫助我們把上帝的道與現今所面對的挑戰連繫起來。聖靈幫助我們在新的處境中運用耶穌的道，祂不是增添基督説過的話，乃是讓我們記起祂所説的，使我們在新的亮光下得著啟示。[30]

我們可以談論文本**和**讀者的靈感。過去的靈感為我們帶來聖經，今天的靈感給讀者加力。我們若想被經文改變，便需要光照。沒有上帝的能力，聖經不過是沒有生命的文字。詮釋的目的超越釋經，直指讀者實存的狀況。經文投射出一個世界，並且撥出空間，讓我們進入其中，經歷改變。聖經投射一個另類的世界，又呼召我們進去跟隨耶穌。聖靈令我們接觸啟示的主題。[31]

解經不是建立新的根基或確認新的意義。任何合理的解釋必須符合聖經原則，嚴防曲解。不然的話，聖經便不再能裁決爭議，反倒像一團蠟，讓人隨意操控。不能苟同後現代主義的文學理論，原文不是沒有任何意義，它是具有明確意義的。我們的目標就是把意義找出來，並且求聖靈展露其中含義的向度。我們需要聖經來暴露文化的罪、指示宣教的方向和引領我們明白教義的含義。

靈感與光照一起要求一種解經風格，就是要認真地兼顧古老文本和現代視域。我們當留心聖經的原意和目前與作門徒有關的事。我們盼望被帶領，朝著國度進發。我們一面等待國度終結，一面倚靠聖靈，好能更清楚明白上帝的呼召和帶領。我們需要知道甚麼是合宜得體的事，我們需要聖靈幫助來領悟上帝之道的意義。[32]

聖靈助人開啟成文啟示，但卻規限隨意解釋的自由。漠視過去的靈感，無異違反遊戲規則，成為異端。不理目前的靈感，就是漠視當時的處境和需要，這樣會變得僵化死板。上帝賦予我們自由，靠著感動聖經作者，又展現聖經話語意義的聖靈，在聖經的範圍以內，隨意運作。

異端通常裝成解放的，事實卻是限制詮釋的可能選擇，並且弱化奧祕。正統提供更多活動空間和可能性，便顯得更為豐饒。

一套發展理論

作為福音派的人，我未有太多探討開啟上帝之道，恐怕傳統超越了聖經的地位。我感到有這樣的危險：傳統借發展為名，卻暗中入侵，把不屬或甚至違反聖經的觀念滲入信仰中。傳統甚至以發展為名，由人操控啟示。因此，務要隨時留意**使徒性**(apostolicity)這個原則。任何聲稱是發展的可靠解釋，都必須通過啟示的驗證。所有解釋務必與聖經的啟示一致，最少不會與其中含意相悖。啟示不會因以後的光照有所增加或修改。

與此同時，我們不應由於一些可能出現的負面可能性，便不敢聆聽聖靈。我們正享受著一種契約關係，那是聖靈極欲我們不住進深的。當我們默想聖經，便能增進理解，獲得更豐饒的真理解釋，深化與上帝的關係。羣體應不斷努力開啟上帝的道，增進這方面的理解。上主甚至與我們一同走過幽谷，不住努力地讓人更多認識祂。詩人哀求，說：「惟願你們今天聽他的話！」(詩九十五7)

因為聖靈動工，向我們發出亮光，真理就不只是一些純粹外在的東西：它也是內在的。上帝正在把基督的心放在我們裏面(林前二16)。不單只是領袖中間，整個羣體應一同努力明白上帝之道。這點可見諸正典的整理過程。縱是不同的教會，又在地域上分隔，仍能意見一致。這是因為上帝的子民在聆聽；聖經正典不過是在眾多寶藏中首先被發現的一個。信經、禮儀和靈修形式(style of spirituality)，這些都是我們所繼承的一些無價寶物，為此，要感謝聖靈。

我們以三位一體為例了解教義發展。福音便為三位一體神學提供了基礎，但需要闡釋和需要時間。門徒經驗上帝的三重性：聖父、聖子和聖靈，而這一切都需要細心思想。合一性怎能與三重性協調？我們怎樣避免陷入形相論（modalism）或三神論中？所得的結果並非一個理性的答案，乃是一個關乎奧祕的陳述：在一個神聖生命中存有三個位格。我們應視之為在聖靈引導下基督信仰思維的一個成就。

基督論的產生也有相同的模式。門徒認識的拿撒勒人耶穌是道成肉身，也是上帝復活的兒子。新約對祂的人性、神性和被聖靈膏抹，作出不同的解釋。惟有藉著祈禱和討論，教會才領悟祂兒子身分的奧祕，就是同時具有完全的人性和神性。基督論不只是人類思考的產品，乃是從羣體的敬拜和禮儀中冒出來的。

聖靈一直以來引導基督徒，讓他們更充分理解真理。這些發展不是腐敗的，或只是人間的一些過程的結果。他們展示一種對那超越的啟示有更精確的領悟。因此，我們尊重傳統，便不是出於盲目順從一些外在的規範和權威。這是來自我們信任聖靈的帶領——整個教會而非個別人士，不是全然透過理論，乃是透過敬拜和聽命。聖靈保守教會在真理中。我們踏上宣教道路，便得靠著上帝同在的應許來理解真理。

以奧祕的進路來理解發展的事情，較諸以法理作依據優勝。真理不是由專家，乃是由上帝的子民檢驗，他們是基督奧祕的身體。真理並非外在於教會，乃是內住聖靈的恩賜。啟示懷胎羣體之中，聖靈臨在進行培育。

現在有各種權威來源：聖經和傳統、普世協進會(ecumenical councils)、理性和經驗、長老和監督；只是權威最終仍是靈恩的。除了倚賴聖靈，根本沒有別的發展法規；聖靈幫助我們更清晰地言說我們的信仰和習尚。發展是個歷史進程，卻不能用嚴格的規範控制的。真理沒有正式準則、沒有絕對的保證叫我們不致出錯。[33]

這樣，在發展的事上，權威便不只取決於領袖，也取決於所有的人及他們所領受的恩賜。聖經在羣體中顯示自己的權威。我們帶著期望來聆聽上帝的聲音，又尊重來自羣體那獨具慧眼的詮釋。羣體這些世紀以來的反省，較諸個別人士的意見，更具權威。就如藥物，雖然一羣醫生的處方容或出錯，人仍樂意接受，因為除此未有更好的。讀者在未有考慮羣體意見前，不應認為自己的詮釋足以令人信服。我們不是各自為政的讀者，傳統或許讓我們避免作出一些不可靠的判決。

讓我們放下對傳統的偏見。歷代以來對正典的討論協商，箇中智慧有一定的價值。並不是因為「沉默的大多數」，而是因為聖靈一直在羣體中解釋耶穌的意義。我們讀經，切勿抽離歷史羣體的背景，自行理解，也要參考信條、禮儀和教父的教導。這就是傾聽臨在教會中的聖靈，並且意味著一種生命的延續。[34]

悟性的發展是一個聖靈策劃的內在過程，聖靈透過聖經和傳統說話，引領羣體。這時便要避免陷入過分客觀的約束中。人很容易對一些正式界定的準則著迷，以為一所學府或名著便是真理的保證。我們若要控制結果，便會偏重高度客觀性。紐曼樞機主教便是這種謬誤的實例。他發現幾個原則，幫助確認合理的教義發展，只是最終仍以教宗無誤為決定準則。一個終極無誤的權威對我們來說極之吸引，我們衷心渴求這樣的客觀性。可惜這不過是偽裝的試探，我們以為既有不能出錯的職事排除疑惑，便不用聆聽聖靈。紐曼親口承認，未成為天主教徒前，他是不相信變質說的。一旦接受了教宗無誤，便不再感到難以相信。只要給無誤的權威一紙空白票據，便無往不利，因為無誤的權威便是那決定性的準則。[35]

有這樣的一個職位，天主教教會本身便成為真理的監護和眾教會的權威教師。它藉著這權柄教導，並且要求無條件的服從。不過這情況帶出一種具權威的結果：人相信歸順羅馬教廷便是順從上帝。發展的標準便變成了施教的權威本身。[36]

新教信徒也會陷入司法的姿態中。一旦視聖經為一套法規和教會外來的權威，聖經便會如上述般被利用。不過，沒有權威性的施教權威來判決不同的聖經詮釋，聖經又很難發生功效。

教宗是東正教和新教合一的攔阻。若望保祿二世對這一點有所醒覺，並為過去濫用職權，要求饒恕(正如他的前任所作的)。在他的一九九五年通函〈基督教合一〉(Christian Unity)中，看來他想除掉這合一的障礙。他盼望把教宗職位變成服事教會，而不是統治教會。教宗若望二十三便認為這是他的責任：不是君臨天下的，乃要作百姓的僕人。教廷不忘服事，非為統管，便能與那些無法接受教宗為最終權威和真理準則的教會，帶來更密切的聯合。若望保祿二世還未提出要廢棄這最高的權力，不過，他明顯以僕人身分示人。他果真如此，將會帶來驚人的影響。[37]

另一個危險就是脫韁的主體性。西方社會今天踐行詮釋的個人主義，也就忘掉聖靈引領這羣體。聖經與教會形影不離，絕非只是外在形式。那麼，聖經與傳統是不應互相矛盾的。當然，一旦出現爭議，聖經的地位應凌駕傳統，但這是例外而非常規。這是正典——不能再有所加添。但通常聖經應按教會以及它的各樣傳統來理解。[38]

馬丁路德引用聖經的時候產生了一個難題。他當時不錯是強調恩典和信心，只是他提出的理由，卻鼓勵我們不理教會，乃按自己的方法解釋。因此，現代的轉向主體(無意地)源自馬丁路德。他以聖經來反對教會，不過是以個人的決定對抗歷史羣體，這樣便為神學的主體性奠下基礎。一次叫人心痛的爭議導致馬丁路德反抗教會制度，以致很多人走向主體主義。不按歷代確立的界線，只按個人判斷解釋聖經，只會帶來混亂。[39]

我們倚靠聖靈的幫助持定真理。我們的盼望在乎臨在教會中聖靈的奧祕。公認的準則和職事可以保護我們，卻不能作出任何保證。這些是上帝給教會的恩賜，不能取代聖靈。讓每個基督徒都負責任，慎思明辨，並在聖徒相通中尋找真理。

神學發展要藉著不住深入了解啟示和接觸教會以外的聲音。結合這兩個視域是有益處的，這樣能叫上帝的道盛載新的處境。如此一來，便能汲取聖靈預賜之恩照在世上的少許亮光，並讓耶穌基督的啟示管制它們。這樣產生的基督教信息，不單忠於使徒的見證，又能對應現今的世界説話。這與固步自封的神學大相徑庭，也有別於為求切合需要而犧牲基督信仰身分的神學。[40]

一些發展的準則

是否有一些準則幫助我們辨別有效的神學發展？我們有甚麼可茲倚賴的？紐曼提出七項有用的測試：一、真正的發展應保存教義的原來觀點。二、發展的結果應具連貫性。三、它應顯示同化的能力和汲取外來好的事物。四、應表現出一種邏輯秩序。五、應預知本身的未來。六、應發出維護過去的行動。七、它應該經得起時間考驗。這些原則提供了辨別的基礎和一個好的開始。[41]

紐曼的測試可算成功，卻稍嫌缺少實際。它們未有認真處理可能出現的訛誤。有些發展，新教人士可能認為不過是增補和附加的，但根據這些測試，可以是真實的。紐曼皈依羅馬，他不注重訛誤和教會內部可能需要的更新，這是可以理解的。不過我們在那些確實發展的定律之外，有需要加入訛誤的定律。不錯，有些時候，一個概念可以經年的被修訂發展。不過，有些時候，它會被歪曲走歪路，不單未能保存原來的意念，反愈走愈遠。誇大、附加、迷信能暗中潛入。同化有正反兩面，同樣，時間考驗也有正反兩面。

不是所有的發展都是正面的。列寧(Lenin)和毛澤東朝著非常危險的方向發展馬克思理論。社會福利的觀念使政府只知大花金錢，卻未有設法改善貧窮狀況。發展不能單憑表面事實，認為就是一件好事。精心之作可以是不完美的，或是錯誤的。我們不能假設一種現代的詮釋就必然是恰當的。

教宗無誤的信念本身便不能通過紐曼的測試。它不是原始的，不曾出現在聖經和教父的思想中。上帝會利用施教權威來確保真理，這是一個吸引人的觀念，只是不能使之成為真理。教義歷史錯綜複雜，教宗無誤的教義大可視為意圖抄捷徑。設立這樣的一個職位，便不用太多靠賴聖靈來領導羣體。

教會之間的商議對發展十分重要。教會分裂會妨礙發展，卻不能阻止發展。原則上，發展不應單是一個團契的觀點，乃是要被普遍接受的。一個宗派未曾諮詢其他宗派，不應單獨發表新的教義。羅馬天主教便出現這樣的問題，例如頒佈〈始胎無染原罪〉(immaculate conception) 和〈聖母升天〉(bodily assumption of Mary) 信條。雖然聖經並無規定，這些教條卻深植天主教教會的靈修生活中，且有一定影響力。只是羅馬教廷在未有諮詢前，實不應加以闡述。梵蒂岡二次會議之後，目前天主教行事中，諮詢已是重要部分，同樣事情恐怕不會再出現。若望保祿二世盼望與所有教會直接團契，大概不會作出任何進一步危害合一的事吧。

至於新教信徒，他們倒要解釋為何當中有這麼多似無止境的分裂。宗教改革正確地針對好些重要的議題。我們需要聆聽一下惟獨恩典、惟獨信心、惟獨聖經的意義。如今羅馬教廷既然知道了這些事，並且大事改革，我們為何仍舊分開？馬丁路德面對今日的天主教，不知他會否實行分裂呢？我想不會吧。分裂何時才會停止？[42]

應用準則

神學作為一門學科，乃是透過澄清和證實聖經的主張，追尋真理。神學尋找信仰的內容和理由。神學家是教會的成員，他們詮釋上帝的道，是教會的發言人。他們的責任不是要長篇大論發表意見和揣測，乃是提出建議，以便進行更廣泛的討論。他們提出的詮釋，別人對此加以思考和裁決。因此神學家們的識見，理當建基於聖經和傳統，更要與上帝子民的心意產生共鳴。

個別神學家的思想與教會信仰不一樣。不是每個神學家的信念都成為共通的信仰。教會今天正在切磋不同的議題。即使有分歧，但某個教會羣體對所強調的真理往往為別的教會的理解所協調平衡，而這樣的互動經常冒出新的洞識。深奧真理很少會以單一的方式圓滿表達，因此，我們要借助相對真理和錯誤來探索真理。

為了使我們的研究更為具體，我打算根據本書的處理手法，來探討有關發展的問題。這些究竟是屬於個人的意見，或是備受關注的題目？它們是否切合時代和具決定性？與羣體的思想是否一致，或只是某一個人的觀點？智慧既是藏身於較大羣體中，那麼這羣體是否找著？在一個分裂的教會，有些羣體不一定喜歡我的某個觀點，這是無可避免的。不過一般人對這工作的看法又是如何？

一、合一是本書的精神，也就引用不同傳統的觀點。神學往往不是這樣處理，只是聖靈卻帶領我們循這方向走。在時空中，我們一定是大公的，愛每個時代和各處的教會——因聖靈渴望身體的合一。抱擁宗派立場，輕視別人的洞見，都是不對的。神學五花八門，每個傳統都各有自己的邏輯和文法，當中各有長短，但當事情是聯合起來思考，神學便豐富起來。聖靈支持近年的合一趨勢：公教與會議制，福音派與靈恩派。上帝的各樣恩賜遍佈各處教會，有需要把它們聚攏一處。[43]

二、其中想有的一個舉措，就是一貫地以陰性代名詞來講聖靈，不過終於沒有這樣做。起初我認為不單是聖經容許的，也配合時代，但後來我再三考慮。聖經中的聖靈表像很多時候是陰性的，而承認這點不等如向女權主義投降，乃是關注女性的尊嚴和重視她們的經驗。這樣便在全是陽性言辭的三位一體位格表述中，加入陰性意象。但我知道這是不太正確的，因為就聖靈而言，三個代名詞(**他、她、它**) 有些時候都是合用的，而陰性代名詞也不是甚麼時候都合用。本人的猶疑正顯出教會對於性別和上帝語言，是不肯定的。目前的討論對我們所採用有關上帝的修辭產生甚麼影響，只有時間可以作證。

三、我決定採納社羣三位一體的模式和探討聖靈在三位一體社羣裏頭作為一個位格的身分，事實證明這是重要的。這使我們離開西方神學的準形相主義，走向位格聯合的本體論，這似乎是可行的。凡神學家提及聖父和聖子，就帶有社羣三位一體的意味，不過有些恐怕更像是三神論。在這一點上，本書採取東正教和幾位西方神學家們的立場，著重神聖的三重性和三位格性(threefoldness and tripersonality)。

四、這樣的關係本體論是充滿活力的，著眼神格中的互動和上帝向外界關係開放。三位一體神學提供一個方法，讓人明白上帝的確是開放和情格的。它提供一個信條式的途徑，來矯正古典神論的靜態，而沒有掉進進程哲學的處境。三位一體描繪一幅互動的改變、戲耍的關係和家庭親暱動力的圖畫。它說明光怎樣從古老的象徵中突破出來，照明今天的境況。它又小心地把目光從神學的決定論轉移，注目上帝的大能，祂足智多謀地應付自主的生物，而沒有全權控制他們。[44]

五、本書試圖恢復聖靈在天地間的地位，特別集中於信條中所指「主和生命之主」。這是歷史悠久的真理，又是當代關注的其中一個問題，包括進化和生態。這真理幫助我們化解科學與神學於進化問題的爭拗，提出我們要如何利用今天既有的科學知識，掌握聖靈在不住創造中的臨在。恢復聖靈在天地間的地位，一方面突出恩典在創造和拯救中的延續性，也同時幫助我們因此想及恩典在教會以外工作。約翰・衛斯理、梵蒂岡二次會議和新教的一些主流教會，都有這樣的想法。不過，這卻遭受福音派中古典改革宗的抵抗。

六、我以為應是時候重拾聖靈基督論；既是建立在穩固的聖經基礎上，便可以與道的基督論取得平衡，而毋須將之否定。更有盼望的就是從重演來看聖靈基督論中拯救的意義。這與希臘教父的觀點一致，也就淡化西方神學中過分強調十架的法律性。在這點上，我接受東正教的觀點，也難以認同代替受刑的想法。

七、在聖禮當中突出聖靈，並非天主教傳統神學所創，這觀念很早已經出現。出自一個浸信會的人口中，這話叫人感到詫異。除了是聖經和傳統的力量改變我的思想，更是由於感到教會禮儀的沒落，他們摒棄聖禮的奧祕以及其他古老的習尚。注入禮儀來豐富福音派和靈恩派，我想不單是我才有這樣的念頭，再者，這也表示教會合一。

八、我對靈恩的開放毫不出奇，因為，我跟很多人一樣，都被更新了。雖然未至歸附靈恩派，我卻早便確信上帝一直把聖靈澆灌五旬節信仰。在近代教會歷史中，我以為再沒有任何事件，較諸重獲五旬節來得重要。廣大教會的思想似乎日漸改變，對這種新的——其實是古舊——信仰形式，比以前開放。終止論雖仍欲阻撓改革，卻是強弩之末。因為神學並非更新運動的強項，本人野人獻曝，盼望本書有助建構一套這樣的神學。

九、同樣，在教會論中又試圖平衡基督教的宣教。任何人都承認上帝關心整個創造：佈道、公義和醫治。這種強調，天主教和新教的主流教會早已高調地一致同意。[45]

十、救恩不只是關乎合法的身分，更是與上帝聯合，這點使我與東方教會並肩，跟司法為本的西方神學對立。質疑新教稱義教條的中心性地位，並無不可。在此不是懷疑這教條的真實性，不過是質疑它在更大的圖畫中的相對位置。稱義有一個目標：成聖和聖召，並且至終與上帝同得榮耀。正如巴特指出，不應把稱義的教條絕對化或准予壟斷。[46]

十一、神學要處理一個適時性的問題，就是宗教的多元主義與蒙恩的途徑。我建議透過聖靈的工作來了解這些課題。聖靈實現上帝普世拯救的心意，祂的工作遍滿被造的世界。這樣，我們便應該説「恩典以外」，而非「教會以外」無拯救。教會中的拯救是完全的，只是教會外面仍有恩典和盼望。在天主教、東正教和新教主流教會圈子中，這方面的思想有明顯的進展。又一次，反對只是來自福音派的古典改革宗。他們本身的立場也有不少的困難，至於所得的共識，也非偏向他們的一方面。

十二、本章提議的是一個以聖靈為本的發展模式，肯定聖靈在羣體中為真理作見證。檢視神學發展需要感受教會的心思和信仰經驗（*sensus fidelium*）。按目前教宗地位的定義，似乎是廣大教會在神學上合一的主要障礙。本著「叫他們合而為一」（*Ut Unum Sint*）的精神，隨時會出現突破。誠心所願。

辨別發展的真偽

測試神學的真偽和動力，第一、忠於原來的啟示。第二、回應當代的各樣挑戰。神學應當忠於上帝的道，且要傳遞切合時代的話語。要達到這樣的要求，神學家們要研讀聖經和留心聆聽上帝。這方面有很多上佳例子。安提阿的教會在聖靈的引導下，差派保羅和巴拿巴首次踏上向外邦人傳道的旅程（徒十三1～3）。是聖靈説服耶路撒冷的領袖，不可把預定給猶太人的規條，加諸外邦信徒身上。同樣，威廉・克理（William Carey）感到時機成熟，要把福音帶到印度次大陸，威伯福士（William Wilberforce）意識到必須廢掉奴隸制度，以及馬丁・路德・金（Martin Luther King Jr.）開始明白，該是時候給予美籍非裔人全部的公民權利。

聖靈在發展中活動。這些事件都是以福音為基礎，只是涉及具體應用，便超越文字的意義。那麼，這些人怎樣知道當作甚麼事？他們研讀這福音的時候，留心聖靈的說話。他們便能說：「似乎聖靈和我們都認為是好的。」(徒十五28；譯按：此處按作者引用之NIV譯本翻譯，與和合本稍有出入。)

我們正等候主再來，讓我們倚靠聖靈，好能向新的世代講出上帝的道。只要我們肯讓上帝的道改變心思，便能知道和察驗上帝的旨意(羅十二2)。聖靈賜我們能力，在實際的境況中作出決定。我們可以明白上帝的旨意，不致作糊塗人(弗五17)。聖靈幫助門徒洞悉公會的詭計(徒四8～12)，揭穿他們迫害的意圖(徒十四5～6)。聖靈又在關鍵的時刻讓他們有話可說(可十三11)。聖靈不是增補耶穌的說話，不過是讓祂的話顯露新的亮光。啟示不是一個封閉的永恆真理系統，乃是歷久常新，不住的迎向新挑戰。對願意聆聽的人，聖靈使耶穌的道保持歷久常新。[47]

與此同時，辨別是重要的。動力不是惟一準則，因為世上有很多異教動力(林前十二1～2)。約翰囑咐我們一切的靈不可都信(約壹四1)。不可把聖靈與任何舊的生活形式混淆。納粹和馬克思運動豈不充滿動力，它們卻不是從上帝而來。有關啟示的聲明，必須驗證，慎防是狼披上了羊皮。

保羅察覺靈恩架構的教會隱藏各種危機。其中的混亂和濫用，使他不得不提出在羣體中的權柄和傳統這些議題。經過反省，他列出一些基本原則，直到今天，仍舊適用。首先他指出，上帝在教會中設立使徒。保羅自己便是復活的主所差遣，也就能行使權柄。他寧可勸戒，不願施令。今天，我們服膺新約，便是繼續敬重這使徒的權柄。其次，保羅確立先知和教師、長老和執事都是地方性職事。他們是上帝僕人的僕人，受命謀求子民的福祉。第三，權柄乃是賦予羣體本身(帖前四19)。保羅期望的是一個律己的會眾，憑福音和所結的果子，鑒定不同主張。[48]

教會根據這些基礎，發展各樣方法，以鑒定和辨別亮光。第一，持定從主和使徒所領受的傳統(林前十五1～5)。這傳統重視在使徒宣教時展示的真理。第二，承認聖經是真理的準則。聖經的見證千絲萬縷，羣體只要留心，必能從中明白上帝的旨意，得著正確的指引。第三，它正視祈禱和敬拜。教義若是「不準備宣講」，它大概是有很多瑕疵吧。教會作為一個整體怎樣接納一種神學詮釋，這才是我們想要知道的。是否嚴謹一致、結出好果？

第四，辨別諸靈一類的恩賜(林前十二10～11)，乃是用來辨認先知言語的出處。這樣，羣體便能防範那些憑自己心意說話的先知(耶二十三16)。第五，有些教會是職事幫助人的。保羅發出呼籲：「弟兄們，我們勸你們敬重那在你們中間勞苦的人，就是在主裏面治理你們、勸戒你們的。」(帖前五12)新約未有規定任何教會領袖等級，不過，大多宗派都採用三重形式。在某一個地區便有監督管理各教會的工作，長老和牧師以上帝的道和聖禮，帶領會眾，而執事則領導濟貧的事務。隔一段時間，正如使徒行傳十五章指出，又有教會會議。

正如我提出的，假如教宗職位不過是僕人身分，又是指導子民信仰意識的發言者，那些疏遠教廷的教會或能接受。教宗若為某種教導職事便可有立足之地。《教義規章：論啟示》說得好：「這教導的職事不是高於上帝的道，乃是服事它的——只教授所領受的，以敬虔的態度聽從，小心翼翼地保護，又在神聖的差遣下，藉著聖靈的幫助，忠心地解釋。」(第2章) 單是這個題目，便有極大的空間，讓新教教徒和天主教徒走在一起。[49]

有些時候，當傳統要適應新的挑戰，新的亮光便出現，因要更適切對他們說話。這般小心處理，便確保與過去維持高度的延續。亦有些時候，要向傳統挑戰，呼喚它回轉，歸向本來的啟示(像宗教改革時所發生的)，好叫上帝的道可以審判訛誤。傳統若是純正，不用面對挑戰，這是好的。但在教會歷史中，很多時候聖經卻必須成為糾正、釋放的反權威。[50]

這些測試具有程式上的價值，幫助我們鑒定真理和揭穿假話。羣體務要權衡所說的話(林前十四29)，要培養良好的聆聽習慣，緊記所學習的。隨便聆聽和接受，教導會變得毫無價值。聽從聖靈的教會一定是個負責任的羣體，不然便會陷入混亂、甚至是錯謬中。聖靈想望教導我們，只是人須願意承擔責任，才能真正學習。[51]

在分裂當中，聖靈盼望教會變成一個合一、相愛和開放的團契。基督的身體只有一個；讓我們竭力顯出合一，好讓世人能夠相信。讓我們在真理中彼此更加親近。

今天上帝因為我們的紛爭，正在喚起一個懊悔的靈，又生發對合一的渴慕。讓我們在基督徒中推動恢復合一和不斷改革。正如《合一諭令》(*Decree on Ecumenism*)宣示：「這百姓在人生的旅程中，因仍在肉身而會犯罪，卻在基督裏長進，且被上帝按祂隱藏的計劃，小心引導，直到進入天上耶路撒冷的永恆榮耀豐盛中。」

沙夫(Philip Schaff)說：

> 聯合不是單調的統一，乃指各類基督教教條和學科的多元性和圓滿發展，只要它們是按不同法規制定；是出於上帝、由祂親自作成的，且是補充而非對立的。真正的聯合是內在和屬靈的，毋須不同的機構進行合併，乃是各按不同的工作範圍，完全獨立存在。[52]

初期教會是不同羣體的組合，它們絕不相似，它們的合一在於承認同一位的主耶穌基督。這樣的合一是求同存異，而非千篇一律的合一，或以高壓加諸別人。切記合一不等如統一。上帝的合一是三位一體的，並且祂賦生命予無數種類的生物。上帝帶領各族各方的人進入教會，為著五花八門的事工，給他們各式各樣的恩賜。由此看來，上帝不反對多元化。祂不願見到無生氣的統一。祂熱愛的合一是歌頌變化，樂見不同的。

歷代都有不同形式的教會出現，這些差別不會危及合一。只有敵意和競爭才是合一的威脅。初期教會是各有不同，卻活在團契之中。

讓聖靈帶領我們在這個時代一同取用福音的真理。讓我們渴求合一的心幫助世人明白和相信，最後，讓我們收拾一切零碎的真理和公義，藏在倉庫裏。

註釋：

1 這點在Clark H. Pinnock, "Word and Spirit"，收於*The Scripture Principle* (San Francisco: Harper & Row, 1984), chap. 7中有所討論。
2 關於神學反省，參Henri J. M. Nouwen, *In the Name of Jesus* (New York: Crossroad, 1993), pp. 65～70。就神學的決定性意義(cruciality)，參Christopher Morse, *Not Every Spirit: A Dogmatics of Christian Disbelief* (Valley Forge, Penn.: Trinity Press International, 1994), pp. 65～66。
3 Kenneth Cracknell, "God and the Nations"，收於*Toward a New Relationship: Christians the People of Other Faith* (London: Epworth, 1986), chap. 3; Joachim Jeremias, *Jesus' Promise to the Nations* (London: SCM Press, 1958)。
4 Keith Ward, *Religion and Revelation: A Theology of Revelation in the World's Religions* (Oxford: Clarendon, 1994), p. 191.
5 Doctrine Commission of the Church of England, "Spirit of Truth"，收於*We Believe in the Holy Spirit* (London: Church House, 1991), chap. 7; John Frame, *Evangelical Reunion: Denominations and the One Body of Christ* (Grand Rapids, Mich.: Baker Book House, 1991)，以及 Rex A. Koivisto, *One Lord, One Faith: A Theology for Cross-Denomination Renewal* (Wheaton, Ill.: Victor, 1993)。
6 尤其明顯出現在Clendenin對東正教的示愛的詮釋：Daniel B. Clendenin, *Eastern Orthodox Christianity: A Western Perspective* (Grand Rapids, Mich.: Baker Book House, 1994), chap. 7。同樣的精神又見諸若望保祿二世的通諭："Christian Unity" (Rome: Vatican Library, 1995)。Langdon Gilkey 在所著*Catholicism Confronts Modernity: A Protestant View* (New York: Seabury, 1975), pp. 80～83講解其中的豐富性。
7 我欣賞John M. Templeton在所著的*The Humble Approach: Scientists Discover God* (New York: Continuum, 1995)中堅持這個主題。
8 Peter Toon是福音派中惟一例外，對此未忽略，參氏著*The Development of Doctrine in the Church* (Grand Rapids, Mich.: Eerdmans 1979)。 Toon是聖公會信徒，因此，相對譬如浸信會的信徒，較少忽略這題目。
9 教會作為朝聖子民，參 "Dogmatic Constitution on the Church"，第48段；又Avery Dulles, *Models of the Church* (New York: Doubleday, 1974), chap. 7。

10 留意Richard N. Longenecker的進展性釋經，參氏著*New Testament Social Ethics for Today* (Grand Rapids, Mich.: Eerdmans, 1984), pp. 16～28。

11 Hans Küng, *Infallible? An Inquiry* (New York: Doubleday, 1971), pp. 173～240清楚區分無謬誤 (infallibility) 和不能推翻 (indefectability)。

12 有關「熱誠派」(enthusiasm)的質疑，參Hans Küng, *The Church* (New York: Sheed and Ward, 1967), pp. 191～203。

13 決定性意義在神學方法中的地位，見Morse, *Not Every Spirit*, pp. 65～66。

14 Küng, *Infallible*? pp. 178～181.

15 關於歷史和理解發展的辯論，參Patrick Glynn and Glenn Tinder, "Time for Utopia? An Exchange "，載 *First Things* 51 (March 1995): 27～35。

16 Michael Welker, *God the Spirit*, trans. John F. Hoffmeyer (Minneapolis: Fortress, 1994), pp. 219～227.

17 神學作為反省救恩敘述的第二序語言(second-order language)，參Clark H. Pinnock, *Tracking the Maze: Finding Our Way Through Modern Theology from an Evangelical Perspective* (San Francisco: Harper & Row, 1990), chaps. 10～15。

18 Adolf von Harnack, *What Is Christianity?* trans. Thomas Bailey Saunders(New York: Putnam, 1904); Toon, *Development of Doctrine*, pp. 55～62; Jan Walgrave, *Unfolding Revelation* (Philadelphia: Westminster Press, 1972), pp. 232～235. Avery Dulles認為啟示乃內心經驗和新的覺醒，*Models of Revelation* (New York: Doubleday, 1983), chaps. 5, 7。

19 比較Sallie McFague, "An Epilogue: The Christian Paradigm"，載 *Christian Theology: An Introduction to Its Traditions and Tasks*, ed. Peter C. Hodgson and Robert H. King (Philadelphia: Fortress, 1982), pp. 323～336。關於教義發展的變化理論，參Walgrave, *Unfolding Revelation*, chap. 8。

20 關於啟示和三位一體，參John J. O'Donnell, *The Mystery of the Triune God* (New York: Paulist, 1989), chap. 2。

21 Stanley J. Grenz, *Revisioning Evangelical Theology: A Fresh Agenda for the 21st Century* (Downers Grove, Ill.: InterVarsity Press, 1993), pp. 65～72; Dulles, *Models of Revelation*, chap. 3。本人早期的一本書也以此為進路：*Biblical Revelation: The Foundation of Christian Theology* (Chicago: Moody Press, 1971)。

22 Charles Hodge, *Systematic Theology* (London: James Clarke, 1960), 1: 116～118.

23 Küng, *Infallible*, pp. 215～216; John Goldingay, *Models for Scripture* (Grand Rapids, Mich.: Eerdmans, 1994)和 *Models for Interpretation of Scripture* (Grand Rapids, Mich.: Eerdmans, 1995)。

24 Daniel J. Migliore, "The Meaning of Revelation"，收於*Faith Seeking Understanding: An Introduction to Christian Theology* (Grand Rapids, Mich.: Eerdmans, 1991), chap. 2。

25 Stanley J. Grenz, *Theology for the Community of God* (Nashville: Broadman & Holman, 1994), pp. 510～516.

26 Walgrave, *Unfolding Revelation*, chap. 9.

27 Welker, *God the Spirit*, pp. 272～278. 福音派認為靈感非常重要，只是未有一致同意的定義。因為談及無謬誤，便不能避免默寫。參Louis I. Hodges, "Evangelical Definitions of Inspiration: Critiques and a Suggested Definition"，載 *Journal of the Evangelical Theological Society* 37(1994): 99～114; Clark H. Pinnock, *The Scripture Principle* (San Francisco: Harper & Row, 1984); Donald G. Bloesch, *Holy Scripture: Revelation, Inspiration and Interpretation* (Downers Grove, Ill.: InterVarsity Press, 1994), chap. 4。

28 Ward, *Religion and Revelation*, pp. 212～217; James D. G. Dunn, "The Authority of Scripture According to Scripture"，收於*The Living Word* (London: SCM Press, 1987), chap. 5; Dulles, *Models of Revelation*, chap. 12。

29 Delwin Brown, *Boundaries of Our Habitations: Tradition and Theological Construction* (Albany: State University of New York Press, 1994), pp. 75～83.

30 Gordon D. Fee, "Exegesis and Spirituality: Reflections on Completing the Exegetical Circle"，載 *Crux* 31 (1995): 29～35。

31 Clark H. Pinnock, "The Work of the Holy Spirit in Hermeneutics"，載 *Journal of Pentecostal Theology* 2 (1993): 3～23及 "The Work of the Spirit in Interpretation"，載 *Journal of the Evangelical Theological Society* 36 (1993): 491～497。

32 聖經自行說明經文如何開放給新的意義：Pinnock, *Scripture Principle*, chap. 8。又Dunn, "The Authority of Scripture According to Scripture", *Living Word*, chap. 5。

33 東正教以神祕進路處理這個主題：Ernst Benz, *The Eastern Orthodox Church, Its Thought and Life* (New York: Doubleday, 1963), chap. 3; Nicolas Berdyaev, *Freedom and the Spirit* (London: Geoffrey Bles, 1935), p. 143; John Meyendorff, "Light from the East: Doing Theology in an Eastern Orthodox Perspective"，收於 *Doing Theology in Today's World*, ed. John D. Woodbridge and Thomas E. McComiskey (Grand Rapids, Mich.: Zondervan,1991), pp. 339～358; Clendenin, "The Witness of the Spirit: Scripture and Tradition", *Eastern Orthodox Christianity*, chap. 5。

34 Toon, *Development of Doctrine*, pp. 120～124.

35 John Henry Newman有關施教權威和〈致諾福克公爵信〉(A letter to Duke of Norfolk)中談及教宗無誤，見*Apologia Pro Vita Sua* (London: Longman, Green, 1864); Ian Kerr, *Newman the Theologian: A Reader* (Notre Dame, Ind.: University of Notre Dame Press, 1990), chaps. 6～7。

36 Dulles, "The Church and Revelation", *Models of the Church*, chap. 11.

37 John Paul II, "Christian Unity", p. 98; Küng, *The Church*, pp. 444～480; Clendenin, *Eastern Orthodox Christianity*, pp. 99～102; Benz, *Eastern Orthodox Church*, pp. 43～53.

38 Clendenin, *Eastern Orthodox Christianity*, pp. 102～106, 109～116.

39 Walgrave, *Unfolding Revelation*, pp. 179～189.

40 Hans Küng在所著的*Theology for the Third Millennium: An Ecumenical View* (New York: Doubleday, 1988), pp. 164～169如此談論方法。

41 John Henry Cardinal Newman, *An Essay on the Development of Christian Doctrine*, 6th ed. (Notre Dame, Ind.: University of Notre Dame Press, 1989). Jaroslav Pelikan, *The Christian Tradition: A History of the Development of Doctrine*, 5 vols. (Chicago: University of Chicago Press, 1971～1989)，可算是當今可與匹敵的著作。

42 Karl Rahner, *Foundations of Christian Faith* (New York: Seabury, 1978), pp. 359～369; Charles Colson and Richard J. Neuhaus, *Evangelicals and Catholics Together: Toward a Common Mission* (Dallas: Word, 1995).

43 O'Donnell, *Mystery of the Triune God*, pp. 94～97.讀者會發現我在高階加爾文主義(high Calvinist Orthodoxy)中，很少找到關於恩賜的解釋。解釋這情況，參Thomas R. Schreiner and Bruce A. Ware, *The Grace of God, the Bondage of the Will*, 2 vols. (Grand Rapids, Mich.: Baker Book House, 1995)。

44 David A. S. Fergusson, "Predestination: A Scottish Perspective"，載*Scottish Journal of Theology* 46 (1993): 457～478。這篇文章顯示，不是所有時下的改革宗神學都信奉我所稱為的高階加爾文主義。尤其是因巴特的影響，改革宗神學如 Migliore, Brummer, Berkhof, Konig, Boer, Moltmann, Torrance 等，他們的言論聽來較接近前稱為亞米紐斯主義(Arminian)的思想。

45 Ronald J. Sider, *One-Sided Christianity? Uniting the Church to Heal a Lost and Broken World* (Grand Rapids, Mich.: Zondervan, 1993)。關於會合，參Robert E. Webber, *The Church in the World: Opposition, Tension or Opposition* (Grand Rapids, Mich.: Zondervan, 1986)。

46 Karl Barth, *Church Dogmatics* 4/1, trans. G.W. Bromiley (Edinburgh: T & T Clark, 1956), p. 528.

47 Küng, *The Church*, pp. 201～202; and Jean-Jacques Suurmond, *Word and Spirit at Play: Towards a Charismatic Theology* (Grand Rapids, Mich.: Eerdmans, 1995), pp. 194～198.

48 James D. G. Dunn, *Jesus and the Spirit* (London: SCM Press, 1975), pp. 271～297.

49 Küng, *The Church*, pp. 444～480.

50 Hendrikus Berkhof, *Christian Faith: An Introduction to the Study of the Faith*, trans. Sierd Woudstra (Grand Rapids, Mich.: Eerdmans, 1986), p. 96.

51 Reinhard Hutter, "The Church as Public: Dogma, Practice and the Holy Spirit"，載 *Pro Ecclesia* 3 (1994): 357～361; Cecil M. Robeck, "Discerning the Spirit in the Life of the Church"，載 *The Church in the Movement of the Spirit,* ed. William R. Barr and Rena M. Yocum (Grand Rapids, Mich.: Eerdmans, 1994), pp. 29～49。

52 Philip Schaff, *Christ and Christianity* (New York: Scribner, 1885), p. 16.

結語

我心內呼喊：聖靈啊！求祢不滅的愛火在我心靈的祭壇永遠燃燒。來更新大地，向這些枯骨吹氣，讓我們的心充滿盼望，引領我們進入上帝的懷抱中。祢是到處作工的，甚至在荒蕪寂寂無名的所在，就是為新天新地和羔羊婚筵作準備。主和生命的賜予者，我們因此要尊崇祢；來釋放我們吧。不要再是個陌生人般，或像是與我們毫不相干的；用祢的愛來充滿我們。

本書開始時我指出有些事情似被遺忘，甚至懷疑是否有需要作出一些矯正，卻萬不曉得竟出現了一個聖靈的建構性異象（constructive vision）。既已成事，就算是我獻給讀者的一份禮物吧。期望大家視聖靈為三一關係中的愛的聯合、是生命流進創造的出神、是道成肉身和代贖的能力、是新羣體和與上帝聯合的力量，也是吸引全地進入耶穌真理的大能。

本書反映本人的信仰歷程。在我生活的宗教圈子中，聖經中如此明確的屬靈生命力並不多見。這是一個被壓抑的氣氛，作風是高度認知的；對於上帝的國度帶著能力出現，期望不大。因此，我渴望在內心和教會中經歷聖靈的真實。我早已厭倦了無生氣的基督教，神蹟奇事止於耳語，又或僅是驚鴻一瞥。可喜的是在寫作過程當中，我的心得著祝福。我重獲這火。

盼望本書有助大家更多認識聖靈。我們檢閱了一些基本的象徵，考證傳統，並且探討了我們時代的一些挑戰。為要激發討論，在詮譯過程當中，冒了一些險。沒有人擁有全部答案——我肯定沒有。進步的惟一途徑是從新的角度來審視問題，又進行對談。神學毋須依賴某位神學家。只要我們謙虛聽從上帝和眾人，知錯能改，真理便向基督的身體揭示自己的奧祕。

親愛的讀者，願上帝賜福您。願您得著一樣恩賜。願上帝向您吹氣，願聖靈吸引您更貼近上帝的慈心。但願聖父、聖子和聖靈居住您裏面。請一起禱告：

從上頭來的啊！
求賜屬天之火，
在我心內的大祭壇，
點亮神聖之愛。

叫祢永恆榮耀光輝，
不停發自我心；
如今謙恭禱告、熱烈讚頌，
敬畏回歸眾光之源。

耶穌，印證我心的渴慕，
行事、說話和思考全為祢；
勿忘挑旺裏面聖火，
與及所領受恩賜。

樂意遵從祢旨意，
信心愛心永不息。
不盡恩慈常保守，
至死完全活祭獻。

——查理．衛斯理(Charles Wesley)

譯名對照

A

Against Heresies	《反駁異端》
Anselm	安瑟倫
Aphrahat	亞弗拉哈特
Aquinas, Thomas	亞奎那
Aristotle	亞里士多德
Athanasius	亞他拿修
Augustine	奧古斯丁

B

Balthasar, Hans Urs von	巴提沙撒
Barth, Karl	巴特
Berkhof, Hendrikus	韓德加・卜卡夫
Bernard of Clairvaux	克勒窩的伯納爾
Bondage of the Will	《基督徒的自由》
Bracken, Joseph	約瑟・布克勤
Buber, Martin	布伯

C

Calvin, John	加爾文
Canons and Decrees of the Council of Trent	《天特會議法規及諭令》
Carey, William	威廉・克理
Catechism of the Catholic Church	《天主教教理》
Confessions	《懺悔錄》
Congar, Yves	伊凡・康卡
Contra Gentes	《反外邦人》
Constitution on the Sacred Liturgy	《神聖禮儀憲章》
Chronicles of Narma	《那裏亞童話集》
Church	《教會》

D

Davies, Paul	保羅・戴維斯
Declaration on the Relationship of Church to Non-Christian Religious	《教會與非基督教宗教關係宣言》
Decree on Ecumenism	《合一諭令》
Descartes, R.	笛卡兒
Demonstration	《論證》
Didache	《十二使徒遺訓》
Dogmatic Constitution	《教義規章》
Donne, John	約翰・鄧肯

E

Einstein, Albert	愛恩斯坦

G

Gregory of Nanzianzus	拿先素斯的貴格利
Gregory of Nyssa	女撒的貴格利
Grenz, Stanley	葛倫斯
Gunton, Colin	歌連・根頓

H

Harnack, Adolf von	哈納克
Hegel, G. W. F.	黑格爾
Hick, John	約翰・希克
Hilary of Poitiers	波提耶的希拉里
Hildegard of Bingen	平根的希爾迦德
Hill, William J.	威廉・希路
Hodge, Charles	查理斯・賀慈
Hodgson, Leonard	利安納・賀格信
Homilies of the First Epistle of John	《約翰壹書講道辭》

I

Institutes 《基督教要義》
Irenaeus 愛任紐

J

John of the Cross 十架約翰
John Paul II, Pope 教宗若望保祿二世

K

Kasper, Walter 路達・卡斯巴
King, Martin Luther, Jr. 馬丁・路德・金
Kuyper, Abraham 亞伯拉罕・古爾柏

L

Lampe, Geoffrey W. H. 謝斐・藍栢
The Last Battle 《最後一戰》
Lederle, H. L. 列念萊
Lewis, C. S. 魯益師
Luther, Martin 馬丁路德

M

Marcion 馬吉安
Melanchthon, Philipp 墨蘭頓
Migliore, Daniel J. 但以理・格利
Moltmann, Jürgen 莫特曼
Muhlen, Heribert 哈利拔・莫倫

N

Newman, John Henry Cardinal 紐曼樞機主教
Nietzsche, Friedrich 尼采
Noll, Mark 馬可・諾爾
Nouwen, Henri J. M. 盧雲

O

On the Holy Spirit in the Life of the Church and the World	《教會和世界生活中的聖靈》
On Baptism	《論洗禮》
On the Incarnation	《論道成肉身》

P

Pannenberg, Wolfhart	潘寧博
Pelagius	伯拉糾
Peters, Ted	德 • 彼得士
Plantinga, Cornelius	哥尼流 • 彭定加
Plato	柏拉圖
Punt, Neal	尼爾 • 潘德

R

Rahner, Karl	卡爾 • 拉納
Redemptor Hominis	《人類的救主》
Richard of St. Victor	聖維多的理察

S

Sagan, Carl	卡爾 • 撒根
Sanders, E. P.	桑德斯
Schaff, Philip	沙夫
Seraphim of Sarov	聖拉弗
Simeon the New Theologian	新神學家西緬
Smail, Tom	湯姆 • 史密爾
Spirit of Life	《生命的靈》

T

Taylor, John V.	約翰 • 戴樂
Teilhard de Chardin, Pierre	德日進
Teresa, St.	聖德勒撒
Tertullian	特土良

Thomas, W. H. Griffith	格列夫 • 多瑪
Torrance, Thomas F.	托倫斯

W

Ware, Kallistos	嘉理士多斯 • 華爾
Warfield, B. B.	華菲德
Welker, Michael	米高 • 韋爾加
Wesley, Charles	查理 • 衛斯理
Wesley, John	約翰 • 衛斯理
Wisdom of Solomon	《所羅門智慧書》

Z

Zwingli	慈運理

緊扣時代 服事教會

以文字傳揚基督真道

讀者意見表

衷心多謝你購買本社書籍。本社一直致力以出版事工服事教會，幫助信徒扎根於神的話語，促進靈命增長。為使我們的出版更能滿足你的需要，請填寫下列各項資料，並寄回或傳真予本社。

所購書籍：________________

本書最吸引你的地方：

□作者 □適切性 □文筆 □設計 □實用性

□其他：________________

購買本書地點：

□基道書樓 □基督教書店 □非基督教書店

性別：□男 □女 職業：________________

信仰：□基督徒 □非基督徒

年齡：□ 16 歲或以下 □ 17～25 歲 □ 26～35 歲

□ 36～55 歲 □ 56 歲或以上

學歷：□中三或以下 □中五 □預科

□大學 □研究院

□我欲更多了解基道出版社的事工及考慮支持，請寄給我下列資料：

□機構簡介 □新書資料 □基道會員通訊

□《基道文字事工通訊》

姓名：________________ 電話：________________

地址：________________

____

傳真：________________ 電子郵件：________________

其他意見：________________

____

多謝賜教！

意見表可以傳真（2687-0281）或直接郵寄以下地址：
香港沙田火炭坳背灣街26號富騰工業中心1011室
基道出版社編輯部收